工会干部培训推荐用书
工会财务人员继续教育推荐用书

工会财务工作实用全书

刘东生 主编

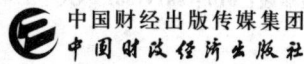

中国财经出版传媒集团
中国财政经济出版社

图书在版编目（CIP）数据

工会财务工作实用全书／刘东生主编．――北京：中国财政经济出版社，2019.10
　ISBN 978－7－5095－9267－0

　Ⅰ.①工… Ⅱ.①刘… Ⅲ.①工会工作－财务管理－中国　Ⅳ.①D412.67

中国版本图书馆 CIP 数据核字（2019）第 214091 号

责任编辑：陈志伟　　　　　　　责任印制：史大鹏
封面设计：陈宇琰　　　　　　　责任校对：胡永立

中国财政经济出版社 出版

URL：http：//www.cfeph.cn

E－mail：cfeph@cfemg.cn

（版权所有　翻印必究）

社址：北京市海淀区阜成路甲 28 号　邮政编码：100142
营销中心电话：010－88191537
北京时捷印刷有限公司印刷　各地新华书店经销
710×1000 毫米　16 开　18.25 印张　292 000 字
2019 年 11 月第 1 版　2019 年 11 月北京第 1 次印刷
定价：88.00 元
ISBN 978－7－5095－9267－0
（图书出现印装问题，本社负责调换）
本社质量投诉电话：010－88190744
打击盗版举报热线：010－88191661　QQ：2242791300

前言

自从2009年5月31日财政部发布《工会会计制度》后，一系列新的财务规章制度在工会中得以实施，工会财务工作规范化水平不断提高，有力地促进了工会整体管理水平的提升。

特别是2014年中华全国总工会办公厅《关于加强基层工会经费收支管理的通知》、全总财务部《关于〈关于加强基层工会经费收支管理的通知〉的补充通知》，2017年《中华全国总工会办公厅关于印发〈基层工会经费收支管理办法〉的通知》、2018年《中华全国总工会财务部关于明确基层工会部分经济业务相关会计处理的通知》、《工会送温暖资金使用管理办法（试行）》等文件陆续出台，如何进一步收好、管好、用好工会经费，加强工会财务工作，成为摆在各级工会面前的一个现实问题。

当前，市场上缺乏能够反映新形势、新政策的工会财务教程，无法满足工会财务人员全员培训的要求，在一定程度上影响了实务工作的开展。综上所述，笔者根据一系列新文件的精神，结合自己在工会干部培训过程中的体会，对工会财务工作进行了梳理，分为"工会财务工作概述"、"工会财务管理"与"工会会计管理"三大部分进行介绍。希望本书对于广大工会干部的工作能发挥积极作用。

特别感谢中国财政经济出版社尉敏先生和陈志伟女士,正是两位老师的耐心和认真才使本书得以如期和广大读者朋友们见面。

希望今后就工会财务问题能和广大读者朋友们进行更深入的交流,笔者的电子邮箱是 lgciir@163.com。

刘东生
2019 年 7 月于增光路 45 号

目录

第一篇　工会财务工作概述

第一章　工会财务工作的有关概念 ·················· 3
　　第一节　工会财务工作的基本概念 ·················· 3
　　第二节　工会财务工作管理体制 ···················· 8

第二章　新时期工会财务工作的规范化 ············ 10
　　第一节　《工会会计制度》修订 ···················· 10
　　第二节　《工会财务会计管理规范》修订 ············ 12
　　第三节　《基层工会经费收支管理办法》修订 ········ 13

第二篇　工会财务管理

第三章　工会财务管理概述 ························ 17
　　第一节　工会财务管理的层级与形式 ················ 17
　　第二节　工会财务监督 ···························· 19

第四章　工会经费收支管理 ························ 23
　　第一节　工会经费收入管理 ························ 23
　　第二节　工会经费支出管理 ························ 30

第五章　工会预决算管理 …… 41
第一节　工会预算管理 …… 41
第二节　工会决算管理 …… 48
第三节　工会预算支出绩效评价 …… 55

第六章　工会财务管理制度 …… 60
第一节　工会财务管理制度概述 …… 60
第二节　工会财务管理制度的基本内容 …… 62

第三篇　工会会计管理

第七章　工会会计管理 …… 75
第一节　工会会计基本概念 …… 75
第二节　建立健全工会会计管理制度 …… 103
第三节　加强会计机构和人员队伍建设 …… 104
第四节　加强会计档案管理与信息系统管理 …… 108

第八章　工会会计核算 …… 115
第一节　资产业务核算 …… 115
第二节　负债业务核算 …… 147
第三节　净资产业务核算 …… 159
第四节　收入业务核算 …… 172
第五节　支出业务核算 …… 184

第九章　工会会计报表 …… 200
第一节　工会会计报表概述 …… 200
第二节　工会会计报表编制 …… 201

第十章　工会会计报表分析 …… 214
第一节　工会会计报表分析概述 …… 214

  第二节 工会会计报表分析的方法 …………………………… 215

附录 …………………………………………………………………… 230

  附录1 中华人民共和国工会法 ………………………………… 230
  附录2 中国工会章程 ……………………………………………… 239
  附录3 工会会计制度 ……………………………………………… 252
  附录4 基层工会经费收支管理办法 ………………………………… 260
  附录5 工会预算管理办法 …………………………………………… 267
  附录6 行政事业单位内部控制规范（试行）………………………… 273

第一篇

工会财务工作概述

第一章 工会财务工作的有关概念

第一节 工会财务工作的基本概念

一、工会财务工作的内涵

在工会建设日新月异的今天,我们有必要对于工会财务理论问题进行深入思考。首先要回答"什么是工会财务工作"?如果不能对工会财务清晰地进行理论界定,必然不利于完善工会财务理论,并影响实务工作的发展。工会财务工作是各级工会组织及其所属企事业单位,在谋求自身生存发展和履行工会的社会职能过程中,主要以货币反映并监督工会运营,对筹集、分配、运用资金的活动进行管理的行为,具体包括财务管理和会计两个部分。

财务管理侧重于控制和参与预测、决策,在对经济活动进行调节的过程中,处理不同主体间的经济关系。其具体工作包括确定财务体制与经费分成、预算管理、经费收缴、经费支出等。会计侧重于反映和监督经济活动过程,其具体工作包括设置会计科目、设置账户、复式记账、填制和审核凭证、登记账簿、编制报表、成本计算、财产清查等。

工会财务管理与工会会计之间具有非常密切的关系:包含工会财务管理活动在内的工会运营活动都是工会会计反映和监督的对象;工会会计信息应该是制定工会财务管理决策的重要依据。

2014年10月27日,财政部制定印发了《财政部关于全面推进管理会计体系建设的指导意见》,为管理会计体系建设做好了顶层设计;2016年6月22日,财政部发布《管理会计基本指引》;2017年9月29日,财政部印发了《关于印发〈管理会计应用指引第100号——战略管理〉等22项管理会计应用指引的通知》。工会应该推进管理会计。

　　会计有两大分支：一是财务会计；二是管理会计。长期以来，记账、算账和报账都属于财务会计的范畴，一直是工会会计的重点内容。管理会计活动是单位利用管理会计信息，运用管理会计工具方法，在规划、决策、控制、评价等方面服务于单位管理需要的相关活动，其目标是通过运用管理会计工具方法，参与单位规划、决策、控制、评价活动并为之提供有用信息，推动单位实现战略规划。

　　管理会计中涉及的预算管理、成本管理、营运管理、绩效管理等在工会财务工作中都已经有了具体的实践，很多属于工会财务管理活动的范畴，所以很多管理会计的方法对于工会并不是全新的内容，但是如何利用管理会计的知识、技术、方法更好地为提升工会管理水平服务，值得不断探索。

二、工会财务工作的任务

　　工会财务工作的任务主要是收好、管好、用好工会经费。在这三大任务当中，收好工会经费是基础。

　　回顾我国工人运动发展史，早在1921年1月至1923年2月间，中国共产党领导了100多次罢工，参加罢工人数达到30万人以上。当时工会财务工作主要是筹措经费，维持工会开展活动的必要开支，这为工人运动初期罢工斗争的开展做出了重要贡献。毛泽东同志在写于1922年的《所希望于劳工会一文》中指出："工会是工人组织的，所以工人应该自己养活工会，更多进则准备公积金和选举基金。我认为，无论如何，第一步要办到加入工会的工人每人必须出最低限度的月捐，少至一个铜元都可；第二步办到自己养活工会，这一点很要紧。"

　　新形势下，各级工会组织应该继续依据《中华人民共和国工会法》（以下简称《工会法》）、《中国工会章程》等法律法规，积极组织收入，不断提高工会经费收缴率，并按时足额上缴经费。

　　管好经费是手段。1950年6月29日颁布的《工会法》第一次从法律上明确了工会经费独立管理的原则，主要包括工会应建立自己的预算、决算、会计、审核等制度；工会活动经费，主要来源有会费和各项事业收入，以及企业、事业、行政或资方依法按月向工会拨缴的经费；各级工会经费收支办法由全国总工会制定；各级政府和企事业单位应拨给或供给同级工会为开展活动、办公、住宿和举办事业的必要房屋与设备。

此后，根据《工会法》赋予的职权，中华全国总工会确定独立管理经费的财务体制，建立健全各项财务制度，并对各级工会财务工作实施指导和监督。

用好经费是目的，要按照"量入为出、收支平衡，统筹兼顾、保证重点，真实合法、精细有效"的原则，在资金上为工会开展的各项工作，尤其是为各时期工会重点工作提供财力保证。

2015年11月9日，习近平总书记主持召开中共中央全面深化改革领导小组第十八次会议，审议通过了《全国总工会改革试点方案》。推进全总改革试点，是工会解决自身突出问题，更好地服务基层、服务职工群众的迫切需要。不论是继续推进群团改革，还是继续落实中国工会第十七次全国代表大会的精神，都需要加强基层工会经费管理，特别是加强对财务工作的管理，从而更好地服务职工。

三、工会财务工作的指导思想和特点

（一）工会财务工作的指导思想

当前和今后一个时期工会财务工作的指导思想是：深入学习贯彻党的十九大精神，以习近平新时代中国特色社会主义思想为指导，坚持走中国特色社会主义工会发展道路，紧紧围绕党和国家工作大局与工会工作全局，深化工作全面预算管理改革，统筹工会经费收入管理，优化工会经费收支结构，加强财务管理制度建设，强化财务监督检查，真抓实干、锐意进取，全面分析不平衡、不充分的发展在职工队伍、劳动关系和工会工作中的主要表现，找准工会财务工作贯彻落实党的十九大精神的切入点、着力点，努力为工会组织履职尽责提供保障与服务，让广大职工群众有更多的获得感。

（二）工会财务工作的主要特点

工会财务工作有着鲜明的特点。

1. 独立自主的经费管理体制。

首先,中华全国总工会有自行制定经费使用办法的权利。《工会法》第四十二条规定:"经费使用的具体办法由中华全国总工会制定。"全国总工会根据《工会法》《会计法》《预算法》《中国工会章程》和国家的有关规定,建立了一整套工会经费使用管理办法。关于基层工会经费使用的管理办法分别在 1998 年、2009 年、2014 年以及 2017 年进行了修订,当前采用的是 2017 年修订后的版本。

其次,工会经费独立。根据《工会法》第四十四条规定:"工会应当根据经费独立原则,建立预算、决算和经费审查监督制度。"各级工会都要根据《工会法》及全国总工会的有关文件精神,依法做好工会经费独立核算工作。

基层工会应根据自身实际科学设置会计机构、合理配备会计人员,真实、完整、准确、及时反映工会经费收支情况和财务管理状况。具备条件的基层工会,应当设置会计机构或在有关机构中设置专职会计人员;不具备条件的,由设立工会财务结算中心的乡镇(街道)、开发区(工业园区)工会实行集中核算,分户管理,或者委托本单位财务部门或经批准设立从事会计代理记账业务的中介机构或聘请兼职会计人员代理记账。

再次,工会具有独立的财务管理体制。按照工会组织体制,实行"统一领导,分级管理"的工会财务管理体制。

此外,工会资产是社会团体资产,中华全国总工会对各级工会的资产拥有终极所有权。各级工会应当加强对工会资产的监督、管理,保护工会资产不受损害,促进工会资产保值增值。

根据经费独立原则,建立预算、决算、资产监管和经费审查监督制度。实行"统一所有、分级监管、单位使用"的资产监管体制和"统一领导、分级管理、分级负责"的经费审查监督体制。工会资产的管理和使用办法以及工会经费审查监督制度,由中华全国总工会制定。

2. 法律确定的经费来源渠道。

《工会法》第四十二条对工会经费的来源做出了明确规定:工会会员缴纳的会费;建立工会组织的企业、事业单位、机关按每月全部职工工资总额的 2% 向工会拨缴的经费;工会所属的企业、事业单位上缴的收入;人民政府的补助;其他收入。《工会法》第四十五条规定,各级人民政府和企业、事业单位、机关应当为工会办公和开展活动,提供必要的设施和活动场所等物质条件。实践中,当前县以上工会的经费主要来源于企业、事业单位、机关向工会拨缴的工会经费,其次是同级财政等部门拨给工会组织的有关专项经费。此外,根据《工会法》第四十八条规定,当前县级以上各级工会的离休、退休人员的经费由同级财政负担。

3. 法律明确的工会经费用途。

《工会法》第四十二条明确指出,工会经费主要用于为职工服务和工会活动。

此外,工会财务工作区别于企业事业、行政财务的最大特点就是广泛的群众性。工会经费的筹集、管理到使用全过程,都有相应的职工群众参与。

示例①:

上海市总工会印发的《关于在推进"四位一体"立体经审监督体系中充分发挥基层工会职工会员监督作用的实施办法(试行)》(以下简称《办法》)明确:基层工会职工会员监督应遵循公开性、真实性、全面性、及时性的工作原则,监督涉及职工会员切身利益的经费使用支出的依据、内容、程序、结果以及工会经审工作内容:用于与职工集体福利相关的工会经费、与促进职工职业发展相关的工会经费、与丰富职工精神文化生活相关的工会经费、与维护职工合法权益相关的工会经费、与职工阵地建设相关的工会经费、与工会自身建设相关的工会经费、与其他重大项目安排、大额度资金使用等重大事项的工会经费,以及其他与职工会员切身利益相关的工会经费;经审组织审查审计结果。

《办法》向职工会员发出监督邀请,基层工会要采取会议报告的形式和公布公示的程序进行监督。在监督程序上,要及时以适当方式听取职工会员对监督事项的反馈和意见。在工会会员大会(会员代表大会)上充分发扬民主、讨论审议的同时,还可采取设立意见箱、电子邮箱等方式,收集、听取职工会员的意见。对职工会员反映较强烈、大多数职工会员不赞同的事项应予以改进、完善或停止执行,并把处理结果及时反馈给职工会员。对于提出意见建议的职工会员,要注意做好个人信息的保密工作,鼓励职工会员依法参与工会监督。

---

① 工人日报:上海工会向职工发出监督工会花钱"邀请帖" [EB/OL], http://www.acftu.org/, 2019-03-19。

第二节 工会财务工作管理体制

一、工会财务工作管理体制的含义

工会财务工作管理体制,是各级工会组织在财务工作管理中对职责权限的划分和财力分配的制度。该制度直接影响工会事权与财权如何配置,事关工会组织能否有效运行。必须深入理解中国工会财务工作管理体制的确定原则、特点和层级及权限划分,这是做好工会财务工作的基本要求。

二、工会财务工作管理体制的确定原则

根据《中国工会章程》第三十九条的规定,实行"统一领导,分级管理"的工会财务体制。"统一领导,分级管理"是确定工会财务工作管理体制的原则。

(一) 统一领导

所谓"统一领导",是指由中华全国总工会通过制定统一的工会财务工作方针和政策、统一的财务制度和纪律,并实行财务监督,对全国各级工会的财务工作实行统一领导。各级工会组织及其所属单位,必须自觉接受中华全国总工会的领导,严格遵从统一的财务工作方针和政策,执行统一的财务制度,确保工会组织的完整性和统一性。"统一领导"也是一种集体领导,由各级工会委员会(常委会),对财务工作当中的重大问题和重大开支项目,集体讨论决定。

(二) 分级管理

所谓"分级管理",是指在中华全国总工会统一制定的财务工作政策、制度、纪律约束下,对地方总工会和产业工会确定财务工作管理层级,经费分

成比例，以及各层级工会财务工作管理的职责权限。各级工会应按照规定，履行自身的职能，独立负责地开展财务工作。

"分级管理"的内容主要有：首先，各级工会按照工会层级管理本级各项经费；其次，由各级工会编制本级预决算；再次，按级向本级会员大会或者会员代表大会和上一级工会报告经费收支情况和资产管理情况。

第二章　新时期工会财务工作的规范化

多年来，工会财务工作方面出台许多规章制度，有力地提升了工会财务工作规范化水平，保证了工会财务工作的平稳有序运行，为工会工作的发展做出了积极的贡献。本部分不能一一罗列相关制度，就选取2009年5月31日财政部发布的《工会会计制度》、2009年11月25日中华全国总工会印发的《工会财务会计管理规范》、以及《中华全国总工会办公厅关于加强基层工会经费收支管理的通知》（总工办发〔2014〕23号）与《全总财务部关于〈关于加强基层工会经费收支管理的通知〉的补充通知》（工财发〔2014〕69号）和《中华全国总工会办公厅关于印发〈基层工会经费收支管理办法〉的通知》（总工办发〔2017〕32号）这三类重要文献，具体涉及的五个重要规章制度对新时期工会财务工作的规范化进行简要介绍。

第一节　《工会会计制度》修订

2009年5月31日，财政部发布了修订后的《工会会计制度》，自2010年1月1日起，在全国各级工会组织范围内实施。

一、修订《工会会计制度》的意义

（一）有利于为走中国特色社会主义工会发展道路提供坚实的物质保障

在全面建设小康社会、加快推进社会主义现代化建设的新的发展阶段，健全财务制度，进一步规范财务管理工作，有利于为工会组织履行职责，坚定走中国特色社会主义工会发展道路，提供坚实的物质保障。修订后的《工会会计制度》,作为我国会计法律法规体系中的重要组成部分,使法规体系更加完善,是中国工会财务发展史上的重要节点。

(二)有利于社会各界认知,扩大工会影响力

原有的《工会会计制度》是1998年由中华全国总工会根据《工会法》和《中国工会章程》有关规定制定的。随着改革开放的不断深入、经济社会的快速发展,以及我国会计法律制度的不断完善,旧《工会会计制度》已经不能适应会计工作的需要。此外,由于工会工作的特性,除工会组织外,其他社会各界人士对工会制度了解甚少,不利于国家监督工作的开展。由财政部发布修订后的《工会会计制度》,明确了工会会计在我国会计工作体系中的地位,有助于扩大工会的影响力。

(三)有利于规范各级工会组织的会计行为,提高财务管理水平

《工会会计制度》的修订和实施,推动了《工会预算管理办法》《基层工会经费使用管理办法》《工会财务会计管理规范》等一系列财务规范的出台,对于规范会计核算工作、提高财务管理水平发挥了积极的作用。

二、《工会会计制度》的主要特点

(一)顺应国家财政预算改革的形势,实现全面预算管理

修订后的《工会会计制度》将原"代管经费"中核算的政府补助项目,纳入"政府补助收入"科目,同时增设了"零余额账户用款额度""财政应返还额度"等科目,将政府给予工会的补助、资金纳入工会预算收支范围,明确了财政对工会补助资金的核算范围和方式,符合全面预算管理的要求,有助于全面反映工会组织的收支状况。

(二)突出维权职能,把维护职工合法权益作为反映重点

为了全面反映和落实全总"组织起来,切实维权"的工作方针,修订后的《工会会计制度》增设了"维权支出""业务支出"等会计科目,使送温暖、困难职工帮扶、就业培训教育、法律援助服务、劳动争议调处、劳动安

全保护、会议、外事等有了统一明确的核算口径,有助于真实反映全国工会系统重点工作投入状况。

第二节 《工会财务会计管理规范》修订

一、《工会财务会计管理规范》发布及修订情况

2009年11月25日,中华全国总工会印发了《工会财务会计管理规范》,总体目标是自2010年至2012年,用三年的时间,使各级工会财务会计管理达到规范化建设的要求,并在此基础上不断完善。此后,在初步达到规范化要求的基础上,为进一步提高工会财务会计管理水平,收好、管好、用好工会经费,为工会工作的开展提供可靠的物质保障。

2013年5月21日,中华全国总工会发布了修订后的《工会财务会计管理规范》。新规范要求各级工会应不断完善工会财务会计管理规范化工作,使之制度化、常态化、长期化,形成工会财务会计规范管理的长效机制。

二、《工会财务会计管理规范》主要内容

《工会财务会计管理规范》主要由三部分组成:

第一章是指导思想和总体目标。指导思想是以邓小平理论、"三个代表"重要思想和科学发展观为指导,全面推进工会财务会计管理规范化,切实提高工会财务会计管理水平,收好、管好、用好工会经费,为工会工作的开展提供可靠的物质保障。总体目标是各级工会应在初步达到规范化要求的基础上,不断完善工会财务会计管理规范化工作,使之制度化、常态化、长期化,形成工会财务会计规范管理的长效机制。

第二章是工会财务会计管理规范,对于必要的内部控制安排做出了明确的要求。

第三章是附则。其中明确要求:按照"统一领导,分级管理"的财务体制,全国总工会财务部负责对省级工会财务会计管理规范化的指导和检查。

省级工会财务部门负责对本地区、本产业工会财务会计管理规范化的指导和检查。省、市级工会财务部门要加强对县级工会、乡镇（街道）工会和基层工会财务会计管理规范化的指导和检查，将工会财务会计规范化建设纳入工会财务竞赛考核指标。

第三节 《基层工会经费收支管理办法》修订

一、总工办发〔2014〕23号文与工财发〔2014〕69号文

为贯彻落实中央《关于改进工作作风、密切联系群众的八项规定》《党政机关厉行节约反对浪费条例》，以及全国总工会《关于贯彻中央改进工作作风、密切联系群众八项规定的实施办法》（总工发〔2012〕80号）《关于加强工会经费财务管理和审计监督切实管好用好工会经费的通知》（总工发〔2013〕51号）等文件精神，使工会经费更好地为基层工会工作服务、为职工群众服务，为加强基层工会经费收支管理有关事项，《中华全国总工会办公厅关于加强基层工会经费收支管理的通知》（总工办发〔2014〕23号）发布。此后，《全总财务部关于〈关于加强基层工会经费收支管理的通知〉的补充通知》（工财发〔2014〕69号）对其进行补充。上述两项规定取代了全总2009年10月28日印发的《基层工会经费收支管理办法》（总工发〔2009〕47号），明确了职工正常福利的范畴，积极推进了普通职工特别是一线职工的正常福利落实。

二、总工办发〔2017〕32号

2017年12月15日，《中华全国总工会办公厅关于印发〈基层工会经费收支管理办法〉的通知》（总办发〔2017〕32号）发布。该文件主要基于，党的十九大做出新时代我国社会主要矛盾是人民日益增长的美好生活需要和不平衡不充分的发展之间的矛盾这一重大政治论断，强调必须坚持以人民为中心的发展思想，把人民对美好生活的向往作为奋斗目标。中华全国总工会认

真学习宣传贯彻党的十九大精神,把职工对美好生活的向往作为工会新的使命,促进实现体面劳动、舒心工作、全面发展,特别关注职工的福利问题。全国总工会在总工办发〔2014〕23号文与工财发〔2014〕69号文等基础上进行深入研究,顺应职工群众,特别是一线职工的需求,制定了新的《基层工会经费收支管理办法》,就工会经费用于服务职工的各项开支再次做出全面、系统、具体的规定。

文件下发后,各省级工会结合本地区、本产业和本系统工作实际,制定了具体实施细则,细化支出范围,明确开支标准,确定审批权限,规范活动开展。

第二篇

工会财务管理

工会财务学概要

第三章 工会财务管理概述

第一节 工会财务管理的层级与形式

一、工会财务管理的层级

工会财务管理是对工会财务活动的管理,和工会会计都属于工会财务工作的重要组成部分。工会财务管理层级根据工会组织体制确定。工会财务管理的层级依据是《中国工会章程》第十一条:"中国工会实行产业和地方相结合的组织领导原则。同一企业、事业单位、机关和其他社会组织中的会员,组织在一个工会基层组织中;同一行业或者性质相近的几个行业,根据需要建立全国的或者地方的产业工会组织。除少数行政管理体制实行垂直管理的产业,其产业工会实行产业工会和地方工会双重领导,以产业工会领导为主外,其他产业工会均实行以地方工会领导为主,同时接受上级产业工会领导的体制。各产业工会的领导体制,由中华全国总工会确定。省、自治区、直辖市,设区的市和自治州,县(旗)、自治县、不设区的市建立地方总工会。地方总工会是当地地方工会组织和产业工会地方组织的领导机关。全国建立统一的中华全国总工会。中华全国总工会是各级地方总工会和各产业工会全国组织的领导机关。"

全国工会财务管理层级实行五级经费管理。具体层级分别为:

中华全国总工会为一级经费管理单位。

省、自治区、直辖市总工会和按产业系统独立管理经费的全国性产业工会,为二级经费管理单位。其中,31个省级地方工会;中华全国铁路总工会、中国民航工会、中国金融工会等是按产业系统为主实行垂直管理的全国性产业工会；中央国家机关工会联合会和中直机关工会联合会为中央机关工会联合会。

地市（州、盟）级总工会或垂直管理经费的省级产业工会为三级经费管理单位。

县（旗、市）级工会或垂直管理经费的地市级产业工会为四级经费管理单位。

基层工会为五级经费管理单位。所谓基层工会，是指企事业单位、机关和其他社会组织单独或者联合建立的基层工会委员会。

根据《关于企业集团公司工会经费管理的规定》，企业集团公司母公司工会的上一级财务管理部门是其所在地总工会。母公司工会的经费留成比例由省级总工会研究确定。母公司所在地的所属子公司工会直接受母公司工会的领导，子公司工会所提取的工会经费要按比例上交给母公司工会，由母公司工会按省级总工会确定的分成比例向所在地总工会上解经费。母公司工会与所在地子公司工会之间的分配比例由母公司工会确定。企业集团公司的母公司所属子公司在外地的，其经费管理，按属地原则，经费上解渠道和上解比例不变。

在一个省、自治区或者直辖市内，有二级机构的大型联合企业工会与省级产业工会，经当地省级工会批准后，可以作为三级经费管理单位。工会机关及其直属事业单位，适宜本级工会经费拨款，或自身业务收入解决开支问题，不参与经费分成，不单独算作一个财务管理层级。

二、工会财务管理的形式

工会财务管理的形式包括本级财务管理和单位财务管理。

上级工会本级财务对下级工会本级财务的管理形式被称为本级财务管理形式。即主要通过编制年度经费收支预算，报上级工会批准执行。这样保证各级工会有固定比例的分成收入，可自主确定增收节支措施。

本级工会对所属的工会机关及事业单位的经费收支管理方式，被称为工会预算单位的财务管理形式。单位财务管理形式主要有全额预算管理、差额预算管理和自收自支管理三种。

第二节 工会财务监督

一、工会财务监督的内容

广义的工会财务监督,包括工会财务部门、经费审查委员会、国家和社会以及职工群众等多方面对工会财务活动的监督。这里所说的工会财务监督,是指侧重于从财务管理的角度进行的监督。监督的目的在于提高工会经费的合法合规性,促使资金合理运用,充分发挥效能,以确保工会各项任务的完成。

工会财务监督的主要内容包括:遵守党和国家法律、法规和政策的情况;执行各项工会财务规章制度的情况;本级经费收支预算的执行情况;对本级工会事业单位预算执行的监督;对工会及事业单位各项资金活动事项的监督;对工会财产物资购置、管理使用情况的监督等。

二、工会财务监督的原则

工会财务监督的原则主要包括以下几点:

(一) 依法监督

依据国家各项方针政策、财经法规和工会各项财务制度进行监督。

(二) 事前、事中与事后监督相结合

在经济活动开始之前,工会经费审查监督组织在制定计划、进行可行性研究过程中,对各级工会及所属的企事业单位预算编制进行的审核批准,属于事前监督。其主要是保证正确的编制预算,防止违反财务规章制度的现象发生,从而制定既科学又符合实际的财务收支计划。

事中监督是在预算执行过程中进行的审查监督,主要是审查、监督是否按照预算合理使用资金,发现问题及时纠正。

事后监督是对预算执行结果的审查监督，主要是纠正错误、总结经验，对违法乱纪、贪污受贿案件进行专项检查。

（三）监督与服务相结合

为保证资金的使用效果，维护财务工作的正常秩序，完成工会工作任务，必须进行财务监督，通过监督保障服务。

（四）专业监督与群众监督相结合

由工会财务部门承担，对财务收支和业务活动进行的职能监督主要通过财务检查等方式进行，以检查截留、挪用应上解的工会经费为主。这属于专业监督，是财务监督的主要方面。

民主审查监督是通过经费审查委员会，对本级工会经费的收支情况进行审查监督，与内部审计监督结合进行。各级工会经费审查委员会是具有工会特色的群众监督组织，代表会员群众对工会经费实行监督工作（民主审查监督）。工会经费审查委员会是工会内部设立的经费审查监督机构，是由同级工会会员代表大会选举产生，负责定期向会员或代表大会报告工作并接受监督，大会闭会期间向同级工会委员会负责并报告工作，工会会员大会或者会员代表大会，有权对经费使用情况提出意见。实行专业监督与群众监督相结合，有利于加强工会财务监督工作。

三、工会财务监督的形式

（一）内部监督

内部监督是指财务部门按照有关政策制度，通过编制执行本级收支预决算和审批本级事业单位预决算实行监督。各核算单位的会计机构中设置复核工作岗位，在资金收付中对财务制度的执行进行监督，并随时纠正违规事项。在内部监督中，应注意实行全过程监督，即事前、事中、事后监督相结合。

经费审查监督主要由经费审查委员会办公室（经费审查委员会的日常办事机构，简称经审会）具体负责日常工作。经审会及其办公室是独立于工会财务部门，专门对工会经费进行审查监督的单位。经审组织对工会经费及资产进行审查监督,是依法履行职能的行为,各级工会必须接受其审查监督。

(二)国家和社会监督

《工会法》第四十四条规定:"工会经费的使用应当依法接受国家的监督。"这种监督主要是由政府有关部门对工会资产中政府财政所拨资金进行审计监督,以及必要时对工会经费使用情况进行监督检查。此外,还有社会审计团体对工会业务中的有关项目进行审计监督。

中共中央总书记、国家主席、中央军委主席、中央审计委员会主任习近平于2018年5月23日下午主持召开中央审计委员会第一次会议并强调,改革审计管理体制,组建中央审计委员会,是加强党对审计工作领导的重大举措。要落实党中央对审计工作的部署要求,加强全国审计工作统筹,优化审计资源配置,做到应审尽审、凡审必严、严肃问责,努力构建集中统一、全面覆盖、权威高效的审计监督体系,更好发挥审计在党和国家监督体系中的重要作用。

(三)民主监督

工会财务接受民主监督,这是工会财务工作区别于企事业财务工作的一个显著特点,这是由工会经费的性质所决定的。由于工会经费来自于职工,用之于职工,因此要接受职工群众的民主监督。这种民主监督的一般形式,是工会经费收支情况向会员代表大会公布,基层工会组织还要定期向会员公布会费收支情况。

示例[①]:

上海市出台的《关于构建工会内部审计、国家审计、社会审计和职工会员监督"四位一体"的立体经审监督体系的意见》中要求:

首先,各级工会要健全工会经审工作机构。各区总工会以及年拨缴经费收入超过3 000万元的局(产业)工会应设置经审办,年拨缴经费收入小于3 000万元的局(产业)工会应配备专职经审干部。因编制受限暂时无法配备

---

① 工人日报:上海推进"四位一体"经审监督体系建设[EB/OL],http://www.acftu.org/,2017-06-20。

专职经审干部的，应选派挂职干部、兼职干部或志愿者承担工作。各区局（产业）工会可将会员中政治素质高、业务能力强、具有相关专业知识的党务、纪检、内审、财务人员以及一线职工代表纳入工会经审工作队伍，开展经审工作，也可聘请社会中介机构专业技术人员参与工会审计。

其次，各级工会要健全完善工会财务状况和经审工作定期向同级工会会员大会（会员代表大会）、全委会、常委会报告制度，建立重大项目安排、大额度资金使用等重大事项集体决策制度。进一步提高工会经审会中基层委员的比例，拓宽下级工会监督上级工会经费资产使用管理情况的渠道。

《意见》要求，工会主席要切实履行好本级工会审计整改第一责任人的责任，对出具审计报告的问题整改要"对账销号"。工会经审组织要通过发放整改意见书、约谈被审计单位负责人等方式，督促审计问题及时整改纠正。

再次，要加强与国家审计机关的沟通协作。市、区总工会经审工作要依法接受国家审计机关的监督检查和业务指导，积极与审计机关建立会商和通报制度，同时建立向被审计单位同级党组织进行通报的制度。

此外，要积极引入社会审计监督，建立购买社会审计服务制度，探索引入社会中介机构对本级工会及直属企事业单位、下属工会的预算执行和财务收支情况、基本建设、实事项目、经济责任等进行审计。

第四章　工会经费收支管理

第一节　工会经费收入管理

一、工会经费的来源

依据《工会法》《中国工会章程》，工会经费的来源分别是：

1. 工会会员交纳的会费；
2. 企业、事业单位、机关和其他社会组织按全部职工工资总额的2%向工会拨缴的经费或者建会筹备金；
3. 工会所属的企业、事业单位上缴的收入；
4. 人民政府和企业、事业单位、机关和其他社会组织的补助；
5. 其他收入。

《基层工会经费收支管理办法》规定：基层工会经费收入范围包括会费收入、拨缴经费收入、上级工会补助收入、行政补助收入、事业收入、投资收益、其他收入。（注意：基层工会经费收入一般不涉及政府补助收入。）

二、工会经费的收缴

（一）会员会费的收缴

1. 关于会员。

凡在中国境内的企业、事业单位、机关和其他社会组织中，以工资收入为主要生活来源或者与用人单位建立劳动关系的体力劳动者和脑力劳动者，不分民族、种族、性别、职业、宗教信仰、教育程度，承认工会章程，都可以加入工会为会员。会员没有正当理由连续六个月不交纳会费、不参加工会组织生活，经教育拒不改正，应当视为自动退会。

2. 关于会费缴纳标准。

凡是工会会员应按规定标准缴纳会费。加入工会组织的会员按照本月标准工资的0.5%向所在单位工会交纳会费，没有固定收入的会员可按本人上月所得工资额计算交纳会费。工资尾数不足10元的部分不交纳会费。

凡作为工资发放的，应计算交纳会费。国家机关的工会会员的标准工资收入包括：职务工资、级别工资、基础工资、工龄工资；事业单位的工会会员的标准工资收入包括：职务工资、等级工资。机关、事业单位的工人会员标准工资收入包括：岗位工资、等级工资；企业工会会员交纳会费的标准工资收入，由企业工会掌握。凡是作为工资发放的，应该计算缴纳会费；凡是作为津贴、奖金发放的，不缴纳会费。

会员所得各种奖金、津贴、稿费收入以及按劳动保险条例或其他法令规定所领取的各种补助费、救济费、退休金、退职金等，均不交纳会费。

机关提前离岗休息的会员和企业下岗待岗的会员，如已不属本单位职工，所得收入已不列入本单位的工资总额组成范围，可以保留会籍，免交会费。如仍属于本单位职工，所得收入仍是本单位工资总额的组成部分，则仍应按照本人实际工资收入计算交纳会费。

凡经上级工会批准建立工会组织的外商投资企业，应自批准建立工会的月份起，于每月15日以前按照上月份企业全部职工工资总额的2%，向工会拨交当月份的工会经费。

全部职工应包括中方职工，港澳、台方职工和外方职工在内。其中外方职工是指在外商投资企业中工作，非中华人民共和国国籍，以工资收入为主要生活来源的脑力劳动者和体力劳动者（含高级职员）。

计算拨交工会经费的工资总额，是指企业直接支付给本单位全部职工的劳动报酬总额，包括各种工资奖金和津贴在内。具体计算范围，中方职工按照国家统计局《关于工资总额组成的规定》及有关的解释执行，港、澳、台方职工和外方职工参照上述规定及解释执行。

3. 关于会费交纳办法。

首先，工会小组长在每月收缴会费前，要统计每个会员的工资数及应交会费数,填列《工会小组会费收缴清单》。

其次,会员应在工资发放后3日内自觉向工会小组长交纳会费;工会小组长也应主动向会员收缴会费,收到会费时,应将实收会费按姓名分别填入《工会小组会费收缴清单》。

再次,工会小组长应于发放工资后5日内,将结算好的《工会小组会费收缴清单》一式三份,连同所收的款项一并交分工会财务委员。

最后,基层工会应于发放工资后10日内,将各分工会的会费收齐,并根据各《分会会费收缴汇总表》填制《基层工会会费收缴汇总表》,一式两份,一份用于向会员公布会费收支情况,一份作为原始凭证,据以编制记账凭证,登记账簿。

(二)工会经费的拨缴

建立工会组织的行政、企事业单位,以及他社会组织,按全部职工工资总额的2%,每月向工会划拨工会经费。

1."全部职工"与"工资总额"的确定方法。

职工指在国有经济、城镇集体经济、联营经济、股份制经济、外商和港、澳、台投资经济、其他经济单位及其附属机构工作,并由其支付工资的各类人员。各基层单位的"全部职工"人数,原则上应按"谁发工资谁统计"的办法进行统计。因此,不论是编制内的还是编制外的人员;不论是出勤的还是因故未出勤的人员;不论是在国内工作的还是在国外工作的人员;不论是正式的人员还是试用期间的人员;不论是在本单位工作的还是临时借调到外单位工作的人员,只要由本单位支付工资均应统计为职工。包括正式职工、合同制职工,临时工和计划外用工等。

职工工资总额反映了一定时期职工从单位内得到的全部工资,包括计时工资、计件工资、奖金、津贴和补贴、加班加点工资、特殊情况下支付的工资。工资总额的计算原则应以直接支付给职工的全部劳动报酬为根据。各单位支付给职工的劳动报酬以及其他根据有关规定支付的工资,不论是计入成本的还是不计入成本的,不论是以货币形式支付的还是以实物形式支付的,均应列入工资总额的计算范围。

各单位在统计月、季、年的工资总额时,均应按实发数计算,但对逢节日提前预发下月的工资,仍统计在应发月的工资总额中。因补发调整工资影响当月工资总额变动较大时，应在统计表中加注说明。

工资总额不包括的项目：

（1）根据国务院发布的有关规定颁发的创造发明奖、国家星火奖、自然科学奖、科学技术进步奖和支付的合理化建议和技术改进奖以及支付给运动员在重大体育比赛中的重奖。

（2）有关劳动保险和职工福利方面的费用，具体有：职工死亡丧葬费及抚恤费、医疗卫生费或公费医疗费用、职工生活困难补助费、集体福利事业补贴、工会文教费、集体福利费、探亲路费等。

（3）有关离休、退休、退职人员待遇的各项支出。

（4）支付给聘用或留用的离休、退休人员的各项补贴。

（5）劳动保护的各种支出。具体有：工作服、手套等劳保用品。解毒剂、清凉饮料。以及按照1963年7月19日劳动部等七单位规定的范围对接触有毒物质、矽尘作业、放射线作业和潜水、沉箱作业、高温作业等五类工种所享受的由劳动保护费开支的保险食品待遇。

（6）稿费、讲课费及其他专门工作报酬。

（7）出差伙食补助费、误餐补助、调动工作的旅费和安家费。

（8）对自带工具、牲畜来企业工作的职工所支付的工具、牲畜等的补偿费用。

（9）实行租赁经营单位的承租人的风险性补偿收入。

（10）对购买本企业股票和债券的职工所支付的股息（包括股金分红）和利息。

（11）劳动合同制职工解除劳动合同时由企业支付的医疗补助费、生活补助费等。

（12）因录用临时工而在工资以外向提供劳动力单位支付的手续费或管理费。

（13）支付给家庭工人的加工费和按加工订货办法支付给承包单位的发包费用。

（14）支付给参加企业劳动的在校学生的补贴。

（15）计划生育独生子女补贴。

2. 关于基层工会组织筹建期间拨缴工会经费（筹备金）。

上级工会派员帮助和指导尚未组建工会组织的企业、事业单位、机关和其他组织（以下简称为有关单位）的职工筹建工会组织，自筹建工作开始的下个月起，由有关单位按每月全部职工工资总额的2%向上级工会全额拨缴工会经费（筹备金）。上级工会收到工会经费（筹备金）后向有关单位开具"工会经费拨缴专用收据"，有关单位凭专用收据在税前列支。

上级工会对有关单位拨缴的工会经费（筹备金），除按现行工会经费分成办法解缴经费外，要实行单独核算，专款专用，主要用于基层工会筹建期内所发生的有关费用。

筹建工作结束，并经上级工会批准正式建立组织后，有关单位自批准之月起，不再向上级工会拨缴工会经费（筹备金），改为按每月全部职工工资总额的2%向本单位工会拨缴工会经费，再由本单位工会按照全总和省级工会有关工会经费分成办法规定的比例留成并向上级工会上缴工会经费。

3. 工会经费拨缴形式。

工会经费拨缴形式有基本形式和其他形式。

基本形式也称自主收缴，各基层工会所在单位的行政方面，于每月15日前按照上个月本单位职工工资总额的2%，向本级工会拨缴当月工会经费。企业凭工会组织开具的《工会经费收入专用收据》在税前扣除。凡不能出具《工会经费收入专用收据》的，其提取的职工工会经费不得在企业所得税前扣除。基层工会收到2%全额经费后，按照规定的比例向上一级工会上缴经费，上一级工会按规定比例留成后，继续上缴直至全国总工会。

此外，行政事业单位可以在财政拨付行政经费的同时，一并将工会经费划拨到当地工会。这和税务代收都属于其他形式。为加强工会经费的收缴和管理，部分省市区总工会与当地税务局合作，将工会经费代收工作纳入地方税务局税收征管范围，采取与税收征管同步方式实行税费同管、税费同查，按季（月）通过地方总工会的工会经费集中户进行核算。在委托税务机关代收工会经费的地区，企业拨缴的工会经费，也可凭合法有效的工会经费代收凭据，依法在税前扣除。

4. 工会经费分成比例。

2009年3月1日，全国总工会财务部下发了《关于省级以下各级工会经费分成比例有关事项的通知》，省以下各级工会（含基层工会）的经费分成比例，由各省级工会（含铁路、民航、金融产业工会），根据本地区（产业）实际情况自行确定。2004年发布的《关于贯彻中华全国总工会〈关于调整工会经费上缴办法的通知〉的通知》相应废止。

以中国金融工会为例，金融工会系统内留成80%中，基层工会留用比例为60%。在上缴的经费中，地市行（会、司）级工会留成5%；省行（会、司）级工会留成10%；各总行（会、司）级工会留成2%，中国金融工会留成3%。全总及各级地方总工会留成20%。在上缴经费中，由中国金融工会全国委员会上交全总5%；由各省、自治区、直辖市行（会、公司）工会上交所在的省、自治区、直辖市总工会5%。

根据2016年7月6日下发的《关于加大对乡镇（街道）、开发区（工业园区）工会和基层工会经费支持力度的若干规定》，全国工会经费全年收入的95%留在地方和基层工会；全国总工会本级集中5%。基层工会的经费分成比例不低于60%。现低于60%的，一律调整为60%。各省级工会按照省以下各级工会经费分成比例由省级工会确定的原则，明确所辖乡镇（街道）、开发区（工业园区）工会的经费分成比例，报全国总工会备案。

此外，根据《中华全国总工会关于组织劳务派遣工加入工会的规定》，劳务派遣工的工会经费，应由用工单位按劳务派遣工工资总额的2%提取，并拨付劳务派遣单位工会，属于应上缴上级工会的经费，由劳务派遣单位工会按规定比例上缴。用工单位工会接受委托管理劳务派遣工会员的，工会经费留用部分由用工单位工会使用或由劳务派遣单位工会和用工单位工会协商确定。

示例[①]：

据《工人日报》报道，由上海市总工会、上海市财政局近日共同发出的《服务灵活就业群体工会会员项目经费使用管理办法》（以下简称《管理办法》）将于2019年1月1日起实行。该《管理办法》明确，经费的适用对象为灵活就业群体，指的是工会经费难以保证、传统工会组建方式难以适应的新型组织形态的从业者。这些从业者往往就业灵活、流动性强、分散游离，劳动关系复杂或不明朗，如家政服务员、物流快递员、护工护理员、货运驾驶员、网约送餐员等。灵活就业群体工会会员通过基层工会审核后，纳入上海工会网上工作平台进行实名管理。

---

① 工人日报：上海：灵活就业群体工会会费使用有了"上海标准" [EB/OL]，http://www.acftu.org/template/10041/file.jsp?cid=1111&aid=97462，2018-12-04。

《管理办法》规定，服务会员项目经费的人均标准为每人每年420元，由会员会费、工会经费和财政资金按1∶1∶1.5的比例安排。其中，会员会费按每人每年120元标准收缴，市总工会按会员数及每人每年120元标准承担项目经费，财政部门按会员数及每人每年180元标准承担项目经费，并由市与区财政各承担50%。

（三）工会所属的企事业单位上缴的收入

工会所属企业上缴的收入一般可纳入投资收益预算管理。独立核算的工会附属事业单位上缴的收入和非独立核算的附属事业单位的各项事业收入，应纳入主管工会事业收入预算管理。事业收入是工会经费收入的一项重要来源。

（四）人民政府和企业、事业单位、机关和其他社会组织的补助

各级人民政府和企事业单位、机关以及其他社会组织，应当为同级工会办公和开展活动，提供必要的设施和活动场所等物质条件。在工会经费不足的情况下，各级人民政府和企事业单位、机关、其他组织的补助是工会经费收入的补充来源。例如，由于工会经费不足，给予开展大型活动的补助；应由政府开支或由工会出面，代为政府办理的，诸如基本建设项目、离退休人员费用的支出等。

（五）其他收入

除了上述收入以外的都属于其他收入。

三、工会经费收入管理

工会经费收入管理涉及的内容很多，加强工会经费预算管理对于加强收入管理具有重要的意义。本部分重点强调工会账户独立管理的问题。各级工会经费应开设单独账户进行管理，按照《银行账户管理办法》的规定，各级工会只有在依法组建并取得法人资格的前提下，才能取得银行账户。这是账户独立管理的前提。

企业、事业单位、机关和其他社会组织等基层单位，应当依法建立工会

组织。社区和行政村可以建立工会组织。从实际出发,建立区域性、行业性工会联合会,推进新经济组织、新社会组织工会组织建设。具备社团法人资格的工会应当依法设立独立经费账户。工会银行账户是专门管理工会经费的银行结算户头,账户内的资金必须是与经费有关的,包括拨缴经费收入、各类补助收入以及事业收入等。

《基层工会经费收支管理办法》中明确指出,不准单位行政利用工会账户违规设立"小金库";不准将工会账户并入单位行政账户,使工会经费开支失去控制。

第二节 工会经费支出管理

一、工会经费支出原则

根据《基层工会经费收支管理办法》,基层工会的经费收支管理要贯彻以下原则:

(一)遵纪守法原则

基层工会应依据《中华人民共和国工会法》的有关规定,依法组织各项收入,严格遵守国家法律法规,严格执行全国总工会有关制度规定,严肃财经纪律,严格工会经费使用,加强工会经费收支管理。

(二)经费独立原则

基层工会应依据全国总工会关于工会法人登记管理的有关规定取得工会法人资格,依法享有民事权利、承担民事义务,并根据财政部、中国人民银行的有关规定,设立工会经费银行账户,实行工会经费独立核算。

(三)预算管理原则

基层工会应按照《工会预算管理办法》的要求,将单位各项收支全部纳入预算管理。基层工会经费年度收支预算(含调整预算)需经同级工会委员会和工会经费审查委员会审查同意，并报上级主管工会批准。

（四）服务职工原则

基层工会应坚持工会经费正确的使用方向，优化工会经费支出结构，严格控制一般性支出，将更多的工会经费用于为职工服务和开展工会活动，维护职工的合法权益，增强工会组织服务职工的能力。

（五）勤俭节约原则

基层工会应按照党中央、国务院关于厉行勤俭节约反对奢侈浪费的有关规定，严格控制工会经费开支范围和开支标准，经费使用要精打细算，少花钱多办事，节约开支，提高工会经费使用效益。

（六）民主管理原则

基层工会应依靠会员管好用好工会经费。年度工会经费收支情况应定期向会员大会或会员代表大会报告，建立经费收支信息公开制度，主动接受会员监督。同时，接受上级工会监督，依法接受国家审计监督。

二、工会经费支出范围

根据《基层工会经费收支管理办法》，基层工会经费主要用于为职工服务和开展工会活动。基层工会经费支出范围包括：职工活动支出、维权支出、业务支出、资本性支出、事业支出和其他支出。（注意：基层工会经费支出不涉及行政支出、补助下级支出。）

（一）职工活动支出

这是指基层工会组织开展职工教育、文体、宣传等活动所发生的支出和工会组织的职工集体福利支出

1. 职工教育支出。用于基层工会举办政治、法律、科技、业务等专题培训和职工技能培训所需的教材资料、教学用品、场地租金等方面的支出，用于支付职工教育活动聘请授课人员的酬金，用于基层工会组织的职工素质提升补助和职工教育培训优秀学员的奖励。对优秀学员的奖励应以精神鼓励为

主、物质激励为辅。授课人员酬金标准参照国家有关规定执行。

示例：

有工会规定，优秀学员的人数不得超过全体学员人数的20%，对优秀学员的奖励应以精神鼓励为主、物质激励为辅，给予的物质奖励每人一般不超过300元。

有工会规定，基层工会举办脱产1个月以上或业余时间培训在120天以上的专业技能培训班，按照参加培训人员10%评选优秀学员并给与每人不超过500元奖励；参加由行政单位或基层工会选派脱产3个月以上培训，获"优秀学员"称号的学员给予不超过500元的奖励。

2. 文体活动支出。用于基层工会开展或参加上级工会组织的职工业余文体活动所需器材、服装、用品等购置、租赁与维修方面的支出以及活动场地、交通工具的租金支出等，用于文体活动优胜者的奖励支出，用于文体活动中必要的伙食补助费。文体活动奖励应以精神鼓励为主、物质激励为辅。奖励范围不得超过参与人数的2/3；不设置奖项的，可为参加人员发放少量纪念品。文体活动中开支的伙食补助费，不得超过当地差旅费中的伙食补助标准。

基层工会可以用会员会费组织会员观看电影、文艺演出和体育比赛等，开展春游秋游，为会员购买当地公园年票。会费不足部分可以用工会经费弥补，弥补部分不超过基层工会当年会费收入的3倍。基层工会组织会员春游秋游应当日往返，不得到有关部门明令禁止的风景名胜区开展春游秋游活动。

示例：

有工会规定，"基层工会开展的各类文体活动，可按规定开支伙食补助费、夜餐费。可以现金或实物形式对因参与活动而误餐的工会干部和工会会员给予补助。现金发放和用餐标准每人每天100元，每餐不超过50元"。

有工会规定，"工会组织集体活动，对因参与活动而误餐的工会干部和工会会员可按照当地财政部门规定的差旅费中伙食补助标准发放现金或安排工作餐，最高不超过50元/人/餐"。

有工会规定，"基层工会用会费组织会员开展春游秋游、观看电影等集体活动应尽量统一组织。春游秋游应严格控制在单位所在城市并当日往返。因工作性质、工作时间等不能统一组织观看电影的，可发放等值的电影券并实名签收。当会费不足时，可以用工会经费予以适当弥补，全年弥补总额一般不超过当年会费收入总额"。

有工会规定，文体比赛活动奖励应以精神鼓励为主、物质激励为辅。奖励范围不得超过参与人数的2/3，一等奖人均不超过300元，二等奖人均不超过200元，三等奖人均不超过100元；不设置奖项的，可为参加人员发放不超过200元的纪念品；春节期间可开展一次节日联欢活动，可为参加人员发放不超过200元的纪念品；全年文体活动奖励及纪念品发放金额总数不得超过全部职工人均800元。

示例：

2015年"五一"期间，某单位以工会会员2015年度国家法定节假日慰问和生日慰问的名义购买购物卡，一次性发放，每人1 500元，共计31 500元。同时，还以补发工会会员2014年度国家法定节假日慰问品和生日慰问品的名义一次性发放25 500元购物卡。

根据《中国共产党纪律处分条例》第九十七条，违反有关规定自定薪酬或者滥发津贴、补贴、奖金等，对直接责任者和领导责任者，情节较轻的，给予警告或者严重警告处分；情节较重的，给予撤销党内职务或者留党察看处分；情节严重的，给予开除党籍处分。

根据第一百一十四条，党组织不履行全面从严治党主体责任或者履行全面从严治党主体责任不力，造成严重损害或者严重不良影响的，对直接责任者和领导责任者，给予警告或者严重警告处分；情节严重的，给予撤销党内职务或者留党察看处分。

示例：

某市纪委通报了4起违反中央八项规定精神典型案例。下面为其中一起：某院院长刘某以单位工会名义，先后4次组织单位职工到四地旅游，共计花费17.35万元。经市纪委常委会研究并报市委同意，给予刘某党内严重警告处分，对其他6名党组成员诫勉谈话，参加人员补缴旅游费用。

根据《中国共产党纪律处分条例》第九十八条，有下列行为之一，对直接责任者和领导责任者，情节较轻的，给予警告或者严重警告处分；情节较重的，给予撤销党内职务或者留党察看处分；情节严重的，给予开除党籍处分：(1) 用公款旅游、借公务差旅之机旅游或者以公务差旅为名变相旅游的；(2) 以考察、学习、培训、研讨、招商、参展等名义变相用公款出国（境）旅游的。

3. 宣传活动支出。用于基层工会开展重点工作、重大主题和重大节日宣传活动所需的材料消耗、场地租金、购买服务等方面的支出，用于培育和践行社会主义核心价值观，弘扬劳模精神和工匠精神等经常性宣传活动方面的支出，用于基层工会开展或参加上级工会举办的知识竞赛、宣讲、演讲比赛、展览等宣传活动支出。

4. 职工集体福利支出。用于基层工会逢年过节和会员生日、婚丧嫁娶、退休离岗的慰问支出等。基层工会逢年过节可以向全体会员发放节日慰问品。逢年过节的"年节"是指国家规定的法定节日（新年、春节、清明节、劳动节、端午节、中秋节和国庆节）和经自治区以上人民政府批准设立的少数民族节日。节日慰问品原则上为符合中国传统节日习惯的用品和职工群众必需的生活用品等，基层工会可结合实际采取便捷灵活的发放方式。工会会员生日慰问可以发放生日蛋糕等实物慰问品，也可以发放指定蛋糕店的蛋糕券。工会会员结婚生育时，可以给予一定金额的慰问品。工会会员生病住院、工会会员或其直系亲属去世时，可以给予一定金额的慰问金。工会会员退休离岗，可以发放一定金额的纪念品。

示例：

有工会规定，基层工会逢年过节向全体会员发放节日慰问品，每位会员年度慰问标准不超过 2 100 元。

有工会规定，节日慰问品原则上为符合中国传统节日习惯的用品和职工群众必需的一些生活用品，如普通月饼、粽子、米、面、油、水果等，基层工会可结合实际采取便捷灵活的发放方式。

有工会规定，工会会员生病住院，不动手术的给予不超过 500 元慰问金或慰问品，动手术的给予不超过 1 000 元的慰问金或慰问品；工会会员去世时，可以给予不高于 2 000 元的慰问金；其直系亲属（限于配偶、父母、子女）去世时，可以给予不高于 1 000 元的慰问金。

有工会规定，（会员）每人每次 1 000 元（同种病多次住院限慰问一次）；有工会规定，每人每次 2 000 元（一年内生病住院会员慰问一次）。

5. 其他活动支出。用于工会组织开展的劳动模范和先进职工疗休养补贴等其他活动支出。

（二）维权支出

这是指基层工会用于维护职工权益的支出。包括：劳动关系协调费、劳动保护费、法律援助费、困难职工帮扶费、送温暖费和其他维权支出。

1. 劳动关系协调费。用于推进创建劳动关系和谐企业活动、加强劳动争议调解和队伍建设、开展劳动合同咨询活动、集体合同示范文本印制与推广等方面的支出。

2. 劳动保护费。用于基层工会开展群众性安全生产和职业病防治活动、加强群监员队伍建设、开展职工心理健康维护等促进安全健康生产、保护职工生命安全为宗旨开展职工劳动保护发生的支出等。

3. 法律援助费。用于基层工会向职工群众开展法制宣传、提供法律咨询、法律服务等发生的支出。

4. 困难职工帮扶费。用于基层工会对困难职工提供资金和物质帮助等发生的支出。工会会员本人及家庭因大病、意外事故、子女就学等原因致困时，基层工会可给予一定金额的慰问。

5. 送温暖费。用于基层工会开展春送岗位、夏送清凉、金秋助学和冬送温暖等活动发生的支出。

根据《工会送温暖资金使用管理办法（试行）》，送温暖资金是各级工会围绕维护职工合法权益、竭诚服务职工群众的基本职责，筹集社会各方面资源，对职工开展帮扶困难、走访慰问的资金。

该办法要求，加强送温暖资金与困难职工帮扶资金在对象、标准、管理等方面有效衔接，形成层次清晰、各有侧重的梯度帮扶格局。困难职工帮扶资金重点保障深度困难职工家庭生活、帮助建档困难职工家庭解困脱困；送温暖资金突出对职工走访慰问，体现工会组织对职工的关心关爱。

送温暖资金的主要来源是：各级财政拨款，是指各级财政拨付工会使用的用于送温暖工作的专项资金；上级工会经费补助，是指上级工会用工会经费安排给下级工会开展送温暖活动的专项资金；本级工会经费列支，是指各级工会在本级工会经费预算中安排的用于送温暖活动的专项资金；社会捐助资金，是指各级工会向社会募集的专项用于送温暖活动的资金；行政拨付，是指基层工会所在单位用行政经费、福利费等通过工会开展送温暖活动的资金；其他合法来源。

送温暖资金的使用对象包括：因非个人意愿下岗失业、家庭收入水平明显偏低、子女教育费用负担过重等原因家庭生活困难的职工；本人或家庭成员因患大病、遭受各类灾害或突发意外等情况造成生活困难的职工；关停并转等困难企业中，因停发、减发工资而导致生活相对困难的职工；工伤与职业病致残的职工和因公牺牲职工的家属；因重大疾病手术、住院的职工；长期在高（低）温、高空、有毒有害等环境中和苦脏累险艰苦行业岗位上工作的一线职工；重大灾害期间坚守抗灾一线的职工；春节期间坚守在生产一线和交通运输、电力、环卫以及直接面向群众服务的基层岗位干部职工；因组织需要长期异地工作或者服从组织需要赴外地、基层工作的派驻挂职干部职工；在重大项目和重大工程中做出突出贡献的职工；生产一线涌现出来的先进模范人物。

示例：

有工会规定，送温暖资金走访慰问发放标准为：人均 500—3 000 元，具体标准在每次慰问前由各级工会权益保障部门会同财务部门提出资金的分配和使用方案，经同级工会领导集体研究通过后实施。

走访慰问职工要坚持实名制发放，实名制表应包括慰问对象的工作单位、基本情况、联系方式、身份证号、慰问金额、经办人签字等有关信息。资金使用情况须录入工会帮扶工作管理系统送温暖管理模块备查。

6. 其他维权支出。用于基层工会补助职工和会员参加互助互济保障活动等其他方面的维权支出。

（三）业务支出

这是指基层工会培训工会干部、加强自身建设以及开展业务工作发生的各项支出。

1. 培训费。用于基层工会开展工会干部和积极分子培训发生的支出。开支范围和标准以有关部门制定的培训费管理办法为准。

2. 会议费。用于基层工会会员大会或会员代表大会、委员会、常委会、经费审查委员会以及其他专业工作会议的各项支出。开支范围和标准以有关部门制定的会议费管理办法为准。

3. 专项业务费。用于基层工会开展基层工会组织建设、建家活动、劳模和工匠人才创新工作室、职工创新工作室等创建活动发生的支出，用于基层工会开办的图书馆、阅览室和职工书屋等职工文体活动阵地所发生的支出，用于基层工会开展专题调研所发生的支出，用于基层工会开展女职工工作性支出，用于基层工会开展外事活动方面的支出，用于基层工会组织开展合理化建议、技术革新、发明创造、岗位练兵、技术比武、技术培训等劳动和技能竞赛活动支出及其奖励支出。

4. 其他业务支出。用于基层工会发放兼职工会干部和专职社会化工会工作者补贴，用于经上级批准评选表彰的优秀工会干部和积极分子的奖励支出，用于基层工会必要的办公费、差旅费，用于基层工会支付代理记账、中介机构审计等购买服务方面的支出。基层工会兼职工会干部和专职社会化工会工作者发放补贴的管理办法由省级工会制定。

（四）资本性支出

这是指基层工会从事工会建设工程、设备工具购置、大型修缮和信息网络购建而发生的支出。包括房屋建筑物购建、办公设备购置、专用设备购置、交通工具购置、大型修缮、信息网络购建等内容。

《中华人民共和国工会法》规定，各级人民政府和企业、事业单位、机关应当为工会办公和开展活动，提供必要的设施和活动场所等物质条件。

在行政方面承担资本性支出的经费不足并且基层工会有经费结余的情况下，工会经费可以用于必要的资本性支出。

（五）事业支出

这是指基层工会对独立核算的附属事业单位的补助和非独立核算的附属事业单位的各项支出。

（六）其他支出

这是指基层工会除上述支出以外的其他各项支出。包括：资产盘亏、固定资产处置净损失、捐赠、赞助等。

基层工会要认真贯彻落实《中华人民共和国工会法》《中国工会章程》，

以及全国总工会《工会预算管理办法》《关于加强工会经费财务管理和审计监督切实管好用好工会经费的通知》精神,严格控制工会经费开支,各项开支实行工会委员会集体领导下的主席负责制,重大开支集体研究决定。

《基层工会经费收支管理办法》明确提出"八不准":

(1) 不准将工会经费用于服务职工群众和开展工会活动以外的开支。不准用工会经费购买购物卡、代金券等,搞请客送礼等活动;

(2) 不准违反工会经费使用规定,滥发津贴、补贴、奖金;

(3) 不准用工会经费支付高消费性的娱乐健身活动;

(4) 不准单位行政利用工会账户,违规设立"小金库";

(5) 不准将工会账户并入单位行政账户,使工会经费开支失去控制;

(6) 不准截留、挪用工会经费;

(7) 不准用工会经费参与非法集资活动,或为非法集资活动提供经济担保;

(8) 不准用工会经费报销与工会活动无关的费用。

三、国家规定由行政承担的费用

(一) 关于工会房屋、设备费用方面

《中华人民共和国工会法》第四十五条规定:"各级人民政府和企业、事业单位、机关应当为工会办公和开展活动,提供必要的设施和活动场所等物质条件。"

国家计划委员会、国家建设委员会、中华人民共和国财政部、国家物资总局、中华全国总工会发布的《关于妥善解决各级工会房屋、设备问题的通知》(〔79〕财事字第426号 工发总字〔1979〕162号)规定:"产业公司工会和基层工会及其所属职工集体文化、福利事业所需房屋设备及其维修和水电取暖等费用,均由同级行政解决。"

(二) 关于工会专职人员费用方面

《中华人民共和国工会法》第四十一条规定:"企业、事业单位、机关工会委员会的专职工作人员的工资、奖励、补贴,由所在单位支付。社会保险和其他福利待遇等,享受本单位职工同等待遇。"

全国总工会、财政部发布的《关于〈工会法〉中有关工会经费问题的具体规定》(工总财字〔1992〕9号)规定:"工会脱产专职人员工资等列支问题。全民所有制和集体所有制企业、事业单位和机关支付工会委员会脱产专职人员的工资、奖励、补贴、劳动保险和其他福利待遇,与所在单位行政管理人员有关经费的列支渠道相同。"

财政部发布的《关于企业基层工会工作人员离、退休费和退职生活费开支问题的复函》(〔82〕财企字第98号)要求:"关于企业基层工会工作人员的离、退休费及退职生活费开支问题,应与企业职工一样,由企业行政方面负责支付,在营业外列支。"

(三)关于工会开展活动有关费用方面

全国总工会办公厅发布的《关于解决劳动保护工作经费问题的通知》(工厅生字〔1986〕21号)指出,基层工会为搞好劳动保护工作所需费用,应在本单位的行政劳动保护经费中支付,不能在工会经费中开支。

国家劳动总局发布的《关于企业劳动保护宣传教育经费开支问题的函》(〔80〕劳护字18号)中要求,凡企业开展劳动保护宣传教育(包括装备劳动保护教育室)所需经费,应按《安全技术措施计划的项目总名称表》第四项规定,在企业劳动保护措施经费中开支。第四项的规定为:购置或编印安全技术劳动保护的参考书、刊物、宣传画、标语、幻灯及电影片等。举行安全技术劳动保护展览会、设立陈列室、教育室等。安全操作方法的教育训练及座谈会、报告会等。建立与贯彻有关安全生产规程制度的措施。安全技术劳动保护的研究与试验工作,及其所需的工具、仪器等。

根据全国总工会财务部制定的《关于职工代表大会的费用由谁担负的通知》(工财字〔1981〕29号),职工代表大会的工作是整个企业的工作,其开支费用应由企业负担。

(四)关于职工教育、疗休养活动费用方面

根据财政部、全国总工会发布的《关于组织少数劳动模范、先进工作者短期休养活动经费开支问题的通知》(工发财字〔1982〕100号),组织劳模、先进生产(工作)者休养活动的往返路费、伙食补助费和床位费由劳模、先进生产（工作）者所在单位的企业基金或利润留成中列支；活动费、公杂费由组织活动的工会负担。

财政部发布的《关于企业职工疗养费用开支的复函》（〔82〕财企字100号）规定，职工经批准到疗养所疗养的往返路费，属于因工负伤的，全部由企业报销；属于疾病或非因工负伤的，50公里以内的，由职工本人自理，50公里以外的，原则上由企业补助1/2。职工在疗养所疗养期间的伙食费，可由企业适当给予补助，最多不得超过伙食费的1/2，如因身体衰弱或经济确实困难负担不起伙食费的，可酌量提高其补助费，但不得超过伙食费的2/3。

要注意工会经费与职工教育经费、劳动保护费之间的区别。依据财政部《关于企业加强职工福利费财务管理的通知》（财企〔2009〕242号）的要求，职工福利费是指职工工资、奖金、津贴、纳入工资总额管理的补贴、职工教育经费、社会保险费和补充养老保险费（年金）、补充医疗保险费及住房公积金以外的福利待遇支出。主要包括：为职工卫生保健、生活等发放或支付的各项现金补贴和非货币性福利，企业尚未分离的内设集体福利部门所发生的设备、设施和人员费用，职工困难补助，离退休人员统筹外费用等。

职工教育经费应严格执行财政部、全国总工会、发展改革委、教育部、科技部、国防科工委、原人事部、原劳动保障部、国资委、国家税务总局、全国工商联八部门联合发布的《关于职工教育经费提取与使用管理的意见》（财建〔2006〕317号）的要求，依据《国务院关于大力推进职业教育改革与发展的决定》（国发〔2002〕16号）中关于"一般企业按照职工工资总额的1.5%足额提取教育培训经费，从业人员技术要求高、培训任务重、经济效益较好的企业，可按2.5%提取，列入成本开支"的规定，足额提取职工教育经费。行政事业单位职工教育经费，按照财政年度部门预算定额标准执行。

劳动保护费是指单位用于劳动保护所支出的费用。各单位应按照《中华人民共和国安全生产法》、《中华人民共和国职业病防治法》和国家安监总局《用人单位劳动防护用品管理规范》的要求，提供有效的劳动保护条件、设施，并为劳动者提供个人使用的劳动防护用品。

第五章 工会预决算管理

第一节 工会预算管理

一、工会预算管理概述

(一) 工会预算管理的定义和特点

工会预算是经一定程序核定的工会经费年度收支计划,工会预算管理是收好、管好、用好工会经费的重要手段,是工会财务管理的重要内容。各级工会必须按照《工会预算管理办法》办理工会预、决算。

工会预算管理具有三个基本特点:

首先是目的性。《工会预算管理办法》明确指出,编制工会预算的目的是为了加强预算管理和宏观调控,强化分配和监督职能,保障工会社会职能的履行和工运事业的发展。

其次是强制性。工会预算的编制依据是《中华人民共和国工会法》和《中华人民共和国预算法》等法律法规,因此,各级工会编制预算是法律的强制性要求,也是各级工会加强财务工作管理和遵循国家统一财经纪律方面的必然要求。

再次是程序性。根据《工会预算管理办法》的规定,各级工会的预算编制、执行都必须经过合法的程序。

(二) 工会预算管理的层级

根据"统一领导,分级管理"的工会财务管理体制,工会预算一般分为五级管理,即全国总工会、省级工会、市级工会、县级工会、基层工会。预算管理实行下管一级的原则。

全国总工会预算草案经全国总工会经费审查委员会审查通过后,由全国总工会书记处批准后执行。

经全国总工会批准独立管理经费的中华全国铁路总工会、中国民航工会全国委员会、中国金融工会全国委员会,其预算管理级次由各自产业工会确定后,报全国总工会批准。

建立乡镇(街道)工会的地方,省级以下预算管理级次由省级总工会根据本地实际情况确定后,报全国总工会备案。

各级工会的本级预算草案由各级工会财务部门编制,经工会委员会(或常委会)讨论通过,并经本级经费审查委员会审查通过后,报上一级工会审批或备案。上一级工会有权提出修订预算的意见和要求,下级工会根据提出的意见和要求调整预算。依靠本级工会供给经费的工会机关及所属独立核算事业单位的预算草案由本级工会审批。

(三)工会预算编制的原则

工会预算编制的原则是:统筹兼顾,保证重点;量入为出,收支平衡;真实合法,精细高效。

"统筹兼顾,保证重点"指在资源具有稀缺性的情况下,预算编制要处理好财权和事权的关系,体现工会工作特点,要优化经费支出结构,把资金使用的重点安排在维护职工权益、为职工服务和工会活动方面。

"量入为出,收支平衡"指编制预算时需要科学、合理地编制收入预算,充分考虑可能出现的各项变动因素,依法、真实、完整、合理地编制。同时要本着坚持勤俭节约的精神,本年度无重大支出项目,不得编制赤字预算。

"真实合法,精细高效"指各级工会预算必须以法律法规为依据,以真实的业务为基础,优化经费支出结构,项目清晰,数据准确。

二、工会预算编制

(一)工会预算编制的基本流程

第一,确定年度工作计划。在制定工作计划时,需要考虑社会经济形势、上级工会要求、中长期工作规划、同级党政机关对工会工作的具体要求和所在单位劳动关系的运行情况等因素。

第二,对计划年度经费收入进行估算。各级工会通过对年度经费进行估算确定年度可用的经费总额,并以此为基础,为年度工作计划中的经费配置提供依据。具体估算时,各级工会应综合考虑计划年度经费的依据,来源结构及其可实现程度等因素。

第三,财务部门根据年度工作计划和经费估算数编制预算草案。凡是由本级工会提供经费的所属企事业单位,其年度预算均应纳入本级预算进行编制。

第四,财务部将预算草案提交,经工会委员会(常委会)讨论通过,并经本级经费审查委员会审查通过后,报上一级工会审批或备案。上一级工会有权提出修订预算的意见和要求,下级工会根据提出的意见和要求调整预算。

预算经上级工会审批(核)后,进入执行环节。

(二)工会预算的主要内容

工会预算由预算收入和预算支出组成。

预算收入包括:(1)会费收入;(2)拨缴经费收入;(3)上级补助收入;(4)政府补助收入;(5)行政补助收入;(6)事业收入;(7)投资收益;(8)其他收入。

预算支出包括:(1)职工活动支出;(2)维权支出;(3)业务支出;(4)行政支出;(5)资本性支出;(6)补助下级支出;(7)事业支出;(8)其他支出。

预算收入和支出的项目应尽可能加以细化。例如编制职工活动支出预算,在条件允许时,进一步明确其所属的职工教育费、文体活动费、宣传活动费等具体项目的预算。

(三)工会预算编制的方法

按其出发点的特征不同,编制预算的方法可分为增量预算法和零基预算法两大类。

增量预算法以基期成本费用水平为基础,结合预算期业务量水平及有关降低成本的措施,通过调整有关费用项目而编制预算的方法。增量预算假定企业现有业务活动和各项业务的开支水平是合理的;以现有业务活动和各项活动的开支水平,确定预算期各项活动的预算数。以过去的费用发生水平为基础,主张不需要在预算内容上作较大的调整。缺点是可能导致无效费用开支项目无法得到有效控制。

零基预算法指在编制费用预算时,不考虑以往会计期间发生的费用项目或费用数额,而是一切以零为出发点,根据实际需要逐项审议预算期内各项费用的内容及开支标准是否合理,在综合平衡的基础上编制费用预算的方法。这样,不受现有费用项目的限制;不受现有预算的束缚;能够调动各方面节约费用的积极性;有利于促使各基层单位精打细算,合理使用资金。

(四) 工会预算编制的具体要求

工会的年度预算应根据有关政策法规、上级工会要求、预算编制原则和本年度工会工作计划编制。本年度无重大支出项目,不得编制赤字预算。期末滚存经费结余不得出现赤字。

收入预算的编制,要按照收入来源,充分考虑本年度各项变动因素,依法、真实、完整、合理地编制。县级以上工会的办公和职工群众的文化、教育、体育活动设施,在政府给予大部分补助的前提下,经上级工会批准,可以动用少量经费弥补不足,上级工会也可根据情况给予适当补助。

支出预算的编制,要坚持勤俭节约,体现工会工作特点,要优化经费支出结构,把资金使用的重点安排在维护职工权益、为职工服务和工会活动方面。

县级以上工会行政性支出预算,应参照同级政府的有关规定、制度、费用标准以及核定的人员编制编列。县级以上工会接受的财政补助资金要纳入预算管理,依据财政确定的开支范围专款专用。不得截留、挪用和改变资金用途。

房屋建筑物购建、专项设备购置、大型修缮等预算,需附经有关专业部门论证的可行性工程项目论证报告、立项批复、开工许可等相关文件,按照工程进度及资金状况编制当年预算。

列入地方基本建设或更新改造计划的工程项目,应附地方政府或相关部门文件。各级工会用部分结余经费投资时,必须进行可行性经济分析论证,提出书面报告,报职能部门审核,工会委员会(或常委会)讨论通过后,方可列入预算。

县级以上工会预算，可在本级预算支出总额的5%以内编列预备费，用于当年难以预见的特殊开支。县级以上工会根据需要，可以从本级经费结余中安排一定数额的后备金作为储备，用于特殊情况下的资金需要。需要动用时，必须经过本级工会经费审查委员会审议，工会常委会批准，并报上级工会备案。县级以上工会应根据全国总工会规定工会干部权益保障金。

全国总工会每年10月提出下年度省级工会编制预算的要求。省、市、县级工会应根据上级工会编制预算的要求，结合实际情况进行部署，并按照上级工会规定的时间上报下年度预算。各省级工会的本级预算（附工会机关预算），应在3月15日前报送全国总工会审批，全国总工会应于30个工作日内及时批复。

市级以下（含市级）工会本级预算的报批时间，由省级工会确定。依靠本级工会供给经费的工会机关及所属独立核算事业单位的预算草案由本级工会审批。全国总工会预算草案，经全国总工会经费审查委员会审查通过后，由全国总工会书记处批准后执行。

工会经费收支预算表见表5-1。

表5-1　　　　　　　　工会经费收支预算表

编制单位：　　　　　编报日期：　年　月　日　　　　　　单位：元

科目		上年决算数	本年预算数	说明	上级工会	
编号	名称				核定数	审核意见
401	会费收入					
402	拨缴经费收入					
403	上级补助收入					
40301	回拨补助					
40302	专项补助					
40303	超收补助					
40304	帮扶补助					
40305	送温暖补助					
40306	救灾补助					
40307	其他补助					
404	政府补助收入					
405	行政补助收入					

续表

科目		上年决算数	本年预算数	说明	上级工会	
编号	名称				核定数	审核意见
406	事业收入					
407	投资收益					
408	其他收入					
	本年收入合计					
501	职工活动支出					
50101	职工教育费					
50102	文体活动费					
50103	宣传活动费					
50104	其他活动费					
502	维权支出					
50201	劳动关系协调费					
50202	劳动保护费					
50203	法律援助费					
50204	困难职工帮扶费					
50205	送温暖费					
50206	其他维权支出					
503	业务支出					
50301	培训费					
50302	会议费					
50303	外事费					
50304	专项业务费					
50305	其他业务费					
504	行政支出					
50401	工资福利支出					
50402	商品和服务支出					
50403	对个人和家庭的补助					
50404	其他行政支出					
505	资本性支出					
50501	房屋建筑物购建					

续表

科目		上年决算数	本年预算数	说明	上级工会	
编号	名称				核定数	审核意见
50502	办公设备购置					
50503	专用设备购置					
50504	交通工具购置					
50505	大型修缮					
50506	信息网络购建					
50507	其他资本性支出					
506	补助下级支出					
50601	回拨补助					
50602	专项补助					
50603	超收补助					
50604	帮扶补助					
50605	送温暖补助					
50606	救灾补助					
50607	其他补助					
507	事业支出					
508	其他支出					
	预备费					
	本年支出合计					
	本年结余					
	加：上年结余					
	加：本年收回投资					
	减：本年投资					
	减：本年提取后备金					
	期末滚存结余					

工会主席： 经费审查委员会主任： 财务负责人： 制表：

（五）预算的执行和调整

各级工会预算由本级工会委员会（或常委会）组织执行，具体工作由本级工会财务部门负责。各级工会应按照预算确定的任务积极组织收入。各级工会要按照全国总工会、省级总工会的规定及时、足额拨缴工会经费，不得截留、挪用。各级工会预算在批准之前只能开支必要的基本费用及帮扶、送温暖等支出。建设工程、设备工具购置、大型修缮和信息网络购建等费用一般不得开支，因特殊原因必须提前开支的，经工会委员会（常委会）或主席办公会议同意，可控制在年度预算的25%以内。预算批准后，按照批准的预算执行。各级工会应根据年度支出预算和用款计划拨款。不得办理超预算、超计划的拨款，不得越级办理预算拨款。各级工会要加强预算支出的管理，严格执行预算和财务制度，不得擅自扩大支出范围，提高开支标准，不得以领代报，不得擅自改变预算资金用途。建设工程、设备工具购置、大型修缮和信息网络购建等支出，应经有关专业部门审核后执行。各级工会要严格控制行政支出，专项资金必须专款专用。应纳入集中采购范围内的支出，按有关规定办理。

各级工会预算在执行过程中，发生项目改变或追加项目，经有关部门审核，报工会委员会（常委会）或主席办公会议同意后，在预算内调整或动用预算预备费。各级工会预算在执行过程中，遇有特殊情况，预算收支总额需要增减变动时，应当编制预算调整方案，每年以一次为限，其编制、审批与预算编制审批程序相同。

第二节 工会决算管理

一、工会决算管理的含义

工会决算是工会收支预算的执行结果。各级工会应按上级工会的要求编制年度决算。决算未经批准前，称为决算草案。严格工会决算管理是进行全过程管理的必然要求。提高工会经费的使用效益，预算管理中"重预算、轻决算，重分配、轻管理"的现状必须扭转。工会应当加强决算管理，确保决算真实、完整、准确、及时，加强决算分析工作，强化决算分析结果运用，建立健全单位预算与决算相互反映、相互促进的机制。

进行全过程管理，在预决算执行过程中，必须强化监督。各级工会财务部门负责监督检查下级工会和本级工会所属单位预算的执行。各级工会的预算、决算要接受同级工会经费审查委员会的审查审计监督。预算执行情况要接受上一级工会经费审查委员会的审计监督。

著名的管理学大师彼得·德鲁克曾说，没有评价就没有管理。各级工会应当加强预算绩效管理，建立"预算编制有目标、预算执行有监控、预算完成有评价、评价结果有反馈、反馈结果有应用"的全过程预算绩效管理机制。有效的业绩评价需要强化决算报告的地位。

有违反《工会预算管理办法》规定，擅自改变预算资金的性质和使用范围，截留挪用项目资金；隐瞒收入，虚列支出，造成会计信息严重失真；擅自决定重大开支项目等行为的，上级工会应责令其做出检查，并要求纠正。情节严重，造成经济损失的，对负有直接责任的负责人和相关人员，按照国家法律法规和工会的有关规定追究其责任。

二、工会决算工作的要求

根据《工会预算管理办法》，工会决算应该遵循如下要求：

（1）编制决算草案，必须符合法律法规，做到收支数额准确，内容完整，报送及时（附报工会机关决算草案）。

（2）跨年度的基本建设工程，决算前按年度拨出数编报，最后年度工程竣工后，经具有相应资质的社会中介机构审核确认，按审核确认数扣除以前年度决算数后的余额，编制年度决算。

（3）决算草案的审批程序与预算草案审批程序相同。

（4）省级工会的本级决算，应在3月15日前报送全国总工会审批，全国总工会应于30个工作日内及时批复。市级以下（含市级）工会决算的报批时间，由省级工会确定。各级工会的决算，应按上级工会的要求逐级汇总上报。

三、工会经费收支决算表编报要求

工会经费收支决算表具体格式见表5-2。

表 5-2　　　　　　　　　　　　经费收支决算表

编制单位：　　　　　　　　　编报日期：　年　月　日　　　　　　单位：元

科目编号	科目名称	核定预算数	决算数	完成预算（％）	说明
401	会费收入				
402	拨缴经费收入				
403	上级补助收入				
40301	回拨补助				
40302	专项补助				
40303	超收补助				
40304	帮扶补助				
40305	送温暖补助				
40306	救灾补助				
40307	其他补助				
404	政府补助收入				
405	行政补助收入				
406	事业收入				
407	投资收益				
408	其他收入				
	本年收入合计				
501	职工活动支出				
50101	职工教育费				
50102	文体活动费				
50103	宣传活动费				
50104	其他活动费				
502	维权支出				
50201	劳动关系协调费				
50202	劳动保护费				
50203	法律援助费				
50204	困难职工帮扶费				
50205	送温暖费				
50206	其他维权支出				
503	业务支出				

续表

科目编号	科目名称	核定预算数	决算数	完成预算（%）	说明
50301	培训费				
50302	会议费				
50303	外事费				
50304	专项业务费				
50305	其他业务费				
504	行政支出				
50401	工资福利支出				
50402	商品和服务支出				
50403	对个人和家庭的补助				
50404	其他行政支出				
505	资本性支出				
50501	房屋建筑物购建				
50502	办公设备购置				
50503	专用设备购置				
50504	交通工具购置				
50505	大型修缮				
50506	信息网络购建				
50507	其他资本性支出				
506	补助下级支出				
50601	回拨补助				
50602	专项补助				
50603	超收补助				
50604	帮扶补助				
50605	送温暖补助				
50606	救灾补助				
50607	其他补助				
507	事业支出				
508	其他支出				
	预备费				
	本年支出合计				

续表

科目编号	科目名称	核定预算数	决算数	完成预算（%）	说明
	本年结余				其中，政府补助结余：
	加：上年结余				其中，政府补助结余：
	加：本年收回投资				
	减：本年投资				
	减：本年提取后备金				
	期末滚存结余				其中，政府补助结余：

工会主席：　　　　　经费审查委员会主任：　　　　　财务负责人：　　　　　制表：

工会经费收支决算表编报要求如下：

（1）各级工会必须按全国总工会统一编制的表格填报，不得随意增减款、项科目。

（2）本表"核定预算数"按上级工会核定的预算填列。

（3）本表"决算数"根据本级工会会计年末各有关总账科目借贷方累计余额与所属单位报表汇总填列。

（4）本决算应附文字说明，分析全年预算的执行情况，重点检查经费收缴、主要收支构成情况和问题以及采取的措施、取得的效果等。

（5）本决算应经同级工会经费审查委员会（经审委员）审查、本级工会委员会（或常委会）讨论通过后上报。

（6）本决算编制后，将决算说明、决算报表及机关的支出决算，加装决算报表封面，整理装订成册。封面和表内各页均应加盖公章及有关人员名章。

（7）本决算收支表金额单位一律用"元"，小数点后保留两位。

四、工会经费收支决算汇总表的编报方法

工会经费收支决算汇总表适用于基层工会、县级工会、市级（地、州、盟）工会、省级工会和全国总工会汇总所属决算报表之用。工会经费收支汇总表的格式表5-3如下：

表 5-3　　　　　　　　　　　　工会经费收支决算汇总表

汇编单位：　　　（公章）　　年度　　汇编日期：　年　月　日　　　　　　　单位：万元

编号	名称	汇总决算数		全国总工会		省级工会		市级工会		县级工会		基层工会	
		应汇总	个	应汇总	个	应汇总	个	应汇总	个	应汇总	个	应汇总	个
		实汇总	个	实汇总	个	实汇总	个	实汇总	个	实汇总	个	实汇总	个
401	会费收入												
402	拨缴经费收入												
403	上级补助收入	对冲前											
		对冲后　0											
404	政府补助收入												
405	行政补助收入												
406	事业收入												
407	投资收益												
408	其他收入												
	本年收入合计	对冲前											
		对冲后　0											
501	职工活动支出												
502	维权支出												
503	业务支出												
504	行政支出												
505	资本性支出												
506	补助下级支出	对冲前											
		对冲后　0											
507	事业支出												
508	其他支出												
	本年支出合计	对冲前											
		对冲后　0											
	本年结余												
	加：上年结余												
	加：本年收回投资												
	减：本年投资												
	减：本年提取后备金												
	期末滚存结余												

工会主席：　　　　　　工会财务负责人：　　　　　　复核：　　　　　　制表：

各省、市、县、基层工会必须按全国总工会统一编制的表格及有关要求汇总填报，不得随意增减款级科目。

决算汇总要求做到数字计算正确，内容完整，并按规定时间及时报送，省级工会必须于次年3月15日前报送全国总工会财务部一份，包括书面文档和电子数据。

表中金额单位一律用"万元"，小数点后保留两位。

省级工会的决算汇总表应另附决算汇总表说明书。

收支决算汇编的口径及要求：

（1）省辖市级（地、州、盟）工会汇总时，将本级工会的决算填入"市级工会"栏内，根据县（市、市辖区、旗）工会的本级决算汇入"县级工会"栏内，根据县（市、市辖区、旗）工会上报的基层工会汇总决算和市（地、州、盟）基层工会的汇总决算汇入"基层工会"栏内；

（2）省（自治区）工会汇总时，将本级决算填入"省级工会"栏内，将市（地、州、盟）工会和省产业（局）工会的决算，填入"市级工会"栏目，县级工会决算汇总填表入"县级工会"栏目，根据省直基层和市、县所属基层汇总填表入"基层工会"栏目；

（3）直辖市工会汇总时，将本级决算填入"省级工会"栏内，将区（局）工会的本级决算和直辖市所属县总工会决算，汇总填入"市级工会"栏中，根据市直和区（县）局的基层汇总列入"基层工会"栏内；

（4）全国铁路总工会、中国民航工会、中国金融工会汇总时，将本级决算填入"省级工会"栏内，基层工会汇总决算填入"基层工会"栏内；

（5）中央国家机关工会和中直机关工会汇总时，将本级决算填入"省级工会"栏内，基层工会汇总决算填入"基层工会"栏内；

（6）全国总工会汇总时，将本级决算填入"全国总工会"栏内，并根据省级工会上报的汇总决算进行汇总。

省级工会在"汇总决算数"栏内，应对冲"上级补助收入"与"补助下级支出"科目（即上级补助收入科目保留全国总工会的补助数，其余全部与补助下级支出冲减）；省级工会在"汇总决算数"栏内填写对冲以上两个科目数外，其余各栏数字按原数汇总填列，市级工会也可按此原理进行对冲。

汇总决算应报文字说明，除说明应汇和实汇的单位外，主要是运用结构分析和对比分析的方法，对各级工会经费收、交的状况作综合性检查、分析；

重点分析工会经费收、支构成变动情况和问题，为领导制定政策，改进工作提供参考。

省级工会决算汇总编妥后，应将决算汇总表说明、决算汇总报表、加决算汇总封皮，整理装订成册上报全国总工会一份，封皮应加盖公章，经手人员要盖个人名章，同时要求将报表电子数据报送全国总工会。

第三节　工会预算支出绩效评价

一、工会预算支出绩效评价概述

工会预算支出绩效评价（以下简称绩效评价）是各级工会根据设定的绩效目标，运用科学、合理的绩效评价指标、评价标准和评价方法，对预算支出的经济性、效率性和效益性进行客观、公正的评价。

2016年1月20日，为加强工会预算支出管理，强化支出责任，建立科学、合理的预算支出绩效评价管理体系，提高资金使用效益，根据《工会预算管理办法》，全国总工会制定了《工会预算支出绩效评价管理暂行办法》。该办法适用于县和县以上工会，实行本级预算管理的工会，实行单位预算管理的工会机关、企事业单位是绩效评价的主体。

绩效评价应当遵循以下基本原则：①科学规范原则。绩效评价应当严格执行规定的程序，按照科学可行的要求，采用定量与定性分析相结合的方法；②公正公开原则。绩效评价应当符合真实、客观、公正的要求，依法公开并接受监督；③分级分类原则。绩效评价由各级工会根据评价对象的特点分类组织实施；④绩效相关原则。绩效评价应当针对具体支出及其产出绩效进行，评价结果应当清晰反映支出和产出绩效之间的紧密对应关系。

绩效评价的主要依据：国家相关法律、法规和规章制度；工会工作的目标任务；预算管理制度、资金及财务管理办法、财务会计资料；预算资金的使用部门（单位）职能职责及年度工作计划；申请预算时提出的绩效目标及预算批复，年度预算执行情况，年度决算报告等；审计报告，财务监督检查报告；其他相关资料。

二、绩效评价的对象、内容和目标

绩效评价的对象是纳入工会预算管理的资金。绩效评价的重点以项目支出为重点，评价一定金额以上、与工会重点工作密切相关的、具有社会经济影响的项目，是在业务支出、资本性支出、补助下级支出和事业支出等科目中预算安排的项目支出。

绩效评价的基本内容包括：绩效目标的设定情况；资金投入和使用情况；为实现绩效目标制定的制度、采取的措施；绩效目标的实现程度及效果等。绩效评价一般以预算年度为周期，对跨年度的重大或重点项目可根据项目或支出完成情况实施阶段性评价。

绩效目标是绩效评价的对象在一定期限内达到的产出和效果，是实施绩效评价的主要依据。绩效目标应当包括以下主要内容：预期产出，如预算安排的项目（工会提供的公共产品和服务）数量；预期效果，如为社会发展、工会重点工作、职工群众服务提供资源的经济和社会效益；达到预期产出所需要的成本资源；衡量预期产出、预期效果和服务对象满意程度的绩效指标等。

绩效目标应当符合以下要求：①指向明确。绩效目标要符合工会工作的目标任务，预算资金使用部门（单位）的职能职责及年度工作计划，并与相应的工会预算支出范围、方向、效果紧密相关；②具体细化。绩效目标应当从数量、质量、成本和时效等方面进行细化，尽量进行定量表述，不能以量化形式表述的，可以采用定性的分级分档形式表述；③合理可行。制定绩效目标时要经过调查研究和科学论证，目标要符合客观实际。

三、绩效评价指标及方法

绩效评价指标是指衡量绩效目标实现程度的考核工具。绩效评价指标的确定应当遵循以下原则：一是相关性原则。应当与绩效目标有直接的联系，能够恰当反映目标的实现程度。二是重要性原则。应当优先使用最具评价对象代表性、最能反映评价要求的核心指标。三是可比性原则。对同类评价对象要设定共性的绩效评价指标，以便于评价结果可以相互比较。四是系统性原则。应当将定量指标与定性指标相结合,系统反映工会预算支出所产生的社会效益、经济效益、环境效益和可持续影响等。五是经济性原则。应当通俗易懂、简便易行,数据的获得应当考虑现实条件和可操作性,符合成本效益原则。

绩效评价指标分为共性指标和个性指标。共性指标是适用于所有评价对象的指标。包括预算编制和执行情况、财务管理状况、资产配置、使用、处置及其收益管理情况以及社会效益、经济效益等。

个性指标是针对预算部门或项目特点设定的,适用于不同用款单位或部门和项目的业绩评价指标。共性指标由财务部门统一制定、适用于所有评价对象。个性指标由财务部门会同用款单位或部门制定。

绩效评价方法主要采用成本效益分析法、比较法、因素分析法、最低成本法、公众评判法等。成本效益分析法是指将一定时期内的支出与效益进行对比分析,以评价绩效目标实现程度。比较法是指通过对绩效目标与实施效果、历史与当期情况、不同部门和地区同类支出的比较,综合分析绩效目标实现程度。因素分析法是指通过综合分析影响绩效目标实现、实施效果的内外因素,评价绩效目标实现程度。最低成本法是指对效益确定却不易计量的多个同类对象的实施成本进行比较,评价绩效目标实现程度。公众评判法是指通过专家评估、公众问卷及抽样调查等对支出效果进行评判,评价绩效目标实现程度。

绩效评价方法的选用应当坚持简便有效的原则。根据评价对象的具体情况,可采用一种或多种方法进行绩效评价。

四、组织管理与工作程序

各级工会按照"统一领导,分级管理"的工会财务管理体制,开展绩效评价工作。全国总工会负责制定工会预算支出绩效评价制度,指导省级工会开展绩效评价工作,组织实施本级绩效评价工作。省级工会负责组织实施本地区、本系统和本产业的绩效评价工作。

绩效评价工作可委托专家、中介机构等第三方实施。具体工作由工会财务部门或相关职能部门统一安排,确定绩效评价的项目、绩效目标的提出设定与预算安排同步进行。

绩效评价工作程序是有关单位组织实施绩效评价的工作流程。绩效评价工作一般按照以下程序进行：确定绩效评价对象；下达绩效评价通知；确定绩效评价工作人员；制订绩效评价工作方案；收集绩效评价相关资料；对资料进行审查核实；综合分析并形成评价结论；撰写与提交评价报告；建立绩效评价档案。

五、绩效自评报告和绩效评价报告

（一）绩效自评报告

工会经费的具体使用单位或部门应当按照《工会预算支出绩效评价管理暂行办法》的规定提交绩效自评报告，绩效自评报告应当包括以下主要内容：

1. 基本概况，本单位与部门的职能、事业发展规划、预决算情况、项目立项依据等；

2. 绩效目标及其设立依据和调整情况；

3. 管理措施及组织实施情况；

4. 总结分析绩效目标完成情况；

5. 说明未完成绩效目标及其原因；

6. 下一步改进工作的意见及建议；

7. 其他需要说明的问题。

（二）绩效评价报告

实行本级预算管理的工会，实行单位预算管理的工会机关、企事业单位，按照暂行办法的规定开展绩效评价并撰写绩效评价报告，绩效评价报告内容：

1. 基本概况；

2. 绩效评价的组织实施情况；

3. 绩效评价指标体系、评价标准和评价方法；

4. 绩效目标的实现程度；

5. 存在问题及原因分析；

6. 评价结论及建议等；

7. 其他需要说明的问题。

绩效自评报告和绩效评价报告应当依据充分、真实完整、数据准确、分析透彻、逻辑清晰、客观公正。绩效自评报告和绩效评价报告的具体格式由全国总工会提供参考模板,省级工会制定。

六、绩效评价结果及其应用

绩效评价结果应当采取评分或评级形式,具体分值和等级根据不同评价内容设定。各级工会应当及时整理、归纳、分析、反馈绩效评价结果,并将其作为改进预算管理和安排年度预算的重要依据。

对绩效评价结果较好的,本级工会予以表扬或继续支持。对绩效评价发现问题、达不到绩效目标或评价结果较差的,本级工会可予以通报批评,并责令其限期整改。不进行整改或整改不到位的,应当根据情况调整项目或相应调减项目预算,直至取消该预算支出。绩效评价结果应当按照信息公开的有关规定在一定范围内公开。

第六章 工会财务管理制度

第一节 工会财务管理制度概述

一、工会财务管理制度的基本内容

由于工会运营过程中诸多方面都和财务工作有直接的联系,财务管理制度包含的内容非常广泛。如工会货币资金管理制度、工会借出款管理制度、工会往来款管理制度、工会库存物品管理制度、工会投资业务管理制度、工会在建工程管理制度、工会债务管理制度、工会收入管理制度、工会经费支出管理制度、工会资产清查制度等。

长期的工会实践中,各级工会结合自身的实际情况制定了若干管理制度。随着近年来内部控制制度建设在企业、行政事业单位等主体中的持续推进,工会有必要结合内部控制研究的成果,充分吸收企业、行政事业单位在实践中的成功经验,制定适合自身的财务管理制度。

二、建立和完善工会财务管理制度的必要性

(一) 严格执行国家法律法规的必然要求

不论是我国的《预算法》《会计法》《工会法》,还是财政部发布的《工会会计制度》《会计基础工作规范》等部门规章,以及中华全国总工会制定的《基层工会经费收支管理办法》《工会预算管理办法》等,上述国家制定的法律法规是工会财务工作的"红线",在依法治国的背景下,各级工会必须遵守。

（二）服务工会、提升工会管理水平的必然要求

工会财务工作的目标是"依法聚财、合理用财、科学管财"，没有良好的财务管理制度，无法对工会业务进行有效规范，工会财务工作的目标很难实现，也会影响到工会工作的大局。

特别是《全国总工会改革试点方案》获得中央全面深化改革领导小组审议通过后，工会改革试点工作启动。推进全国总工会改革是我国工运事业与工会工作发展的内在要求和客观需要，贯彻了习近平总书记系列重要讲话精神，体现了党中央关于群团工作改革的要求，坚持了中国特色社会主义群团发展道路，顺应了广大职工群众的期盼，符合全总和工会工作实际。坚持工会经费使用进一步向基层倾斜，加大向乡镇（街道）、开发区（工业园区）和基层工会倾斜力度，客观上要求加强对工会经费的监督和管理。在此背景下，加强工会财务管理制度建设具有重大的现实意义。

三、建立和完善工会财务管理制度体系建设的方法

工会应当按照内部控制的要求，通过全面梳理预决算、经费收支、采购、资产、建设项目、合同等各项业务流程，明确业务环节，分析风险隐患，完善风险评估机制，制定风险应对策略；有效运用不相容岗位相互分离、内部授权审批控制、归口管理、预算控制、财产保护控制、会计控制、单据控制、信息内部公开等内部控制基本方法，加强对工会层面和业务层面的内部控制，实现内部控制体系全面、有效实施。

工会应当按照决策、执行和监督相互分离、相互制约的要求，建立重大事项议事决策机制。要根据确保不相容岗位相互分离、相互制约和相互监督的原则，科学设置机构及岗位，明确各岗位职责权限和权利运行规程，切实做到分事行权、分岗设权、分级授权、定期轮岗。对重点领域的关键岗位，在健全岗位设置、设定任岗条件的基础上，选用适合人员，并建立干部交流和定期轮岗制度。不具备轮岗条件的应当采用专项审计等内控措施。

工会应当建立健全内部控制的监督检查和自我评价制度。通过日常监督和专项检查，检查内部控制实施过程中存在的突出问题、管理漏洞和薄弱环节，进一步改进和加强内部控制；通过自我评价，评估内部控制的全面性、

重要性、制衡性、适应性和有效性，进一步改进和完善内部控制。工会可以将内部控制监督检查、自我评价结果纳入领导干部经济责任审计内容与干部考核体系、将评价结果与个人考核挂钩，实行追责问责，促进内部控制规范有效执行。

工会应当积极推进内部控制信息适度公开，逐步建立健全内部控制自我评价报告公开制度，通过定期公开内部控制相关信息，逐步建立规范有序、及时可靠的内部控制信息公开机制，更好地发挥信息公开对内部控制建设的促进和监督作用。

工会应加强对附属单位的监管。工会对不同类型的附属单位可以实行不同的经济监管方式，这些方式包括但不限于会计报表审核、内部审计、委托社会审计等。对于独立的事业法人、企业法人、社团法人等，工会应通过合法有效的形式履行出资人职责、维护出资人权益，规范附属单位经济行为。

第二节 工会财务管理制度的基本内容

一、工会货币资金管理制度的主要内容

货币资金是工会流动性最强的资产。各级工会根据经费独立原则，凭社团法人登记证书开立银行基本存款账户，单独开立账户，独立进行核算。要严格加强对银行账户的管理，严格按照规定的审批权限和程序开立、变更和撤销银行账户。

要严格执行货币资金的授权审批制度。明确资金收付的条件、权限和程序，严格按照预算，做到统一筹集、分配、使用和管理资金。

要严格执行货币资金的不相容职务相互分离制度。不相容职务是指那些如果由一个人担任，既可能发生错误和舞弊行为，又可能掩盖其错误和弊端行为的职务。不相容职务分离要求每项经济业务都要经过两个或两个以上的部门或人员的处理，使单个人员或部门的工作必须与其他人员或部门的工作相一致或相联系，并受其监督和制约。出纳人员不得兼任稽核、会计档案保管以及收入、支出费用、债权债务账目的登记工作，不得由一人办理货币资

金业务。严禁一人保管收付款项所需的全部印章。财务专用章应当由专人保管，个人名章应当由本人或其授权人员保管。负责保管印章的人员要配置单独的保管设备，并做到人走柜锁。按照规定应当由有关负责人签字或盖章的，应当严格履行签字或盖章手续。

要严格加强货币资金的核查控制。加强现金的使用范围、库存限额的管理，超过库存限额的现金应及时存入银行。指定不办理货币资金业务的会计人员定期和不定期抽查盘点库存现金，核对银行存款余额，抽查银行对账单、银行日记账及银行存款余额调节表，核对是否账实相符、账账相符。对调节不符、可能存在重大问题的未达账项应当及时查明原因，并按照相关规定处理。

要严格执行印鉴保管和使用制度。加强银行预留印鉴的管理，实行印鉴分离，严禁一人保管支付款项所需的全部印章。按规定需要有关负责人签字或盖章的业务，必须严格履行签字或盖章手续。

要严格执行票据保管和使用制度。加强与货币资金相关的票据管理，明确各种票据的购买、保管、领用、转让、注销等环节的职责权限和程序，并专设登记簿进行记录，防止空白票据遗失和被盗用。

要严格执行货币资金文件记录管理制度。对货币资金的收支活动形成完整的文件记录，主要是各种授权审批文件、货币资金收支记录、现金盘点记录、银行对账单、银行存款余额调节表等。此外，还应做好相关文件记录的保管工作。

二、工会借出款管理制度的主要内容

（一）工会借出款管理

工会借出款项必须符合国家法律法规的相关规定。只能在工会系统范围内借出款项，严禁跨系统将工会资金借出。借出款的用途必须与工会工作相关，严禁与工会工作无关的款项借出。

严格执行借出款项的授权审批制度。建立严格的收益收缴制度，确保本金安全的同时实现资金的增值。

工会应当对借出款严格管理，借出每笔款项时均需与借款单位签订书面文件，注明用途和还款期限，还款期限通常不应超过三年。对于逾期未还款的借出款，需在年度会计报表附注中说明原因；逾期三年以上、因借款单位原因尚未收回的借出款，报经批准认定确实无法收回或者报经批准认定不再要求借款单位还款的，应及时予以核销。

（二）呆账管理

各级工会根据"统一领导，分级管理"的财务管理体制，由本级工会财务部门对本级经费投资、借款、暂付款等形式的呆账进行清理，列出呆账事项。

呆账事项的责任人应将呆账形成过程、原因以及鉴定意见、法律文书、证明材料、说明材料、函证材料等，以书面形式提交工会财务部门审核。

由工会财务部门将呆账事项汇总，应征求同级经审会同意。必要时可由经审会办公室安排审计。

本级工会主席办公会议做出处理决定，报上级工会财务部门备案。

工会财务部门依据主席办公会议决定进行财务处理。处理呆账要按照"分清责任，账销债留"的原则办理，保留备查账簿，对投资失误者要追查责任。对造成借款呆账损失的单位，一般应停止借款。对有弄虚作假、伪造呆账等行为，应责令纠正。对负有直接责任的主管人员和直接责任人要追究责任，对触犯法律的要依法追究其法律责任。

三、工会往来款管理制度的主要内容

工会往来款项包括与工会经费有关的往来款债权债务，和与工会经费无关的往来款债权债务。

对于与工会有关的往来款债权，需要确保本级工会所收到的经费，按规定比例在工会级次间准确进行分解，并就经费与相关工会进行定期核对。通过编制、复核、审批经费收缴报告等制度，确保不同级次工会间经费核算的准确性。

对于其他应收款，各级工会应该建立包括审批权限、支付流程以及支付内容等方面的内部控制制度。

建立应收款项台账和年度清查制度，工会财务部门应按年度编制应收款项明细表,及时分析应收款项的发生、增减变动、余额及其账龄等信息,提供有关责任部门,督促其采取相应措施,防止发生坏账。对各种应收及预付款项应进行严格控制,每年年末进行一次全面清理,并按规定办理结算,杜绝长期挂账。

四、工会库存物品管理制度的主要内容

对于工会库存物品,应该建立采购审批制度。例如,物品采购前应做好采购计划明确数量、品种、金额,认真填写好采购计划单,经工会或主管工会的领导批准方可实施。

建立库存物品的验收入库、领用制度。通过加强库存物品的会计核算,准确及时地反映物品的现状,保证物品的安全完整。

库存物品指定专人管理。管理员是库存物品保管的直接责任人,要按照物品使用说明书要求,做好保养工作,使之经常处于完好备用状态,确保活动使用的需要。

应当定期对库存物品进行清查盘点,每年至少全面盘点一次。对于盘盈、盘亏或报废、毁损的库存物品,应当及时查明原因,报经批准认定后及时进行处理。

五、工会投资业务管理制度的主要内容

对外投资是指工会为了更好地服务职工群众,按照国家有关法律、法规和工会相关规定,以货币资金、实物资产或无形资产等方式创办企业或投入到经营实体的经济活动。投资管理应合理设置岗位,明确相关岗位的职责权限,确保对外投资的可行性研究与评估、对外投资决策与执行、对外投资处置审批与执行等不相容岗位相互分离。工会对外投资应当由工会领导班子集体研究决定。

各单位申请对外投资应提供如下材料(全部材料加盖主管工会公章):

(1) 对外投资事项的请示;

(2) 拟对外投资资产的价值凭证及权属证明,如购货发票或收据、工程决算副本、国有土地使用权证、房屋所有权证、股权证等凭据的复印件;

(3) 对外投资可行性分析报告；

(4) 拟同意对外投资的会议决议或会议纪要；

(5) 被投资单位法人证书复印件、企业营业执照复印件、企业法人个人身份证复印件等；

(6) 拟创办企业单位的章程和工商行政管理部门下发的企业名称预先核准通知书复印件；

(7) 工会与被投资方签订的合作意向书、协议草案或合同草案；

(8) 经中介机构审计的被投资方上年财务报表；

(9) 利用实物资产、无形资产等非货币资产对外投资的，应提交有资质的专业中介机构出具的资产评估报告；

(10) 其他材料。

加强对投资项目的追踪管理，及时、全面、准确地记录对外投资的价值变动和投资收益情况。

建立责任追究制度。对在对外投资中出现重大决策失误、未履行集体决策程序和不按规定执行对外投资业务的部门及人员，应当追究相应的责任。

六、工会在建工程管理制度的主要内容

工会应当建立健全在建工程管理制度。应当合理设置岗位，明确内部相关部门和岗位的职责权限，确保项目建议和可行性研究与项目决策、概预算编制与审核、项目实施与价款支付、竣工决算与竣工审计等不相容岗位相互分离。

应当建立与建设项目相关的议事决策机制，严禁任何个人单独决策或者擅自改变集体决策意见。决策过程及各方面意见应当形成书面文件，与相关资料一同妥善归档保管。

应当建立与建设项目相关的审核机制。项目建议书、可行性研究报告、概预算、竣工决算报告等应当由单位内部的规划、技术、财会、法律等相关工作人员或者根据国家有关规定委托具有相应资质的中介机构进行审核，出具评审意见。

应当依据国家有关规定组织建设项目招标工作，并接受有关部门的监督。应当采取签订保密协议、限制接触等必要措施，确保标底编制、评标等工作

在严格保密的情况下进行。

应当按照投资计划和预算对建设项目资金实行专款专用，严禁截留、挪用和超批复内容使用资金。财会部门应当加强与建设项目承建单位的沟通，准确掌握建设进度，加强价款支付审核，按照规定办理价款结算。

应当加强对建设项目档案的管理。做好相关文件、材料的收集、整理、归档和保管工作。经批准的投资概算是工程投资的最高限额，如有调整，应当按照国家有关规定报经批准。

建设项目工程洽商和设计变更应当按照有关规定履行相应的审批程序。建设项目竣工后，单位应当按照规定的时限及时办理竣工决算，组织竣工决算审计，并根据批复的竣工决算和有关规定办理建设项目档案和资产移交等工作。

建设项目已实际投入使用但超时限未办理竣工决算的，单位应当根据对建设项目的实际投资暂估入账，转作相关资产管理。

需要注意，2016年4月26日，《中华人民共和国财政部令第81号——基本建设财务规则》发布，2002年9月27日财政部发布的《基本建设财务管理规定》（财建〔2002〕394号）及其解释同时废止。

七、工会固定资产管理制度的主要内容

按照"统一所有、分级管理、单位使用"的工会资产监督管理原则，各级工会应建立完善责权利相统一的工会行政事业性资产监督管理机制。

固定资产的日常管理是指在日常工作或业务活动中对所需及占用的工会固定资产实施不间断的管理及核算，包括从编制固定资产预算、计划采购、验收入库、登记入账、领用发出到维修保养、处置等各个环节的实物管理和财务核算。

全国总工会负责对各级工会占有和使用的土地以及连同地面附着的房屋建筑物一并与工会系统以外单位进行使用权或产权转让、置换的全部事项进行审批；全国总工会负责对省级工会涉及1 000万元（含）以上金额的资产配置、资产使用、资产处置事项进行审批（涉及资产以评估金额为准）。

工会行政事业单位购置资产，应按照《中华人民共和国政府采购法》及其实施细则的规定执行。通过购置、建设等方式配置办公和业务用房的，应

严格执行中共中央办公厅、国务院办公厅《关于进一步严格控制党政机关办公楼等楼堂馆所建设问题的通知》的有关规定。

经批准召开重大会议、举办大型活动等需要购置资产的,由会议或者活动主办单位按照规定程序报批。会议或活动结束后,购置的资产纳入单位固定资产进行统一管理。

应按照"实物管理和价值管理并重"的原则,建立健全自用固定资产的验收、领用、使用、保管和维护等内部管理制度与流程,加强资产的使用管理。

在入库登记环节,通过购置、置换、接受捐赠、无偿划拨等方式获得的资产,资产实物管理部门应严把数量、质量关,验收合格并办理登记入库手续,进行卡片登记,建立资产明细账,资产监督管理部门应当根据资产的相关凭证或文件及时进行账务处理。

在领用交回环节,工会应在资产明细账中,全面动态反映本单位资产的领用、交回、占用情况。资产领用必须经单位分管领导批准,明确使用保管人,办理资产领用出库手续,登记资产卡片与明细账。使用人员离职、调动、退休时,所用资产必须按规定交回,并及时变更卡片信息。

在清查盘点环节,工会应定期对工会实物资产进行清查盘点(至少每年一次),资产实物管理部门要与资产监督管理部门定期进行账目核对,做到账账、账卡、账实相符。对盘盈、盘亏和毁损的资产,按规定程序和权限审批。

各级工会不得用工会行政性资产对外担保。若法律另有规定的,必须经工会委员会(或常委会)或主席办公会议同意,并报上级主管工会批准后,方可实行。

各级工会对外出租、出借工会行政性资产的,必须经资产管理部门进行可行性研究,必须经工会委员会(或常委会)或主席办公会议同意,方可实行。出租工会行政事业性资产,原则上应采取公开招租的形式确定出租的价格,必要时可采取评审或者资产评估的办法确定出租的价格。

各级工会行政单位对占有使用的房屋建筑物和土地使用权等工会行政性资产进行符合文件规定的处置行为,必须经过审批。

工会出售、出让、转让资产,以按规定权限由上级工会核准或备案的资产评估所确认的评估价值作为市场竞价的参考依据。意向交易价格低于评估价值90%的,应当按规定权限报原审批机关重新确认后交易。

八、工会债务管理制度的主要内容

工会应当建立健全债务管理制度，明确债务管理岗位的职责权限，不得由一人办理债务业务的全过程。大额债务的举借和偿还属于重大经济事项，应当进行充分论证，并由单位领导班子集体研究决定。

工会应当做好债务的会计核算和档案保管工作。加强债务的对账和检查控制，定期与债权人核对债务余额，进行债务清理，防范和控制财务风险。

九、工会收入管理制度的主要内容

工会应当建立健全收入管理制度。应当合理设置岗位，明确相关岗位的职责权限，确保收款、会计核算等不相容岗位相互分离。

各项收入应当由财务部门归口管理并进行会计核算，严禁设立"小金库"或账外账。各级工会代收工作经费、核算工作经费提取比例不得高于规定标准。基层工会应当按照有关规定收缴工会会员会费，认真落实由行政承担的工会房屋设备、专职人员、开展活动、职工教育与疗（休）养活动等方面的费用。工会应当积极组织收入，对应收未收项目应当查明情况，明确责任主体，落实催收责任。

应当建立健全票据管理制度。财政票据、发票等各类票据的申领、启用、核销、销毁均应履行规定手续。单位应当按照规定设置票据专管员，建立票据台账，做好票据的保管和序时登记工作。票据应当按照顺序号使用，不得拆本使用，做好废旧票据管理。负责保管票据的人员要配置单独的保险柜等保管设备，并做到人走柜锁。

不得违反规定转让、出借、代开、买卖财政票据、发票等票据，不得擅自扩大票据适用范围。

十、工会经费支出管理制度的主要内容

工会应当建立健全经费支出内部管理制度，合理设置岗位，明确相关岗位的职责权限，确保支出申请和内部审批、付款审批和付款执行、业务经办

和会计核算等不相容岗位相互分离。

工会应确定单位经济活动的各项支出标准,明确支出报销流程,按照规定办理支出事项。签发的支票应当进行备查登记。实行国库集中支付的,严格按照财政国库管理制度有关规定执行。使用公务卡结算的,应当按照公务卡管理有关规定办理业务。

加强支出审批控制。明确支出的内部审批权限、程序、责任和相关控制措施。审批人应当在授权范围内审批,不得超越权限审批。预算一经上级工会批复,应当严格执行,不得擅自扩大支出范围,提高支出标准,更改支出项目,维护预算的严肃性。

加强支出审核控制。审核各类付款凭证及其附件,是否真实、合规、完整,审批手续是否齐全,是否符合有关财务规定,支出项目是否在核定的预算额度内,与支出业务相关的经济合同和专项报告应当交财会部门备案。各类专项资金要严格按预算申报项目使用,做到专款专用,资金支出坚持当年拨入当年使用的原则,不得改变资金使用范围,不得滞留、截留和挪用。

定期进行财务分析,通报各部门预算支出进度,研究解决预算执行中存在的问题,通报主管领导和有关执行部门及时改进。

十一、工会资产清查制度的主要内容

工会资产清查是指各级工会根据专项工作要求或者特定经济行为需要,按照规定的政策、工作程序和方法,对所属行政事业单位进行账务清理、财产清查,依法认定各项资产损溢和资金挂账,真实反映工会行政事业性资产占有使用状况的工作。工会应当强化对资产的管理,建立资产清查制度,按规定程序报本级工会资产监督管理部门批准后组织实施。

工会资产清查工作的内容主要包括基本情况清理、账务清理、财产清理、损溢认定、资产核实和完善制度等。

单位有下列情形之一的,应当进行资产清查:

(1)纳入上级专项工作要求或者各级工会开展清产核资范围的;

(2)事业单位进行重大改革或者整体、部分改制为企业的;

(3)遭受重大自然灾害等不可抗力造成资产严重损失的;

(4)会计信息严重失真或者工会资产出现重大流失的;

(5) 会计政策发生重大更改,涉及资产核算方法发生重要变化的;

(6) 本级工会资产监督管理部门认为应当进行资产清查的其他情形。

对资产实施归口管理。明确资产使用和保管责任人,落实资产使用人在资产管理中的责任。贵重资产、危险资产、有保密等特殊要求的资产,应当指定专人保管、专人使用,并规定严格的接触限制条件和审批程序。

按照资产管理相关规定,明确资产的调剂、租借、对外投资、处置的程序、审批权限和责任。

加强资产的会计核算工作,加强资产的实物管理。单位应当定期清查盘点资产,确保账实相符。财会、资产管理、资产使用等部门或岗位应当定期对账,发现不符的,应当及时查明原因,并按照相关规定处理。

建立资产信息管理系统,做好资产的统计、报告、分析工作,实现对资产的动态管理。

第三篇

工会会计管理

第七章 工会会计管理

第一节 工会会计基本概念

一、工会会计概念框架

(一) 工会会计的概念

工会会计是各级工会反映、监督工会预算执行和经济活动的专业会计。这里讲的会计实际上是财务会计。

反映和监督是会计的两大基本职能。会计核算就是对大量的经济业务通过记录、计算、归类、整理和汇总,并通过记账、算账、报账等程序,全面、完整、综合地反映工会运营过程和结果,并为工会管理提供有用的信息。以上是反映职能的体现。

会计监督主要是以国家的财经法规、政策、制度、纪律和会计信息为依据,对将进行和已经进行的经济活动进行合理合法的监督。其监督的内容主要包括:分析会计核算资料、检查遵纪守法情况、确定预算目标、调整计划、绩效评价等内容。

会计反映和会计监督关系是十分密切的,二者相辅相成:会计反映是会计监督的基础,而会计监督是会计反映的保证,二者必须结合起来发挥作用,才能正确、及时、完整地反映工会运营活动,有效地提高管理水平。如果没有可靠的、完整的会计核算资料,会计监督就没有客观依据。反之只有会计反映没有会计监督,会计反映也就没有意义。

(二) 工会会计的目标

《工会会计制度》明确指出,工会会计的目标是工会提供的会计信息应当符合工会宏观管理的要求,满足会计信息使用者的需要,满足本级工会加强财务管理的需要。

工会会计信息使用者主要有工会系统内本级和上级工会的管理者、各级工会联系的广大会员群众以及党政机关等外部信息使用者。工会会计通过提供并分析工会会计信息,帮助各级工会发现管理过程中取得的成绩与出现的问题,分析问题的成因并加以改进,从而提升管理水平。工会要负责对所属单位会计报表和下级工会报送的年报进行审核、核批和汇总工作,定期向本级工会领导和上级工会报告本级工会预算执行情况。通过优化各级工会的管理,进一步为工会宏观管理服务。

(三) 工会会计假设

工会会计工作是基于一定的环境,体现为会计假设。会计假设是会计确认、计量、记录和报告的前提,是对会计核算所处时间、空间环境等所做的合理设定。会计基本假设包括会计主体、持续运行、会计分期和货币计量。

首先是会计主体。会计主体是指会计工作服务的特定单位,是会计确认、计量和报告的空间范围。会计核算和财务报告的编制应当集中于反映特定对象的活动,并将其与其他经济实体区别开来,才能实现财务报告的目标。工会应当对其自身发生的经济业务进行会计处理和报告。

其次是持续运行。工会会计应当以工会的持续运行为前提。在持续运营前提下,会计确认、计量和报告应当以持续、正常运营活动为前提。是否持续经营,在会计原则、会计方法的选择上有很大差别。一般情况下,应当假定按照当前的规模和状态继续运营下去。明确这个基本假设,就意味着会计主体将按照既定用途使用资产,按照既定的合约条件清偿债务,会计人员就可以在此基础上选择会计原则和会计方法。否则就有可能以清算基础进行确认、计量和报告。

再次是会计分期,是指将工会持续运营的活动划分为一个个连续的、长短相同的期间。会计分期的目的,在于通过会计期间的划分,将持续的运营活动划分成连续、相等的期间,据以结算结余,按期提供财务报告,从而及时向信息使用者提供信息。工会应当划分会计期间,分期结算账目和编制会计报表。会计期间分为年度和中期,中期是指短于一个完整的会计年度的报告期间(如半年度、季度和月度)。

最后是货币计量,指工会会计应当以货币计量,以人民币作为记账本位币。

(四) 工会会计信息

基于工会会计目标,从内容来看,工会会计需要提供反映各级工会财务状况、业务活动和预算执行结果的信息。工会会计报表是各级工会领导、上级工会及其他会计信息使用者了解情况、掌握政策、指导工作的重要资料。

从会计信息质量来看,工会会计信息需要具备可靠性、相关性、明晰性、可比性、重要性、及时性,以及符合专款专用要求。

可靠性是指工会会计应当以实际发生的经济业务为依据,如实反映工会财务状况、各项收支情况及结果,保证会计信息真实可靠、内容完整。对会计要素的确认和计量遵循会计要素定义的要求,使会计报表不能错误引导用户的判断,不能进行虚假的误导性的陈述,也不得有重大遗漏。

相关性是指在收集、加工、处理、传递会计信息的过程中,要考虑使用者对会计信息要求的不同特点,以确保工会内外有关各方面对会计信息的相关需要提供信息,有助于使用者做出决策。

明晰性指工会提供的会计信息应当清晰明了,便于理解和使用。如果会计信息的表达含糊不清,就容易使会计信息的使用者产生歧义,从而降低会计信息的质量。

可比性指工会会计应当按照规定的会计处理方法进行,前后各期一致,不得随意变更,以确保会计信息口径一致,相互可比。可比性是要求同一会计主体其前后期会计信息保持可比,或不同的会计主体同一时期的会计信息保持可比。

重要性指工会会计对于重要的经济业务,应当单独反映。重要性没有统一的标准,需要根据会计人员的职业判断确定。确定的标准通常有两个方面:质的方面,如果提供的会计信息对决策者的决策有影响,说明该信息具有重要性,会计上应单独披露;量的方面,如果某一交易或事项的金额数量占该类交易或事项的金额达到一定比例,就具有重要性。

及时性是指工会应当及时进行会计处理和报告,不得提前或延后。会计信息的及时性是信息质量的重要要求,随着经济的发展以及加强管理的内在要求,信息使用者对信息的及时性要求越来越高。

专款专用指凡是指定用途的资金，应按规定的用途专款专用，并单独反映。

（五）会计计量

会计计量包括计量基础和计量属性两个问题。计量基础包括收入实现制和权责发生制。

收付实现制亦称实收实付制。根据收付实现制原则处理会计业务时，凡本期内实际收到的收入和支付的支出，无论其是否应归属本期，均应作为本期的收入和支出处理；凡本期未曾收到的收入和未曾支付的支出，即使应归属本期，亦不应作为本期的收入和支出予以处理。

因此，采用收付实现制，会计处理手续比较简便，会计核算可以不考虑应计收入、应计支出、预收收入、预付支出的存在。

权责发生制即应收应付制。根据权责发生制原则处理会计业务时，凡本期内实际发生并应属本期的收入和支出，无论其款项是否收到或付出，均应作为本期的收入和支出处理；凡不应属于本期的收入和支出，即使款项已经收到或支付，亦不应作为本期的收入和支出予以处理。

工会会计以收付实现制为基础，以权责发生制为补充。

计量属性方面，工会计量遵循历史成本原则。《工会会计制度》要求，资产在取得时应当按照实际成本计量。除另有规定外，一律不得自行调整账面价值。

（注意：《企业会计准则》规定5种计量属性，分别是历史成本、重置成本、可变现净值、现值和公允价值。历史成本实际上是过去的公允价值。不论是历史成本、还是重置成本、可变现净值、现值，都是不同形式的公允价值。）

在历史成本计量下，资产按照购置时支付的现金或者现金等价物的金额，或者按照购置资产时所付出的对价的公允价值计量。负债按照因承担现时义务而实际收到的款项或者资产的金额，或者承担现时义务的合同金额，或者按照日常活动中为偿还负债预期需要支付的现金或者现金等价物的金额计量。

在重置成本计量下，资产按照现在购买相同或者相似资产所需支付的现金或者现金等价物的金额计量。负债按照现在偿付该项债务所需支付的现金或者现金等价物的金额计量。

在可变现净值计量下,资产按照其正常对外销售所能收到现金或者现金等价物的金额扣减该资产至完工时估计将要发生的成本、估计的销售费用以及相关税费后的金额计量。

在现值计量下,资产按照预计从其持续使用和最终处置中所产生的未来净现金流入量的折现金额计量。负债按照预计期限内需要偿还的未来净现金流出量的折现金额计量。

在公允价值计量下,资产和负债按照市场参与者在计量日发生的有序交易中,出售资产所能收到或者转移负债所需支付的价格计量。

(六)工会会计报表

工会会计报表是反映各级工会财务状况、业务活动和预算执行结果的书面文件,主要包括资产负债表、收入支出表和附注。

资产负债表,是反映工会某一会计期末全部资产、负债和净资产情况的报表,反映工会的财务状况。具体格式见表7-1。

表7-1 资产负债表

工会01表

编制单位: 年 月 日 单位:元

	资产	年初数	期末数		负债与净资产	年初数	期末数
	一、资产				二、负债		
101	库存现金			201	应付工资(离退休费)		
102	银行存款			202	应付地方(部门)津贴补贴		
111	零余额账户用款额度			203	应付其他个人收入		
112	财政应返还额度			211	借入款		
121	借出款			221	应付上级经费		
131	应收上级经费			222	应付下级经费		
132	应收下级经费			225	其他应付款		
135	其他应收款			231	代管经费		
141	库存物品				负债合计		
151	投资						
161	在建工程				三、净资产类		
162	固定资产			301	固定基金		

续表

资产	年初数	期末数		负债与净资产	年初数	期末数
			302	在建工程占用资金		
			311	投资基金		
			321	专用基金		
			322	后备金		
			331	结余		
				净资产合计		
资产总计				负债与净资产总计		

工会主席： 财务负责人： 复核： 制表：

收入支出表，是反映工会某一会计期间全部收入、支出及结余情况的报表，体现工会的运营成果。具体格式见表7-2。

表7-2　　　　　　　　　　收入支出表　　　　　　　　工会02表
编制单位：　　　　　　　　　年　月　日　　　　　　　　单位：元

项目		本月数	本年累计数
一、收入			
401	会费收入		
402	拨缴经费收入		
403	上级补助收入		
40301	回拨补助		
40302	专项补助		
40303	超收补助		
40304	帮扶补助		
40305	送温暖补助		
40306	救灾补助		
40307	其他补助		
404	政府补助收入		
405	行政补助收入		
406	事业收入		
407	投资收益		
408	其他收入		

续表

项　目		本月数	本年累计数
	本期收入合计		
二、支出			
501	职工活动支出		
50101	职工教育费		
50102	文体活动费		
50103	宣传活动费		
50104	其他活动支出		
502	维权支出		
50201	劳动关系协调费		
50202	劳动保护费		
50203	法律援助费		
50204	困难职工帮扶费		
50205	送温暖费		
50206	其他维权支出		
503	业务支出		
50301	培训费		
50302	会议费		
50303	外事费		
50304	专项业务费		
50305	其他业务支出		
504	行政支出		
50401	工资福利支出		
50402	商品和服务支出		
50403	对个人和家庭的补助		
50404	其他行政支出		
505	资本性支出		
50501	房屋建筑物购建		
50502	办公设备购置		
50503	专用设备购置		
50504	交通工具购置		
50505	大型修缮		
50506	信息网络购建		

续表

项　目		本月数	本年累计数
50507	其他资本性支出		
506	补助下级支出		
50601	回拨补助		
50602	专项补助		
50603	超收补助		
50604	帮扶补助		
50605	送温暖补助		
50606	救灾补助		
50607	其他补助		
507	事业支出		
508	其他支出		
本期支出合计			
三、本期结余			

工会主席：　　　　财务负责人：　　　　复核：　　　　制表：

根据《工会会计制度》，附注应分析说明工会预算执行情况以及工会在筹集、分配、使用、管理经费过程中的成绩和问题，分析影响预算执行的原因，经费收支变动趋势，提出改进措施、意见和建议。事实上，附注对于理解报表具有非常重要的意义。从某种程度上讲，附注和资产负债表、收入支出表具有同等重要性。

工会会计报表分为年度会计报表和中期会计报表。以短于一个完整的会计年度的期间（如半年度、季度和月度）编制的会计报表称为中期会计报表。年度会计报表是以整个会计年度为基础编制的会计报表。

（七）工会会计要素

1. 资产负债表要素。

资产负债表要素包括资产、负债和净资产。

资产是工会拥有或控制的能以货币计量的经济资源。负债是指工会承担的能以货币计量，需以资产偿付的债务。净资产是指工会的资产减去负债后的余额。

工会要发挥自身职能，一方面，必须拥有一定数量的资产。这些资产以各种不同的形态分布于工会运营活动的各个阶段，成为工会运营的物质基础；另一方面，这些资产产生的资金需求都有来源渠道，或者来源于债权人，或者来源于工会自身。工会和债权人对工会的资产享有要求权，这种要求权在会计上称为"权益"。可见，资产和权益实际上是同一价值运动的两个方面，因而在数量上必然是相等的，即存在如下等式：

资产 = 权益

来源于债权人的权益在会计上被称为负债；来源于所有者的权益在会计上被称为净资产。所以上述等式也可以表达为：

资产 = 负债 + 净资产

这一会计等式反映了资金运动的相对静止状态，即在某一特定日期权益资产的构成、占用状况以及资产的来源渠道和权益状况。因此这一会计等式被称为静态的会计等式，也是基本会计等式。它是设置账户、复式记账以及编制资产负债表的理论依据。

2. 收入支出表要素。

收入支出表的要素包括收入和支出。

收入是指工会根据《工会法》以及有关政策规定开展业务活动所取得的非偿还性资金。支出是指工会为开展各项工作和活动所发生的各项资金耗费及损失。

在工会运营过程中，通过开展活动取得收入的同时必然会发生支出，将一定会计期间内取得的收入与发生的支出配比，就可以确定该期间的运营成果，即结余：

收入 − 支出 = 结余

这一会计等式反映了资金运动的显著变动状态，即在某一时期内工会运营的成果。这一会计等式被称为动态的会计等式，是编制收入支出表的依据。

若结余为正数，一般表示净资产在此期间实现增值；若结余为负数，表示出现赤字；若结余为零则称为保本，表示净资产在此期间实现保值。从动态来看：

资产 = 负债 + 净资产 +（收入 − 支出）

整理得出：

资产 + 支出 = 负债 + 净资产 + 收入

"资产 + 支出 = 负债 + 净资产 + 收入"这一等式称为扩展的会计等式。

（八）工会会计科目和会计账户

1. 工会会计科目。

会计科目是按照经济业务的内容和经济管理的要求，对会计要素的具体内容进行分类核算的科目。

会计科目按其所归属的会计要素的不同，可分为资产类科目、负债类科目、净资产类科目、收入类科目和支出类科目五大类。

会计科目按其所提供信息的详细程度及其统驭关系不同，又分为总分类科目和明细分类科目。前者是对会计要素具体内容进行总括分类，提供总括信息的会计科目；后者是对总分类科目作进一步分类，提供更详细更具体的会计信息科目。而会计科目表则是由多种会计科目组成、对各类会计科目的一种集合。

《工会会计制度——会计科目和会计报表》统一规定工会会计科目的名称和编号，以便于编制会计凭证，登记账簿，查阅账目，实行会计电算化。该制度已规定的一级科目和明细科目不得减并、自行增设，不得擅自更改科目名称，不需要的科目可以不用。

各省级工会可以根据需要自行增设未规定的明细科目，或将相应权限授权给所属下级工会。

工会在填制会计凭证、登记会计账簿时，应当填列会计科目的名称，或者同时填列会计科目的名称或编号，不得只填列科目编号，不填列科目名称。会计科目名称和编号可以参考表7-3。

表7-3　　　　　　　会计科目名称和编号

序号	科目编码		名　称
	一级科目	明细科目	
一、资产类			
1	101		库存现金
2	102		银行存款
3	111		零余额账户用款额度
4	112		财政应返还额度
		11201	财政直接支付
		11202	财政授权支付

续表

序号	科目编码		名　称
	一级科目	明细科目	
5	121		借出款
6	131		应收上级经费
		13101	应收上级补助
		13102	应收上级转拨经费
		13103	应收建会筹备金
7	132		应收下级经费
8	135		其他应收款
9	141		库存物品
10	151		投资
11	161		在建工程
12	162		固定资产
二、负债类			
13	201		应付工资（离退休费）
14	202		应付地方（部门）津贴补贴
15	203		应付其他个人收入
16	211		借入款
17	221		应付上级经费
18	222		应付下级经费
		22201	应付下级补助
		22202	应付下级转拨经费
		22203	应付建会筹备金
19	225		其他应付款
20	231		代管经费
三、净资产类			
21	301		固定基金
22	302		在建工程占用资金
23	311		投资基金
24	321		专用基金
		32101	增收留成基金
		32102	财务专用基金
		32103	权益保障金

续表

序号	科目编码		名 称
	一级科目	明细科目	
25	322		后备金
26	331		结余
四、收入类			
27	401		会费收入
28	402		拨缴经费收入
29	403		上级补助收入
		40301	回拨补助
		40302	专项补助
		40303	超收补助
		40304	帮扶补助
		40305	送温暖补助
		40306	救灾补助
		40307	其他补助
30	404		政府补助收入
31	405		行政补助收入
32	406		事业收入
33	407		投资收益
34	408		其他收入
五、支出类			
35	501		职工活动支出
		50101	职工教育费
		50102	文体活动费
		50103	宣传活动费
		50104	其他活动支出
36	502		维权支出
		50201	劳动关系协调费
		50202	劳动保护费
		50203	法律援助费
		50204	困难职工帮扶费
		50205	送温暖费
		50206	其他维权支出

续表

序号	科目编码		名　称
	一级科目	明细科目	
37	503		业务支出
		50301	培训费
		50302	会议费
		50303	外事费
		50304	专项业务费
		50305	其他业务支出
38	504		行政支出
		50401	工资福利支出
		50402	商品和服务支出
		50403	对个人和家庭的补助
		50404	其他行政支出
39	505		资本性支出
		50501	房屋建筑物购建
		50502	办公设备购置
		50503	专用设备购置
		50504	交通工具购置
		50505	大型修缮
		50506	信息网络购建
		50507	其他资本性支出
40	506		补助下级支出
		50601	回拨补助
		50602	专项补助
		50603	超收补助
		50604	帮扶补助
		50605	送温暖补助
		50606	救灾补助
		50607	其他补助
41	507		事业支出
42	508		其他支出

2. 工会会计账户。

会计账户是根据会计科目设置的,具有一定格式和结构,用于分类反映会计要素增减变动情况及其结果的载体。设置账户是会计核算的重要方法之一,是对各种业务进行分类和系统、连续的记录。

会计科目的名称就是账户的名称,会计科目规定的核算内容就是账户应记录反映的经济内容,因而账户应该根据会计科目的分类相应设置。工会要开设资产类账户、负债类账户、净资产类账户、收入类账户和支出类账户。从工作需要和科目的特点出发,根据总分类科目、二级科目和明细分类科目开设相应的账户,以便于分类、归集、总括和具体、详细地核算数据。

一般来说,账户的结构应包括以下内容(见表7-4):(1)账户的名称;(2)日期和摘要,即经济业务发生的时间和内容;(3)凭证号数,即账户记录的来源和依据;(4)增加和减少的金额。

表7-4　　　　　　　账户名称(会计科目)

日期	凭证号数	摘要	金额	日期	凭证号数	摘要	金额

业务的发生所引起的各项会计要素在数量上会增加或减少,因此,用来分类记录经济业务的账户在结构上也相应地分为两个基本部分,用来分别记录会计要素的增加或减少数额。于是,账户的基本结构就分为左右两方:一方登记增加额;另一方登记减少额。至于账户左右两方的名称,以及用哪一方登记增加额,用哪一方登记减少额,则取决于所采用的记账方法和各账户的性质。

为了便于讲课及做练习,教科书中经常采用被简化的格式即"丁"字形账户来说明账户结构(见图7-1),日期和凭证号数、摘要等资料一般被省略了。

借方	账户名称(会计科目)	贷方

图7-1　账户名称(会计科目)

通过账户记录的金额可提供期初余额、本期发生额和期末余额三类信息:期初余额反映的是账户的期初结存数。本期发生额是指账户的本期增加数和本期减少数，因此本期发生额又可分为本期增加额和本期减少额。期末余额是账户的期末结存数即本期增加额与本期减少额相抵后的差额。本期的期末余额就是下期的期初余额。账户期末余额的计算公式如下：

期末余额 = 期初余额 + 本期增加额 – 本期减少额

二、工会会计账务处理基本流程

（一）填制凭证

1. 会计凭证。

会计凭证是记录经济业务、明确经济责任、按一定格式编制的据以登记会计账簿的书面证明。会计凭证用来记载经济业务发生的轨迹，明确经济责任，作为记账根据的书面证明。会计凭证有原始凭证和记账凭证。

（1）原始凭证。原始凭证是在经济业务最初发生时即行填制的原始书面证明，如销货发票、款项收据等。按照来源不同分为外来原始凭证和自制原始凭证。

外来原始凭证，是指在同外单位发生经济往来事项时从外单位取得的凭证，如发票、飞机和火车的票据、银行收付款通知单等。

自制原始凭证，是指在业务发生或完成时由本单位内部经办部门或人员填制的凭证，如领料单、出库单等。

原始凭证的基本要求是：

第一，原始凭证的内容必须具备：凭证的名称；填制凭证的日期；填制凭证单位名称或者填制人姓名；经办人员的签名或者盖章；接受凭证单位名称；经济业务内容；数量、单价和金额。

第二，从外单位取得的原始凭证，必须盖有填制单位的公章；从个人取得的原始凭证，必须有填制人员的签名或者盖章。自制原始凭证必须有经办单位领导人或者其指定的人员签名或者盖章。对外开出的原始凭证，必须加盖本单位公章。

第三，凡填有大写和小写金额的原始凭证，大写与小写金额必须相符。购买实物的原始凭证，必须有验收证明。支付款项的原始凭证，必须有收款单位和收款人的收款证明。

第四，一式几联的原始凭证，应当注明各联的用途，只能以一联作为报销凭证。

一式几联的发票和收据,必须用双面复写纸(发票和收据本身具备复写纸功能的除外)套写,并连续编号。作废时应当加盖"作废"戳记,连同存根一起保存,不得撕毁。

第五,发生销货退回的,除填制退货发票外,还必须有退货验收证明;退款时,必须取得对方的收款收据或者汇款银行的凭证,不得以退货发票代替收据。

第六,职工公出借款凭据,必须附在记账凭证之后。收回借款时,应当另开收据或者退还借据副本,不得退还原借款收据。

第七,经上级有关部门批准的经济业务,应当将批准文件作为原始凭证附件。如果批准文件需要单独归档的,应当在凭证上注明批准机关名称、日期和文件字号。

第八,原始凭证不得涂改、挖补。发现原始凭证有错误的,应当由开出单位重开或者更正,更正处应当加盖开出单位的公章。

(2)记账凭证。记账凭证是以原始凭证为依据,作为记入账簿内各个分类账户的书面证明。记账凭证按其用途可分为专用记账凭证和通用记账凭证。

专用记账凭证是专门记录某一类经济业务的记账凭证。按其是否与货币资金的收付有关,可分为收款凭证、付款凭证和转账凭证三种。

收款凭证是会计人员根据审核无误的现金或银行存款或其他货币资金的收款业务的原始凭证而编制的记账凭证。收款凭证不仅是登记现金日记账、银行存款日记账以及其他相关的总账和明细账的依据,也是出纳人员收款的依据。其基本格式见图7-2。

收 款 凭 证
年　月　日

收字第　　号
附件　　张

借方账户:

摘要	贷方账户		金额	记账
	一级账户	明细账户		
合　计				

会计主管　　　记账:　　　出纳:　　　审核:　　　制单:

图7-2 收款凭证

付款凭证是会计人员根据审核无误的现金或银行存款或其他货币资金的付款业务的原始凭证而编制的记账凭证。付款凭证不仅是登记现金日记账、银行存款日记账以及其他相关的总账和明细账的依据,也是出纳人员付款的依据。其基本格式见图7-3。

付 款 凭 证
年 月 日

付字第　　号
贷方账户：　　　　　　　　　　　　　　　　　　　　　　附件　　张

摘　要	借　方　账　户		金　额	记账
	一级账户	明细账户		
合　　　　　　计				

会计主管：　　　记账：　　　出纳：　　　审核：　　　制单：

图7-3 付款凭证

转账凭证是会计人员根据审核无误的不涉及现金或银行存款或其他货币资金收付业务的原始凭证而编制的记账凭证。它是登记总账和明细账的依据。其基本格式见图7-4。

转 账 凭 证
年 月 日

转字第　　号
附件　　张

摘　要	一级账户	明细账户	借方金额	贷方金额	记账
合　　计					

会计主管：　　　记账：　　　审核：　　　制单：

图7-4 转账凭证

通用记账凭证是指不分业务的类别,适合于所有业务记录的记账凭证。通用记账凭证一般适合于业务比较少的主体。这类主体为了简化核算,可以将发生的所有的经济业务记录在同一种格式的凭证上。通用记账凭证的一般格式如图7-5。

记 账 凭 证

年 月 日　　　　　　　　　　　　凭证编号：

摘要	一级科目	明细科目	过账	借方金额									贷方金额								
				千	百	十	万	千	百	十	元	角	分	千	百	十	万	千	百	十	元	角	分
合 计																							

会计主管：　　　　　　　记账：　　　　　　　审核：　　　　　　　制单：

图 7-5　记账凭证

记账凭证的基本要求是：

第一，记账凭证的内容必须具备：填制凭证的日期；凭证编号；经济业务摘要；会计科目；金额；所附原始凭证张数；填制凭证人员、稽核人员、记账人员、会计部门负责人、会计主管人员签名或者盖章。收款和付款记账凭证还应当由出纳人员签名或者盖章。

以自制的原始凭证或者原始凭证汇总表代替记账凭证的，也必须具备记账凭证应有的项目。

第二，填制记账凭证时，应当对记账凭证进行连续编号。一笔经济业务需要填制两张以上记账凭证的，可以采用分数编号法编号。

第三，记账凭证可以根据每一张原始凭证填制，或者根据若干张同类原始凭证汇总填制，也可以根据原始凭证汇总表填制。但不得将不同内容和类别的原始凭证汇总填制在一张记账凭证上。

第四，除结账和更正错误的记账凭证可以不附原始凭证外，其他记账凭证必须附有原始凭证。如果一张原始凭证涉及几张记账凭证，可以把原始凭证附在一张主要的记账凭证后面，并在其他记账凭证上注明附有该原始凭证的记账凭证的编号或者附原始凭证复印机。

一张复始凭证所列支出需要几个单位共同负担的，应当将其他单位负担的部分开给对方原始凭证分割单，进行结算。原始凭证分割单必须具备原始凭证的基本内容：凭证名称、填制凭证日期、填制凭证单位名称或者填制人姓名、经办人的签名或者盖章、接受凭证单位名称、经济业务内容、数量、单价、金额和费用分摊情况等。

第五，如果在填制记账凭证时发生错误，应当重新填制。

已经登记入账的记账凭证，在当年内发现填写错误时，可以用红字填写一张与原内容相同的记账凭证，在摘要栏注明"注销某月某日某号凭证"字样，同时再用蓝字重新填制一张正确的记账凭证，注明"订正某月某日某号凭证"字样。如果会计科目没有错误，只是金额错误，也可以将正确数字与错误数字之间的差额，另编一张调整的记账凭证，调增金额用蓝字，调减金额用红字。发现以前年度记账凭证有错误的，应当用蓝字填制一张更正的记账凭证。

第六，记账凭证填制完经济业务事项后，如有空行，应当自金额栏最后一笔金额数字下的空行处至合计数上的空行处划线注销。

第七，填制会计凭证，字迹必须清晰、工整，并符合下列要求：

阿拉伯数字应当一个一个地写，不得连笔写。阿拉伯金额数字前面应当书写货币币种符号或者货币名称简写和币种符号。币种符号与阿拉伯金额数字之间不得留有空白。凡阿拉伯数字前写有币种符号的，数字后面不再写货币单位。

所有以元为单位（其他货币种类为货币基本单位，下同）的阿拉伯数字，除表示单价等情况外，一律填写到角分；无角分的，角位和分位可写"00"，或者符号"——"；有角无分的，分位应当写"0"，不得用符号"——"代替。

汉字大写数字金额如零、壹、贰、叁、肆、伍、陆、柒、捌、玖、拾、佰、仟、万、亿等，一律用正楷或者行书体书写，不得用0、一、二、三、四、五、六、七、八、九、十等简化字代替，不得任意自造简化字。大写金额数字到元或者角为止的，在"元"或者"角"字之后应当写"整"字或者"正"字；大写金额数字有分的，分字后面不写"整"或者"正"字。

大写金额数字前未印有货币名称的，应当加填货币名称，货币名称与金额数字之间不得留有空白。

阿拉伯金额数字中间有"0"时，汉字大写金额要写"零"字；阿拉伯数字金额中间连续有几个"0"时，汉字大写金额中可以只写一个"零"字；阿拉伯金额数字元位是"0"，或者数字中间连续有几个"0"、元位也是"0"但角位不是"0"时，汉字大写金额可以只写一个"零"字，也可以不写"零"字。

第八，实行会计电算化的单位，对于机制记账凭证，要认真审核，做到会计科目使用正确，数字准确无误。打印出的机制记账凭证要加盖制单人员、审核人员、记账人员及会计机构负责人、会计主管人员印章或者签字。

另外，各单位原始凭证、记账凭证等会计凭证的传递程序应当科学、合理，具体办法由各单位根据会计业务需要自行规定。会计机构、会计人员要妥善保管会计凭证。

首先，会计凭证应当及时传递，不得积压。

其次，会计凭证登记完毕后，应当按照分类和编号顺序保管，不得散乱丢失。

再次，记账凭证应当连同所附的原始凭证或者原始凭证汇总表，按照编号顺序，折叠整齐，按期装订成册，并加具封面，注明单位名称、年度、月份和起讫日期、凭证种类、起讫号码，由装订人在装订线封签外签名或者盖章。

对于数量过多的原始凭证，可以单独装订保管，在封面上注明记账凭证日期、编号、种类，同时在记账凭证上注明"附件另订"和原始凭证名称及编号。

各种经济合同、存出保证金收据以及涉外文件等重要原始凭证，应当另编目录，单独登记保管，并在有关的记账凭证和原始凭证上相互注明日期和编号。

然后，原始凭证不得外借，其他单位如因特殊原因需要使用原始凭证时，经本单位会计机构负责人、会计主管人员批准，可以复制。向外单位提供的原始凭证复制件，应当在专设的登记簿上登记，并由提供人员和收取人员共同签名或者盖章。

最后，从外单位取得的原始凭证如有遗失，应当取得原开出单位盖有公章的证明，并注明原来凭证的号码、金额和内容等，由经办单位会计机构负责人、会计主管人员和单位领导人批准后，才能代作原始凭证。如果确实无法取得证明的，如火车、轮船、飞机票等凭证，由当事人写出详细情况，由经办单位会计机构负责人、会计主管人员和单位领导人批准后，代作原始凭证。

2. 借贷记账法。

（1）借贷记账法的概念。工会会计应当采用借贷记账法记账。借贷记账法是以会计等式作为记账原理,以借、贷作为记账符号,来反映经济业务增减变化的一种复式记账方法。借贷记账法下,所有账户的结构都是左方为借方,右方为贷方。"借"和"贷"二字不能直接当作增加或减少。它们只是表示账户中两个固定部位,用以指明记入账户金额的方向,即"借方"或"贷方",其具体含义需要根据账户的性质而定,即借方、贷方反映会计要素数量变化的增减性质是不固定的。

(2)账户的结构。不同性质的账户,借贷方所登记的内容不同,下面分别说明各类账户的结构。

在资产类账户中,借方记录资产的增加额,贷方记录资产的减少额。在同一会计期间(年、月),借方记录的合计数额被称作本期借方发生额,贷方记录的合计数被称作本期贷方发生额,在每一会计期间的期末将借贷方发生额相比较,其差额被称作期末余额。资产类账户的期末余额一般在借方。

资产类账户的期末余额可根据下列公式计算:

期末余额(借方) = 期初余额 + 本期借方发生额 - 本期贷方发生额

资产类账户的结构用"丁"账户表示如图7-6。

借方	资产类账户		贷方
期初余额	×××	(1)减少额	×××
(1)增加额	×××	(2)减少额	×××
(2)增加额	×××		
本期发生额	×××	本期发生额	×××
期末余额	×××		

图7-6 资产类账户

负债及净资产类账户的结构与资产类账户正好相反,其贷方记录负债及所有者权益的增加额;借方记录负债及所有者权益的减少额,期末余额一般应在贷方。

负债类账户和净资产类账户的期末余额可根据下列公式计算:

期末余额(贷方) = 期初余额 + 本期贷方发生额 - 本期借方发生额

负债及净资产类账户的结构用"丁"账户表示如图7-7。

借方		负债及净资产账户	贷方
		期初余额	×××
(1) 减少额	×××	(1) 增加额	×××
(2) 减少额	×××	(2) 增加额	×××
本期发生额	×××	本期发生额	×××
		期末余额	×××

图 7-7 负债及净资产类账户

收入类账户的结构则与负债类账户和净资产类账户的结构基本相同,收入的增加额记入账户的贷方,收入转出(减少额)则应记入账户的借方,由于贷方记录的收入增加额一般要通过借方转出,所以账户通常也没有期末余额。如果有余额,同样也表现为贷方余额。

收入类账户的结构用"丁"账户表示如图 7-8。

借方		收入类账户	贷方
减少或转出额	×××	(1) 增加额	×××
		(2) 增加额	×××
本期发生额	×××	本期发生额	×××

图 7-8 收入类账户

支出类账户的结构与资产类账户的结构基本相同,账户的借方记录支出的增加额,账户的贷方记录支出减少的数额。由于借方记录的支出的增加额一般都要通过贷方转出,所以账户通常没有余额。如果有余额,也表现为借方余额。

支出类账户的结构用"丁"账户表示如图 7-9。

借方		支出类账户	贷方
(1) 增加额	×××	减少或转出额	×××
(2) 增加额	×××		
本期发生额	×××	本期发生额	×××

图 7-9 支出类账户

(3) 借贷记账法的记账规则。借贷记账法的记账规则可以概括为：有借必有贷，借贷必相等。

任何一笔经济业务都必须同时分别记录到两个或两个以上的账户中去；所记录的账户可以是同类账户，也可以是不同类账户，但必须是两个记账方向，既不能都记入借方，也不能都记入贷方；记入借方的金额必须等于记入贷方的金额。

基于"资产+支出=负债+净资产+收入"的等式，以及"有借必有贷，借贷必相等"的记账规则，当确定资产增加为借方作为起点，资产和支出记账方向相同，借方记增加、贷方记减少；负债、净资产和收入记账方向相同，借方记减少，贷方记增加。

采用借贷记账法登记经济业务时，一般应按下列步骤进行：

首先，根据业务的内容，确定涉及哪些会计要素，以及这些会计要素项目是增加还是减少；

其次，确定应使用哪些账户，以及这些账户的金额是增加还是减少；

最后，根据账户借贷方结构的规定，确定各账户应借、应贷的方向及其金额。

(二) 登记会计账簿

会计账簿是由具有一定格式、相互联系的账页所组成，用来序时、分类地全面记录一个企业、单位经济业务事项的会计簿籍。

由于会计凭证对经济业务的记录是分散的，每一张记账凭证通常只反映一项经济业务。为得到系统化的核算资料，必须对分散在会计凭证上的资料进行整理。而通过账簿登记和结算，就能达到这一目的。账簿记录必须严格以记账凭证为依据，并且要定期结账。

设置和登记会计账簿是重要的会计核算基础工作，是连接会计凭证和会计报表的中间环节。

按照用途，账簿可以分为以下三种：

1. 序时账簿。又称日记账，是按照经济业务发生或完成时间的先后顺序逐日逐笔进行登记的账簿详见图7-10、图7-11、图7-12。

对于现金日记账和银行存款日记账，一般由出纳员根据办理完毕的收款凭证、付款凭证，随时进行逐笔登记。如果不能随时登记，也应保证每天登记一次，并每天结出余额。

三栏式现金日记账　　　　　　　　第　页

年		凭证号数	摘要	对方科目	收入	付出	结余
月	日						

图 7-10　三栏式现金日记账

多栏式现金日记账　　　　　　　　第　页

年		凭证号数	摘要	收入金额		付出金额		结余
				应贷对方科目		应借对方科目		
月	日				合计		合计	
			本日合计					

图 7-11　多栏式现金日记账

三栏式银行存款日记账　　　　　　　　第　页

年		凭证号数	摘要	结算凭证		对方科目	收入	付出	结存
				种类	编号				
月	日								
			本日合计						

图 7-12　三栏式银行存款日记账

2. 分类账簿。对全部经济业务事项按照会计要素的具体类别而设置的分类账户进行登记的账簿。分类账簿按其提供核算指标的详细程度不同，又分为总分类账和明细分类账。总分类账，简称总账，是根据总分类科目开设账户，用来登记全部经济业务，进行总分类核算，提供总括核算资料的分类账簿。格式可以参考图 7-13。

投资总分类账

第　页

年		凭证号数	摘要	借方	贷方	借或贷	余额
月	日						

图7－13　投资总分类账

明细分类账，简称明细账，是根据明细分类科目开设账户，用来登记某一类经济业务，进行明细分类核算，提供明细核算资料的分类账簿。格式可以参考图7－14。

专用基金明细账

明细科目：　　　　　　　　　　年　月　　　　　　　　　　第　页

年		凭证号数	摘要	借方	贷方	借或贷	余额
月	日						

图7－14　专用基金明细账

总分类账及其所属的明细分类账应按平行登记规则进行登记。总分类账和明细分类账都是用以提供会计核算指标的账簿。总分类账对其所属明细账起着统驭和控制的作用。明细分类账对其总分类账起着补充和说明的作用。对于需要提供其详细指标的每一项经济业务，应根据审核无误后的记账凭证，一方面记入总分类账户；另一方面，记入有关明细分类账户。登记总分类账以及其所属的明细账的方向应相同。记入总分类账簿的金额与记入其所属的明细分类账簿的金额应该相同。

3. 备查账簿。又称辅助账簿，是对某些在序时账簿和分类账簿等主要账簿中都不予登记或登记不够详细的经济业务事项进行补充登记时使用的账簿。它可以对某些经济业务的内容提供必要的参考资料。备查账簿的设置应视实际需要而定，并非一定要设置，而且没有固定格式。如设置租入固定资产登记簿等。

记账的基本规则如下：

1. 启用账簿的规则。

启用会计账簿时，应当在账簿封面上写明单位名称和账簿名称。在账簿扉页上应当附启用表，内容包括：启用日期、账簿页数、记账人员和会计机构负责人、会计主管人员姓名，并加盖名章和单位公章。记账人员或者会计机构负责人、会计主管人员调动工作时，应当注明交接日期、接办人员或者监交人员姓名，并由交接双方人员签名或者盖章。

启用订本式账簿，应当从第一页到最后一页顺序编定页数，不得跳页、缺号。使用活页式账页，应当按账户顺序编号，并须定期装订成册。装订后再按实际使用的账页顺序编定页码。另加目录，记明每个账户的名称和页次。

现金日记账和银行存款日记账必须采用订本式账簿。不得用银行对账单或者其他方法代替日记账。

实行会计电算化的单位，用计算机打印的会计账簿必须连续编号，经审核无误后装订成册，并由记账人员和会计机构负责人、会计主管人员签字或者盖章。

2. 登记账簿的规则。

第一，登记会计账簿时，应当将会计凭证日期、编号、业务内容摘要、金额和其他有关资料逐项记入账内，做到数字准确、摘要清楚、登记及时、字迹工整。

第二，登记完毕后，要在记账凭证上签名或者盖章，并注明已经登账的符号，表示已经记账。

第三，账簿中书写的文字和数字上面要留有适当空格，不要写满格；一般应占格距的 1/2。

第四，登记账簿要用蓝黑墨水或者碳素墨水书写，不得使用圆珠笔（银行的复写账簿除外）或者铅笔书写。

第五，下列情况，可以用红色墨水记账按照红字冲账的记账凭证，冲销错误记录；在不设借贷等栏的多栏式账页中，登记减少数；在三栏式账户的余额栏前，如未印明余额方向的，在余额栏内登记负数余额；根据国家统一会计制度的规定可以用红字登记的其他会计记录。

第六，各种账簿按页次顺序连续登记，不得跳行、隔页。如果发生跳行、隔页，应当将空行、空页划线注销，或者注明"此行空白""此页空白"字样，并由记账人员签名或者盖章。

第七，凡需要结出余额的账户，结出余额后，应当在"借或贷"等栏内写明"借"或者"贷"等字样。没有余额的账户，应当在"借或贷"等栏内写"平"字，并在余额栏内用"0"表示。

现金日记账和银行存款日记账必须逐日结出余额。

第八，每一账页登记完毕结转下页时，应当结出本页合计数及余额，写在本页最后一行和下页第一行有关栏内，并在摘要栏内注明"过次页"和"承前页"字样；也可以将本页合计数及金额只写在下页第一行有关栏内，并在摘要栏内注明"承前页"字样。

对需要结计本月发生额的账户，结计"过次页"的本页合计数应当为自本月初起至本页末止的发生额合计数；对需要结计本年累计发生额的账户，结计"过次页"的本页合计数应当为自年初起至本页末止的累计数；对既不需要结计本月发生额也不需要结计本年累计发生额的账户，可以只将每页末的余额结转次页。

账簿记录发生错误，不准涂改、挖补、刮擦或者用药水消除字迹，不准重新抄写，必须按照下列方法进行更正：

登记账簿时发生错误，应当将错误的文字或者数字划红线注销，但必须使原有字迹仍可辨认；然后在划线上方填写正确的文字或者数字，并由记账人员在更正处盖章。对于错误的数字，应当全部划红线更正，不得只更正其中的错误数字。对于文字错误，可只划去错误的部分。

由于记账凭证错误而使账簿记录发生错误，应当按更正的记账凭证登记账簿。

3. 对账的规则。

各单位应当定期对会计账簿记录的有关数字与库存实物、货币资金、有价证券、往来单位或者个人等进行相互核对，保证账证相符、账账相符、账实相符。对账工作每年至少进行一次。

第一，账证核对。核对会计账簿记录与原始凭证、记账凭证的时间、凭证字号、内容、金额是否一致，记账方向是否相符。

第二，账账核对。核对不同会计账簿之间的账簿记录是否相符，包括：总账有关账户的余额核对，总账与明细账核对，总账与日记账核对，会计部门的财产物资明细账与财产物资保管和使用部门的有关明细账核对等。

第三，账实核对。核对会计账簿记录与财产等实有数额是否相符。包括：现金日记账账面余额与现金实际库存数相核对；银行存款日记账账面余额定期与银行对账单相核对；各种财物明细账账面余额与财物实存数额相核对；各种应收、应付款明细账账面余额与有关债务、债权单位或者个人核对等。

4. 结账的规则。

各单位应当按照规定定期结账。

首先，结账前，必须将本期内所发生的各项经济业务全部登记入账。

其次，结账时，应当结出每个账户的期末余额。需要结出当月发生额的，应当在摘要栏内注明"本月合计"字样，并在下面通栏划单红线。需要结出本年累计发生额的，应当在摘要栏内注明"本年累计"字样，并在下面通栏划单红线；12月末的"本年累计"就是全年累计发生额。全年累计发生额下面应当通栏划双红线。年度终了结账时，所有总账账户都应当结出全年发生额和年末余额。

再次，年度终了，要把各账户的余额结转到下一会计年度，并在摘要栏注明"结转下年"字样；在下一会计年度新建有关会计账簿的第一行余额栏内填写上年结转的余额，并在摘要栏注明"上年结转"字样。

（三）编制会计报表

会计报表要根据登记完整、核对无误的账簿记录和其他有关资料编制，做到数字准确、内容完整、报送及时。会计报表必须经财务负责人和工会负责人审阅签章并加盖审查公章后上报。任何人不得篡改或者授意、指使、强令他人篡改会计报表的有关数字。

会计报表之间、会计报表各项目之间，凡有对应关系的数字，应当相互一致。本期会计报表与上期会计报表之间有关的数字应当相互衔接。如果不同会计年度会计报表中各项目的内容和核算方法有变更的，应当在年度会计报表中加以说明。

对外报送的财务报告，应当依次编写页码，加具封面，装订成册，加盖公章。封面上应当注明：单位名称，单位地址，财务报告所属年度、季度、月度、送出日期，并由工会负责人、会计机构负责人、会计主管人员等签名或者盖章。

工会负责人对财务报告的合法性、真实性负法律责任。

工会填制会计凭证、登记会计账簿、管理会计档案等,应当按照《会计基础工作规范》《会计档案管理办法》等规定执行。

第二节 建立健全工会会计管理制度

一、建立健全工会会计管理制度的必要性

《工会会计制度》第五条指出,各级工会应当建立健全内部控制体系。内部控制制度内容非常广泛,不仅包括财务工作管理制度,还包括其他管理制度。财务工作管理制度包括财务管理制度以及会计管理制度。就工会会计管理制度而言,建立健全该制度有其必要性。

首先,建立健全工会会计管理制度是提高会计工作水平的需要。会计工作是一项重要的管理活动,它通过收集、处理、提供和利用会计信息,对工会运营进行核算和监督,从而为改进和加强工会管理服务。从现实情况看,账务不清、账目混乱状况下的会计工作难以在工会管理中发挥应有的作用。

其次,建立健全工会会计管理制度是规范会计工作秩序的需要。正常有序的会计工作,应当是以规范的会计工作为保证的。规范的会计工作离不开健全的会计管理制度。

最后,建立健全工会会计管理制度是改善工会管理的需要。会计工作通过生成和提供会计信息为改善管理服务。在实际工作中,一些单位会计基础工作比较薄弱,造成财产不实、家底不清、数据不准、信息无用,不仅给工会管理带来消极影响,也容易因提供虚假会计信息而给国家造成损失。

二、建立健全工会会计管理制度需要注意的问题

首先,建立健全工会会计管理制度需要强化领导责任。领导要高度重视建立和完善工会会计管理制度的重要性。各级工会负责人要对本单位会

计管理制度的建立健全和有效实施负责。主要领导要切实负起责任，牵头做好内部控制制度的组织实施工作，合理确定本单位内部部门或者人员的职责和权限，推动制度建设常态化。内部机构设计不科学，权责分配不合理，可能导致机构重叠、职能交叉或缺失、推诿扯皮，运行效率低下。岗位设置不合理，岗位职责不明确，可能导致关键岗位缺失控制和监督，产生控制风险。

其次，建立健全工会会计管理制度必须十分熟悉国家财经法律和部门规章制度。工会会计内部控制的目标之一就是使其活动符合国家法律、法规、方针政策等方面的要求。合规性目标排在第一位，是最基本的目标。所以制定工会会计管理制度必须基于法律法规，并且不能与法律法规相背离。特别是随着相关法律法规的变化，适时进行相应的调整或者修订。

最后，建立健全工会会计管理制度要充分认识到工会会计的特殊性以及与企业、行政事业单位等组织存在的共性。工会制定会计管理制度的时候，可以借鉴企业、行政事业单位等组织中成熟的经验，也需要体现必要的授权分权控制、不相容职务相互分离制度等基本的内部控制制度，但是工会运营有一定的特殊性，工会财务管理的特殊性使得工会会计管理制度也具有特殊性。工会依法建立独立的会计管理体系，与工会预算管理体制相适应。

第三节　加强会计机构和人员队伍建设

一、加强会计机构建设

（一）会计机构设置

根据《会计法》《会计基础工作规范》《工会会计制度》和全国总工会的有关规定，设置财会机构，配备业务素质和数量相适应的财会人员，并明确财会机构负责人。

县级以上（含县级，下同）工会应当设置会计机构，配备专职会计人员。

县级以下工会应当根据会计业务的需要设置会计机构或者在有关机构中设置专职会计人员；不具备设置条件的基层工会，应当委托经批准设立从事会计代理记账业务的中介机构代理记账或者聘请兼职会计。

根据不相容职务相互分离的原则设置财会人员工作岗位，明确职责分工，实行会计、出纳分设，钱、账、物分管，确保不相容岗位相互分离、相互制约和相互监督。

出纳人员不得兼任稽核、会计档案保管和收入、支出、费用、债权债务账目的登记工作。

（二）会计机构工作职责

1. 负责组织贯彻落实党和国家有关财经方针、政策、法律、法规，认真履行筹集、分配和管理工会经费职责，不断提高工会经费收缴效果、财务管理水平和经费使用绩效，确保工会财务管理合法有序。会同有关部门按照有关政策，做好工会专项资金和专项经费的收支、管理工作。

2. 负责建立健全内部财会制度，加强内部会计控制，防范化解财务风险。根据国家财经法律、法规、规章、政策和上级工会制定的财务制度制定本地区、本行业、本单位工会的实施办法或实施细则。

3. 负责编制本级工会经费收支预算草案，协调有关部门共同实施年度经费收支预算。

4. 负责本级工会收支日常核算和审核工作，编报本级工会各期财务报表、年度经费收支决算和本地区、本系统年度工会经费收支汇总表，确保各种会计资料及时、准确、真实、完整。

5. 负责对本级及下级工会资产进行管理和监督，对本级工会固定资产、库存物品等进行价值管理和核算，会同实物资产管理部门定期实物盘点，确保工会资产安全完整，账实相符。做好工会资产统计上报工作。

6. 负责审核批复下一级工会以及有经费供给关系的直属事业单位收支预算、决算，对下级工会和直属事业单位财会工作进行业务指导、检查和考评。

7. 负责组织本地区或本行业工会财会人员业务培训工作，组织本级工会财会人员参加继续教育培训，促进财会人员业务知识、政策水平和操作技能全面提高。

8. 按时完成单位领导和上级工会业务主管部门交办的各项财务工作任务。

二、加强会计人员队伍建设

（一）加强会计人员思想道德建设

会计人员在会计工作中应当遵守职业道德，树立良好的职业品质、严谨的工作作风，严守工作纪律，努力提高工作效率和工作质量。

会计人员应当热爱本职工作，努力钻研业务，使自己的知识和技能适应所从事工作的要求。

会计人员应当熟悉财经法律、法规、规章和国家统一会计制度，并结合会计工作进行广泛宣传。

会计人员应当按照会计法律、法规和国家统一会计制度规定的程序和要求进行会计工作，保证所提供的会计信息合法、真实、准确、及时、完整。

会计人员处理会计业务应当实事求是、客观公正。会计人员应当熟悉本单位的运营和管理情况，运用掌握的会计信息和会计方法，为改善单位内部管理、提高经济效益服务。

会计人员应当保守本单位财务秘密。除法律规定和工会领导人同意外，不能私自向外界提供或者泄露会计信息。

主管部门等单位应当定期检查会计人员遵守职业道德的情况，并作为会计人员晋升、晋级、聘任专业职务、表彰奖励的重要考核依据。

会计人员违反职业道德的，由所在单位进行处罚；情节严重的，由会计证发证机关吊销其会计证。

（二）对财务人员的业务要求

除了思想道德方面的要求，财会人员必须具有一定的专业知识和技能。会计机构负责人、会计主管人员还应当具备下列基本条件：具有会计专业技术资格；主管一个单位或者单位内一个重要方面的财务会计工作时间不少于二年；熟悉国家财经法律、法规、规章和方针、政策，掌握本行业业务管理的有关知识；有较强的组织能力；身体状况能够适应本职工作的要求。

财会人员应当加强业务学习，参加当地财政部门举办的继续教育培训和上级工会举办的业务培训。

财会人员保持相对稳定。财会人员的任免应符合法定手续，财会机构负责人的任免应同时征求上级工会财会机构的意见。财会人员调动或离职按照国家有关规定办理交接手续。

各级工会应当为财会机构和财会人员提供与业务需要相适应的工作条件，支持财会人员履行工作职责。

三、会计工作交接

会计人员工作调动或者因故离职，必须将本人所经管的会计工作全部移交给接替人员。没有办清交接手续的，不得调动或者离职。接替人员应当认真接管移交工作，并继续办理移交的未了事项。

会计人员办理移交手续，必须及时做好以下工作：

1. 已经受理的经济业务尚未填制会计凭证的，应当填制完毕；

2. 尚未登记的账目，应当登记完毕，并在最后一笔余额后加盖经办人员印章；

3. 整理应该移交的各项资料，对未了事项写出书面材料；

4. 编制移交清册，列明应当移交的会计凭证、会计账簿、会计报表、印章、现金、有价证券、支票簿、发票、文件、其他会计资料和物品等内容；实行会计电算化的单位，从事该项工作的移交人还应当在移交清册中列明会计软件及密码、会计软件数据磁盘等及有关资料、实物等内容。

会计人员办理交接手续，必须有监交人负责监交。一般会计人员交接，由会计机构负责人、会计主管人员负责监交；会计机构负责人、会计主管人员交接，由工会负责人负责监交，必要时可由上级主管部门派人会同监交。

移交人员在办理移交时，要按移交注册逐项移交；接替人员要逐项核对点收。

1. 现金、有价证券要根据会计账簿有关记录进行点交。库存现金、有价证券必须与会计账簿记录保持一致。不一致时，移交人员必须限期查清。

2. 会计凭证、会计账簿、会计报表和其他会计资料必须完整无缺，必须查清原因，并在移交注册中注明，由移交人员负责。

3. 银行存款账户余额要与银行对账单核对，如不一致，应当编制银行存款余额调节表调节相符，各种财产物资和债权债务的明细账户余额要与总账有关账户余额核对相符；必要时，要抽查个别账户的余额，与实物核对相符，或者与往来单位、个人核对清楚。

4. 移交人员经管的票据、印章和其他实物等，必须交接清楚；移交人员从事会计电算化工作的,要对有关电子数据在实际操作状态下进行交接。

会计机构负责人、会计主管人员移交时,还必须将全部财务会计工作、重大财务收支和会计人员的情况等,向接替人员详细介绍。对需要移交的遗留问题,应当写出书面材料。

交接完毕后,交接双方和监交人员要在移交清册上签名或者盖章。并应在移交清册上注明:单位名称、交接日期、交接双方和监交人员的职务、姓名、移交清册页数以及需要说明的问题和意见等。

移交清册一般应当填制一式三份,交接双方各执一份,存档一份。

接替人员应当继续使用移交的会计账簿,不得自行另立新账,以保持会计记录的连续性。

会计人员临时离职或者因病不能工作且需要接替或者代理的,会计机构负责人、会计主管人员或者单位领导人必须指定有关人员接替或者代理,并办理交接手续。

临时离职或者因病不能工作的会计人员恢复工作的,应当与接替或者代理人员办理交接手续。

移交人员因病或者其他特殊原因不能亲自办理移交的,经单位领导人批准,可由移交人员委托他人代办移交,但委托人应当承担本规范第三十五条规定的责任。

单位撤销时,必须留有必要的会计人员,会同有关人员办理清理工作,编制决算。未移交前,不得离职。接收单位和移交日期由主管部门确定。

单位合并、分立的,其会计工作交接手续比照上述有关规定办理。

移交人员对所移交的会计凭证、会计账簿、会计报表和其他有关资料的合法性、真实性承担法律责任。

第四节 加强会计档案管理与信息系统管理

一、加强会计档案管理

(一)会计档案

会计档案一般指会计凭证、会计账簿、会计报表以及其他会计核算资料四个部分。

1. 会计凭证,包括原始凭证、记账凭证;

2. 会计账簿,包括总账、明细账、日记账、固定资产卡片及其他辅助性账簿;

3. 财务会计报表,包括月度、季度、半年度、年度财务会计报表;

4. 其他会计资料,包括银行存款余额调节表、银行对账单、纳税申报表、会计档案移交清册、会计档案保管清册、会计档案销毁清册、会计档案鉴定意见书及其他具有保存价值的会计资料。

(二)会计档案管理

1. 会计凭证管理。

会计凭证的格式、内容、填制方法、审核程序、错误更正方法等符合国家有关规定和《工会会计制度》的要求。原始凭证真实、完整、合法、有效,并附有相关附件,报销单据上经办、证明、验收、稽核、审批等相关人员签章齐全。从外单位取得的原始凭证盖有出具单位公章或财务专用章,并与收款单位名称相符。对外单位开具的原始凭证盖有本单位公章或财务专用章。

记账凭证根据审核无误的原始凭证规范填制,做到要素完整、摘要简明、科目正确、数字准确、编号连续、字迹清晰,相关会计人员签章齐全。

应将记账凭证按编号顺序,连同所附原始凭证折叠整齐,加具封面、封底装订成册,在封面上写明单位名称、年度、月份、记账凭证种类、起讫日期、起讫号数及记账凭证和原始凭证的张数,在封签加盖会计骑缝章。

2. 会计账簿管理。

会计账簿设置齐全,有总账、明细账、日记账,并设有必要的辅助账和备查账,各类账簿的启用、登记、结账、错误更正方法等符合国家有关规定和《工会会计制度》的要求,记账及时,文字规范。明细账包括各类收入、支出、资产、负债、净资产明细账和拨缴经费收入台账等。拨缴经费收入台账应有缴费单位名称、联系电话、法定代表人姓名、职工人数、工资总额及申报缴纳经费数额等栏目,并实行动态管理。

日记账包括现金日记账、银行存款日记账。

辅助账包括委托税务代收工会经费辅助账、应付下级转拨经费(建会筹备金）辅助账、补助下级支出辅助账等。

备查账包括低值易耗品备查账、呆坏账处理备查账等。

账簿登记以审核无误的记账凭证或原始凭证为依据。

定期核对相关账目记录，并将账目记录的有关数字与库存实物、货币资金、有价证券、债权债务等相互核对，保证账证相符（会计账簿记录与原始凭证、记账凭证相符）、账账相符（同一经济业务在不同账簿之间的记录相符）、账实相符（各类账簿记录与资产、负债实有数额相符）。

年度终了，将更换的活页账、卡片账，及必要的备查账，连同账簿装订成册，加封面，统一编号，签章后与订本账一同保管。

3. 会计报表管理。

按照上级工会和有关方面要求定期编报会计报表。会计年度终了，编制年度工会财务报表和专项资金决算报告。

会计报表主要包括资产负债表、收入支出表和附注。附注应分析说明工会预算执行情况以及工会在筹集、分配、使用、管理经费过程中的成绩和问题，分析影响预算执行的原因，经费收支变动趋势，提出改进措施、意见和建议。

年度终了，应将全年编制的会计报表按时间先后顺序整理，装订成册，并加上封面归档保管。

4. 会计档案使用和借阅。

应当严格按照相关制度利用会计档案，在进行会计档案查阅、复制、借出时履行登记手续，严禁篡改和损坏。

保存的会计档案一般不得对外借出。确因工作需要且根据国家有关规定必须借出的，应当严格按照规定办理相关手续。会计档案借用单位应当妥善保管和利用借入的会计档案，确保借入会计档案的安全完整，并在规定时间内归还。

5. 会计档案保管期限。

会计档案的保管期限分为永久、定期两类。定期保管期限一般分为10年和30年。会计档案的保管期限，从会计年度终了后的第一天算起。

《会计档案管理办法》已经财政部部务会议、国家档案局局务会议修订通过，自2016年1月1日起施行。具体档案保管期限如表7-5、表7-6。

表7-5　　　　　　企业和其他组织会计档案保管期限表

序号	档案名称	保管期限	备注
一	会计凭证		
1	原始凭证	30年	
2	记账凭证	30年	
二	会计账簿		
3	总账	30年	
4	明细账	30年	
5	日记账	30年	
6	固定资产卡片		固定资产报废清理后保管5年
7	其他辅助性账簿	30年	
三	财务会计报告		
8	月度、季度、半年度财务会计报告	10年	
9	年度财务会计报告	永久	
四	其他会计资料		
10	银行存款余额调节表	10年	
11	银行对账单	10年	
12	纳税申报表	10年	
13	会计档案移交清册	30年	
14	会计档案保管清册	永久	
15	会计档案销毁清册	永久	
16	会计档案鉴定意见书	永久	

表7-6　　财政总预算、行政单位、事业单位和税收会计档案保管期限表

序号	档案名称	保管期限			备注
		财政总预算	行政单位事业单位	税收会计	
一	会计凭证				
1	国家金库编送的各种报表及缴库退库凭证	10年		10年	
2	各收入机关编送的报表	10年			
3	行政单位和事业单位的各种会计凭证		30年		包括：原始凭证、记账凭证和传票汇总表

续表

序号	档案名称	保管期限 财政总预算	保管期限 行政单位事业单位	保管期限 税收会计	备注
4	财政总预算拨款凭证和其他会计凭证	30年			包括：拨款凭证和其他会计凭证
二	会计账簿				
5	日记账		30年	30年	
6	总账	30年	30年	30年	
7	税收日记账（总账）			30年	
8	明细分类、分户账或登记簿	30年	30年	30年	
9	行政单位和事业单位固定资产卡片				固定资产报废清理后保管5年
三	财务会计报告				
10	政府综合财务报告	永久			下级财政、本级部门和单位报送的保管2年
11	部门财务报告		永久		所属单位报送的保管2年
12	财政总决算	永久			下级财政、本级部门和单位报送的保管2年
13	部门决算		永久		所属单位报送的保管2年
14	税收年报（决算）			永久	
15	国家金库年报（决算）	10年			
16	基本建设拨、贷款年报（决算）	10年			
17	行政单位和事业单位会计月、季度报表		10年		所属单位报送的保管2年
18	税收会计报表			10年	所属税务机关报送的保管2年
四	其他会计资料				
19	银行存款余额调节表	10年	10年		
20	银行对账单	10年	10年	10年	
21	会计档案移交清册	30年	30年	30年	
22	会计档案保管清册	永久	永久	永久	
23	会计档案销毁清册	永久	永久	永久	
24	会计档案鉴定意见书	永久	永久	永久	

注：税务机关的税务经费会计档案保管期限，按行政单位会计档案保管期限规定办理。

6. 电子档案。

工会会计部门可以利用计算机、网络通信等信息技术手段管理会计档案。

同时满足下列条件的，内部形成的属于归档范围的电子会计资料可仅以电子形式保存，形成电子会计档案：

(1) 形成的电子会计资料来源真实有效，由计算机等电子设备形成和传输；

(2) 使用的会计核算系统能够准确、完整、有效接收和读取电子会计资料，能够输出符合国家标准归档格式的会计凭证、会计账簿、财务会计报表等会计资料，设定了经办、审核、审批等必要的审签程序；

(3) 使用的电子档案管理系统能够有效接收、管理、利用电子会计档案，符合电子档案的长期保管要求，并建立了电子会计档案与相关联的其他纸质会计档案的检索关系；

(4) 采取有效措施，防止电子会计档案被篡改；

(5) 建立电子会计档案备份制度，能够有效防范自然灾害、意外事故和人为破坏的影响；

(6) 形成的电子会计资料不属于具有永久保存价值或者其他重要保存价值的会计档案。

满足上述规定条件，对于从外部接收的电子会计资料附有符合《中华人民共和国电子签名法》规定的电子签名的，可仅以电子形式归档保存，形成电子会计档案。

7. 会计档案的销毁。

经鉴定可以销毁的会计档案，应当按照以下程序销毁：

单位档案管理机构编制会计档案销毁清册，列明拟销毁会计档案的名称、卷号、册数、起止年度、档案编号、应保管期限、已保管期限和销毁时间等内容。

工会负责人、档案管理机构负责人、会计管理机构负责人、档案管理机构经办人、会计管理机构经办人在会计档案销毁清册上签署意见。

单位档案管理机构负责组织会计档案销毁工作，并与会计管理机构共同派员监销。监销人在会计档案销毁前，应当按照会计档案销毁清册所列内容进行清点核对；在会计档案销毁后，应当在会计档案销毁清册上签名或盖章。

电子会计档案的销毁还应当符合国家有关电子档案的规定，并由单位档案管理机构、会计管理机构和信息系统管理机构共同派员监销。

二、加强会计信息系统管理

工会应当根据内部控制相关要求，结合组织机构、业务过程、技术能力等因素，制定信息系统建设总体规划，健全信息系统管理程序，设置信息系统管理岗位，明确信息系统管理责任，对信息系统实行归口管理。

工会应当充分运用现代科学技术手段加强内部控制，将经济活动及其内部控制流程嵌入信息系统中，并确保各重要信息系统之间的互联互通、信息共享和业务协同。减少或消除人为操纵因素，提高办事效率和管理水平，促进信息公开和廉政建设，增强业务活动处理过程与结果的透明和公正。

工会要强化信息系统的安全管理，建立用户管理制度、系统数据定期备份制度、信息系统安全保密和泄密责任追究制度等措施，确保重要信息系统安全、可靠，增强信息安全保障能力。

第八章　工会会计核算

第一节　资产业务核算

一、资产业务概述

资产是工会拥有或控制的能以货币计量的经济资源。根据定义,资产具有以下几个方面的特征:

1. 资产预期会给工会带来经济利益。如果某一项目预期不能为工会带来经济利益,就不能将其确认为资产。前期已经确认为资产的项目,如果不能再为工会带来经济利益,也不能再将其确认为资产。

2. 资产应为工会拥有或者控制的资源。通常在判断资产是否在时,所有权是考虑的首要因素,但在有些情况下,虽然某些资产不为工会所拥有,即并不拥有其所有权,但控制这些资产,同样表明工会能够从这些资产中获取经济利益。

3. 资产是由过去的交易或者事项形成的。预期在未来发生的交易或者事项不形成资产。

资产包括流动资产、投资和固定资产等。流动资产是指预计在一年内(含一年)变现或者耗用的资产。主要包括货币资金、借出款、应收款项、库存物品等。

按是否有实体形态,资产可分为有形资产和无形资产。

二、货币资金业务核算

(一)货币资金概述

货币资金包括库存现金、银行存款等。货币资金应当按照实际发生额入账。工会应当设置库存现金和银行存款日记账,按照业务发生顺序逐日逐笔登记。库存现金的核算应当做到日清月结,其账面余额必须与库存数相符;银行存款的账面余额应当与银行对账单定期核对,如有不符,应编制银行存款余额调节表调节相符。

工会发生外币业务时,应当将有关外币金额折算成人民币金额记账。

(二) 库存现金业务核算

1. 库存现金业务。

在对库存现金管理的过程中,需要设置库存现金的限额。这是为了保证工会组织日常零星开支的需要,允许工会组织保留的库存现金的最高金额。具体数额一般由工会的开户银行根据工会组织的实际需要,按照《现金管理暂行条例》核定。工会收支款项也必须按照该条例的规定办理。

根据《现金管理暂行条例》规定,开户单位可以在下列范围内使用现金:

(1) 职工工资、津贴;

(2) 个人劳务报酬;

(3) 根据国家规定颁发给个人的科学技术、文化艺术、体育等各种奖金;

(4) 各种劳保、福利费用以及国家规定的对个人的其他支出;

(5) 向个人收购农副产品和其他物资的价款;

(6) 出差人员必须随身携带的差旅费;

(7) 结算起点以下的零星支出;

(8) 中国人民银行确定需要支付现金的其他支出。

结算起点定为1 000元。结算起点的调整,由中国人民银行确定,报国务院备案。

除第(5)、(6)项外,开户单位支付给个人的款项,超过使用现金限额的部分,应当以支票或者银行本票支付;确需全额支付现金的,经开户银行审核后,予以支付现金。

具体在核算过程中,应设置现金日记账,由出纳人员根据收付款凭证,按照业务发生顺序,逐笔登记,每日终了,应计算当日的现金收入合计数、支出合计数和结余数,并将结余数与实际库存数进行核对,做到账款相符。

有外币现金的工会,按照折算后的人民币金额记账,并设立辅助账登记外币现金的币种、外币金额、即期汇率、折算后的人民币金额及来源简要说明等。

每日终了结算现金收支、财产清查等发现的现金短缺或溢余,应当及时查明原因,并根据管理权限,报经批准后,在期末结账前处理完毕。

2."库存现金"科目。

"库存现金"科目是资产类科目,核算工会的库存现金收付业务。各级工会应当严格按照国家有关现金管理的规定收支现金。

工会收到现金,即现金增加,记在借方;工会支付现金,即现金减少,记在贷方。该科目期末借方余额,反映工会实际持有的库存现金。

3. 库存现金的主要账务处理。

(1) 从银行提取现金,借记"库存现金"科目,贷记"银行存款"科目;将现金存入银行,借记"银行存款"科目,贷记"库存现金"。

【例8-1】某工会于2019年3月1日从银行提取现金6 000元备用,根据现金支票存根和有关提现的审批文件,编制会计分录。

借:库存现金　　　　　　　　　　　　　　6 000
　　贷:银行存款　　　　　　　　　　　　　　6 000

【例8-2】2019年3月3日,某工会出纳将超过库存现金限额的资金10 000元,送存开户银行,根据开户银行开具的存款单据编制会计分录。

借:银行存款　　　　　　　　　　　　　　10 000
　　贷:库存现金　　　　　　　　　　　　　　10 000

(2) 因支付内部职工出差等原因所需的现金,借记"其他应收款"科目,贷记"库存现金"科目;收到出差人员退回剩余款结算时,按实际收回的现金,借记"库存现金"科目,按应报销的金额,借记"行政支出"等有关科目,按实际借出的现金,贷记"其他应收款"科目。

注意:县级以下工会不能列支"行政支出",可列"业务支出"。

【例8-3】工会干部李某于2019年3月10日为出差预借差旅费2 000元。4月1日,李某报销差旅费1 800元,退回现金200元。编制会计分录。

预借差旅费时的会计处理:

借:其他应收款——李某　　　　　　　　　2 000
　　贷:库存现金　　　　　　　　　　　　　　2 000

报销差旅费时的会计处理:

借:库存现金　　　　　　　　　　　　　　200

　　　　行政支出——商品和服务支出——差旅费　　　　1 800
　　　　　贷：其他应收款——李某　　　　　　　　　　　　2 000

　　（3）因其他业务收到现金，借记"库存现金"科目，贷记有关科目；支出现金，借记有关科目，贷记"库存现金"科目。

　　【例 8 - 4】 2019 年 3 月 10 日，某工会出售废品收到现金 200 元，根据经办人单据编制会计分录。

　　　　借：库存现金　　　　　　　　　　　　　　　　　　200
　　　　　贷：其他收入　　　　　　　　　　　　　　　　　　200

　　【例 8 - 5】 2019 年 3 月 15 日，某工会购买办公用品，用现金支付 450 元，根据发票编制会计分录。

　　　　借：行政支出——商品和服务支出——办公费　　　　450
　　　　　贷：库存现金　　　　　　　　　　　　　　　　　450

　　（4）如果发现现金短缺，属于应由责任人等赔偿的部分，借记"其他应收款"科目，贷记"库存现金"科目；属于无法查明原因的部分，借记"其他支出"科目，贷记"库存现金"科目。

　　【例 8 - 6】 2019 年 3 月 31 日，某工会盘点库存现金发现短款 40 元，经核实系出纳张某的差错。编制会计分录。

　　　　借：其他应收款——张某　　　　　　　　　　　　　40
　　　　　贷：库存现金　　　　　　　　　　　　　　　　　 40

　　后经调查发现，张某应该承担部分责任。经批准，20 元由单位承担，20 元由出纳赔偿。收到 20 元赔偿金时，根据收款收据和相关批件编制会计分录。

　　　　借：库存现金　　　　　　　　　　　　　　　　　　20
　　　　　　其他支出　　　　　　　　　　　　　　　　　　20
　　　　　贷：其他应收款——张某　　　　　　　　　　　　40

　　如果发现现金溢余，属于应支付给有关人员或单位的部分，借记"库存现金"科目，贷记"其他应付款"科目；属于无法查明原因的部分，借记"库存现金"科目，贷记"其他收入"科目。

　　【例 8 - 7】 2019 年 4 月 30 日，某工会财务部门对库存现金进行盘点，账面余额为 2 800 元，盘点金额为 2 900 元，多出现金 100 元。出纳张某是现金管理的直接责任人。根据盘点表编制会计分录。

　　　　借：库存现金　　　　　　　　　　　　　　　　　　100

贷：其他应付款——张某　　　　　　　　　　　　　　　　100

后经调查作为无主款处理。经领导批准后编制会计分录。

　　借：其他应付款——张某　　　　　　　　　　　　　　　　100
　　　贷：其他收入——现金溢余　　　　　　　　　　　　　　100

（三）银行存款业务核算

1. 银行存款业务。

银行存款业务主要是工会组织在日常活动中，因业务需要通过银行办理的资金支付。

工会应当严格按照国家有关支付结算办法的规定，正确地办理银行存款收支结算。各级工会应按开户银行、存款种类分别设置"银行存款日记账"，由出纳人员根据收付款凭证，按照业务的发生顺序逐笔登记，每日终了应结出余额。"银行存款日记账"应定期与银行对账，至少每月核对一次，如有差额，应编制"银行存款余额调节表"，调节相符。

2. "银行存款"科目。

"银行存款"科目核算工会存入银行或其他金融机构的各种款项。包括活期存款、定期存款等。工会收到银行存款，即银行存款增加，记在借方；工会支付银行存款，即银行存款减少，记在贷方。本科目期末借方余额，反映工会实际存在银行或其他金融机构的款项。

工会可以根据实际情况在本科目下设置"经费集中户"等明细科目。设置"经费集中户"的工会，应当先在"经费集中户"中归集工会经费，再按规定将属于本级工会的经费转入本级工会基本户，属于上级或下级工会的经费上缴上级工会或转拨下级工会。

3. 银行存款的主要业务处理。

（1）将现金存入银行，借记"银行存款"科目，贷记"库存现金"科目。从银行提取现金，借记"库存现金"科目，贷记"银行存款"科目。相关会计处理见库存现金主要业务处理部分。

【例8-8】2019年5月10日，某工会将账户中的100 000元活期存款，转存为定期存款，该工会根据银行存款相关单据，编制会计分录。

　　借：银行存款——定期存款户　　　　　　　　　　　　100 000
　　　贷：银行存款——活期存款户　　　　　　　　　　　　100 000

（2）通过银行转账方式取得工会经费，借记"银行存款"科目，贷记"拨缴经费收入""应付上级经费""应付下级经费"科目。通过银行转账方式取得相关收入，借记"银行存款"科目，贷记"上级补助收入""政府补助收入""行政补助收入""事业收入""投资收益"等科目。

【例 8-9】 某集团公司收到行政按工资总额 2% 划拨的工会经费 600 000 元。按照工会经费分成比例，该工会经费 60% 下拨到集团公司二级单位的工会，10% 属于本级工会，其余 30% 上缴集团公司所在地的市级工会。该公司工会银行存款科目下设有"基本户"和"经费集中户"两个明细科目。集团公司工会根据银行入账通知单及《工会经费收入专用收据》，编制会计分录。

借：银行存款——基本户　　　　　　　60 000（60 万元×10%）

　　银行存款——经费集中户　540 000［60 万元×（1－10%）］

　贷：拨缴经费收入　　　　　　　　　　　　　　60 000

　　　应付下级经费——二级单位工会　360 000（60 万元×60%）

　　　应付上级经费——市总工会　　　180 000（60 万元×30%）

如果集团公司工会没在银行存款科目下设置"经费集中户"明细科目，编制会计分录。

借：银行存款——基本户　　　　　　　　　　　600 000

　贷：拨缴经费收入　　　　　　　　　　　　　　60 000

　　　应付下级经费——二级单位工会　360 000（60 万元×60%）

　　　应付上级经费——市总工会　　　180 000（60 万元×30%）

（3）通过银行转账方式支付各项支出，借记"职工活动支出""维权支出""业务支出""行政支出""资本性支出""补助下级支出""事业支出"等科目，贷记"银行存款"科目。

【例 8-10】 2019 年 5 月 15 日，某工会按照合同规定，向律师事务所支付法律援助费 12 000 元，根据合同、银行结算单据和律师事务所出具的收款发票，编制会计分录。

借：维权支出——法律援助费　　　　　　　12 000

　贷：银行存款　　　　　　　　　　　　　　　　12 000

（4）收到的银行存款利息，借记"银行存款"科目，贷记"其他收入"科目。

【例 8-11】 2019 年 5 月 31 日，某工会收到利息清单，显示存款利息为

15 000 元。根据利息单据，编制会计分录。

  借：银行存款   15 000

   贷：其他收入   15 000

 4. 银行存款期末对账。

  采取与银行核对账目的方法进行的。核对前应把截止到清查日所有银行存款的收付业务登记入账，然后与银行开来的记录本单位银行存款收、支、结余情况的对账单逐笔核对，如发生错账、漏账，应查清原因及时更正。但即使在双方记账均无差错的情况下，也往往会出现双方的余额不相一致的情况。这主要是由于未达账项引起的。

  未达账项，是指工会与银行之间由于凭证传递上的时间差，一方已收到结算凭证已登记入账，而另一方尚未收到结算凭证因而尚未登记入账的款项。具体有以下四种情况：

  （1）工会已收，银行未收的款项。如工会收到支票，送存银行后即可根据银行盖章退回的"进账单"回单联登记银行存款的增加，而银行则要等款项收妥后才能记增加，如果此时对账，就形成了工会已收款入账、银行尚未收款入账的款项。

  （2）工会已付，银行未付的款项。如工会开出一张支票支付采购款，工会可根据支票存根、发票及收料单等记银行存款的减少，而这时银行由于未接到支付款项的凭证而尚未记银行存款减少，如果此时对账，就形成了工会已付款入账、银行尚未付款入账的款项。

  （3）银行已收，工会未收的款项。如外地某单位给工会汇来款项，银行收到汇款单后，登记工会银行存款增加，工会由于未收到汇款凭证尚未记银行存款增加，如果此时对账，就形成了银行已收款入账、工会尚未收款入账的款项。

  （4）银行已付，工会未付的款项。如银行代工会支付款项，银行已取得支付款项的凭证记银行存款的减少，工会由于未接到凭证尚未记银行存款减少，如果此时对账，就形成了银行已付款入账、工会尚未付款入账的款项。

  以上四种未达账项的存在，都会使工会与银行双方银行存款账面余额不相等。所以工会在接到银行转来的对账单时，应尽快与银行存款日记账逐笔核对，找出未达账项，并据以编制"银行存款余额调节表"，清除未达账项影响，以便检查双方记账有无差错，并确定工会银行存款实有数。具体计算公式如下：

  对账单余额 + 工会已收银行未收款 - 工会已付银行未付款

= 银行存款日记账余额 + 银行已收工会未收款 – 银行已付工会未付款

【例 8 – 12】2019 年 11 月 30 日工会的银行存款日记账余额为 43 500 元，银行对账单余额为 50 000 元，经查有下列未达账项：

银行已代收款项 7 000 元，收款通知尚未到达工会，工会未入账。

银行代扣款 400 元，银行已入账，账单尚未到达工会，工会未入账。

工会 11 月 30 日将转账支票 6 100 元存入银行，银行尚未入账。

工会 11 月 30 日已开出转账支票 6 000 元，银行未入账。

根据上述未达账项，编制"银行存款余额调节表"如表 8 – 1 所示。

表 8 – 1　　　　　　　银行存款余额调节表

2019 年 11 月 30 日　　　　　　　　　　　　　　单位：元

项　目	金　额	项　目	金　额
工会银行存款日记账余额	43 500	银行对账单存款户余额	50 000
减：银行未记的收入款项		减：工会未记的收入款项	
存入转账支票	6 100	银行代收款	7 000
加：银行未记的付出款项		加：工会未记的支付款项	
开出转账支票	6 000	银行代扣款	400
调节后存款余额	43 400	调节后存款余额	43 400

三、财政拨款业务核算

国库集中收付是指以国库单一账户体系为基础，将所有财政性资金都纳入国库单一账户体系管理，收入直接缴入国库和财政专户，支出通过国库单一账户体系支付到商品和劳务供应者或用款单位的一项国库管理制度。

为全面反映各级工会从各级政府所获得的拨款和各项补助，《工会会计制度》按照财政资金支付办法分别设置了"零余额账户用款额度"和"财政应返还额度"两个科目进行专门核算。

(一) 零余额账户用款额度业务核算

1. 零余额账户用款额度业务。

零余额账户是指财政部门为本部门和预算单位在商业银行开设的账户，用于财政直接支付和财政授权支付及清算。零余额账户用款额度使用的基本步骤是：

首先，工会按照法律和相关规定编制经费预算，并经相应程序后报财政部门审批。

其次，各级工会根据财政部门批复的预算额度，向国库集中支付试点地区国库支付业务的代办银行提交用款计划，在用款计划内办理相关的资金支付或提现。

再次，对未使用完的用款额度，各级工会应在年末将剩余额度计入"财政应返还额度"。

最后，对于超预算的支出，在年末应计入"财政应返还额度"的同时确认政府补助收入。

2. "零余额账户用款额度"科目。

该科目核算在实行财政国库管理制度改革试点的地区，工会根据财政部门批复的用款计划收到的、尚未动用的零余额账户用款额度。该科目是资产类科目，借方登记收到授权支付到账额度，贷方登记支用的零余额用款额度。借方该科目期末借方余额反映工会尚未支用的零余额账户用款额度。"零余额账户用款额度"科目年末应无余额。

3. 零余额账户用款额度的主要账务处理。

（1）在财政授权支付方式下，收到代理银行转来的"授权支付到账通知书"时，根据通知书所列数额，借记"零余额账户用款额度"科目，贷记"政府补助收入"科目。实际发生支出时，借记"维权支出""行政支出""资本性支出"等科目，贷记"零余额账户用款额度"科目。

【例8-13】2019年1月6日，某市工会收到国库代理银行转来的"授权支付到账通知书"，该通知书显示额度50万元，编制会计分录。

借：零余额账户用款额度　　　　　　　　　500 000
　　贷：政府补助收入　　　　　　　　　　　　500 000

【例8-14】2019年2月3日，某工会购置办公设备一台，价值2万元，转代理银行支付，编制会计分录。

借：资本性支出——办公设备购置　　　　　20 000
　　贷：零余额账户用款额度　　　　　　　　　20 000

（2）从零余额账户提取现金时，借记"库存现金"科目，贷记"零余额账户用款额度"科目。

【例8-15】2019年2月24日，某工会从零余额账户中提取现金3 000元备用。编制会计分录。

  借：库存现金   3 000
   贷：零余额账户用款额度   3 000

（3）年度终了，根据代理银行提供的对账单作注销额度的相关账务处理，借记"财政应返还额度——财政授权支付"科目，贷记"零余额账户用款额度"科目。

【例8-16】 2019年年末，根据代理银行提供的对账单，某工会用款额度结余1万元。

  借：财政应返还额度——财政授权支付   10 000
   贷：零余额账户用款额度   10 000

如果工会本年度财政授权支付预算指标数大于零余额账户用款额度下达数，借记"财政应返还额度——财政授权支付"科目，贷记"政府补助收入"科目。

【例8-17】 某年度财政授权工会支付预算指标为500万元，财政通过代理行实际下达的零余额账户用款额度为470万元。工会据此编制会计分录。

  借：财政应返还额度——财政授权支付   300 000
   贷：政府补助收入   300 000

下年初，根据代理银行提供的"额度恢复到账通知书"作相关恢复额度的账务处理，借记"零余额账户用款额度"科目，贷记"财政应返还额度——财政授权支付"科目。

【例8-18】 接【例8-17】，该工会上年度财政授权支付预算指标数大于零余额账户用款额度下达数的差额，在下年初代理银行提供的"额度恢复到账通知书"中，得到恢复，编制会计分录。

  借：零余额账户用款额度   300 000
   贷：财政应返还额度——财政授权支付   300 000

如果下年度收到财政部门批复的上年末下达零余额账户用款额度，借记"零余额账户用款额度"科目，贷记"财政应返还额度——财政授权支付"科目。

（二）财政应返还额度业务核算

1. "财政应返还额度"科目。

该科目核算实行国库集中支付的工会年终应收财政下年度返还的资金额

度。该科目是资产类科目,财政应返还额度增加记入借方,财政应返还额度减少记入贷方。

该科目应设置两个明细科目:"财政直接支付"和"财政授权支付"进行明细核算。本科目期末借方余额,反映工会应收财政下年度返还的资金额度。

2. 财政应返还额度的主要账务处理。

(1) 财政直接支付年终结余资金的账务处理。年度终了,根据本年度财政直接支付预算指标数与当年财政直接支付实际支出数的差额,借记"财政应返还额度"科目(财政直接支付),贷记"政府补助收入"科目。

【例 8-19】某工会本年度财政直接支付预算数为 600 万元,当年财政直接支付实际支出数 560 万元。该工会编制会计分录。

借:财政应返还额度——财政直接支付　　　400 000
　　贷:政府补助收入　　　　　　　　　　　　　400 000

下年度恢复财政直接支付额度后,发生实际支出时,借记"维权支出""行政支出""资本性支出"等科目,贷记"财政应返还额度"科目(财政直接支付)。

【例 8-20】接【例 8-19】,下年度该额度恢复后,该工会从该项补助资金中支付办公楼改建费用 40 万元。

借:资本性支出——房屋建筑物购建　　　　400 000
　　贷:财政应返还额度——财政直接支付　　　　400 000

(2) 财政授权支付年终结余资金的主要账务处理。年度终了,根据代理银行提供的对账单注销额度,具体账务处理参见"零余额账户用款额度"。下年度年初根据代理银行提供的额度恢复到账通知书恢复额度,具体账务处理参见"零余额账户用款额度"。

四、借出款业务核算

(一) 借出款业务

借出款是工会因开展工作或发展工运事业的需要而出借给其他工会或工会所属单位的款项。

各级工会应对借出款严格控制,健全手续,及时清理,不得长期挂账。逾期三年以上、因借款单位原因尚未收回的借出款,报经批准认定确实无法收回或者报经批准认定不再要求借款单位还款的,应及时予以核销。

对于工会经费形成的由工会财务部门管理的呆账,凡下列情况之一,可予以确认:

1. 投资损失:以工会经费对外投资,由于接受投资的单位撤销、破产,经履行清算后确认不能收回的投资;遭受严重自然灾害导致经济活动停止,投资本金不能收回的部分。

2. 借出款:以工会经费借出的款项,借款合同期满后,逾期三年以上不能归还的欠款。

3. 暂付款:暂付三年以上的,由于债务人的原因尚未收回并按管理权限确认无法收回的暂付款。

(二)"借出款"科目

"借出款"科目核算工会因开展工作或发展工运事业的需要而出借给其他工会或工会所属单位的款项。本科目属于资产类科目,借出款增加记入借方,借出款减少记入贷方。期末借方余额,反映工会尚未收回的借出款项。

本科目应按借款单位设置明细账。

(三)借出款的主要账务处理

1. 借出款项时,借记"借出款"科目,贷记"银行存款"等科目。

【例8-21】2019年1月18日,某上级工会依据《借款协议》借给系统内基层工会1万元,期限一年,转账支票支付。上级工会根据支票存根和《借款协议》编制会计分录。

  借:借出款——基层工会   10 000
    贷:银行存款   10 000

2. 收回借款时,借记"银行存款"等科目,贷记"借出款"科目。

【例8-22】接【例8-21】,一年期满,上级工会收到基层工会通过银行转账偿还借款1万元。上级工会根据银行入账通知单,编制会计分录。

  借:银行存款   10 000
    贷:借出款——基层工会   10 000

3. 逾期三年以上、因借款单位原因尚未收回的借出款，报经批准认定确实无法收回，或者报经批准认定不再要求借款单位还款的，转入相关支出科目，借记"补助下级支出""事业支出"等科目，贷记"借出款"科目。

【例 8-23】某上级工会经批准向下级工会借出 1 万元，期限为 3 个月。该借款到期未收回已经超过 3 年，并且有事实表明该借出款不再有收回的可能。该上级工会经批准后将该借款予以核销，编制会计分录。

借：其他支出——借出款损失　　　　　　　　10 000
　　贷：借出款——下级工会　　　　　　　　　　　10 000

【例 8-24】某上级工会借款给基层工会 15 000 元，逾期 3 年以上。经研究决定，不再要求基层工会还款，按补助下级处理。该上级工会根据相关批件，编制会计分录。

借：补助下级支出——其他补助　　　　　　　15 000
　　贷：借出款——基层工会　　　　　　　　　　　15 000

4. 核销的呆账，以后又重新收回的，按照实际收回的金额入账。按收回现金，借记"银行存款"，贷记"其他收入"。

五、应收款项业务核算

应收款项包括应收上级经费、应收下级经费、其他应收款等。

应收上级经费是工会应收未收的上级工会应拨付（或划转）工会经费和补助。应收下级经费是本级工会应收下级工会的上缴经费。其他应收款是工会除应收上下级经费以外的其他应收及暂付款项。各级工会应对其他应收及暂付款项严格控制，健全手续，及时清理，不得长期挂账。

应收款项应当按照实际发生额入账。期末，工会应当分析各项应收款项的可收回性，对于确实不能收回的应收款项应报经批准认定后及时予以核销。

（一）应收上级经费业务核算

1. "应收上级经费"科目。

"应收上级经费"科目核算工会应收未收的上级工会应拨付（或转拨）工会经费、建会筹备金和补助。该科目是资产类科目，借方表示应收上级经费增加，贷方表示应收上级经费减少，期末余额一般在借方。期末借方余额，反映工会应收未收的上级经费、建会筹备金和补助。

工会可以根据需要在本科目下设置以下明细科目：

13101 应收上级补助：核算上级工会应拨付给本级工会的回拨、专项和超收等补助收入；

13102 应收上级转拨经费：核算上级工会采用税务代收、财政划拨的形式收缴工会经费的，收缴的金额中应划转给本级工会的部分；

13103 应收建会筹备金：核算上级工会采用税务代收、财政划拨的形式收缴建会筹备金的，收缴的金额中应划转给本级工会的部分。

2. 应收上级经费的主要账务处理。

（1）根据上级工会回拨、专项和超收等补助通知中的相关金额，借记"应收上级经费"科目（应收上级补助），贷记"上级补助收入"科目相关明细科目。收到上级工会拨来的回拨、专项和超收等补助时，借记"银行存款"科目，贷记"应收上级经费"科目（应收上级补助）。

【例 8-25】2018 年 12 月 30 日，某工会收到上级拨款通知书，显示：拨付专项补助 60 万元，回拨补助 8 万元，该款项将于次年初拨付。该工会根据上级工会拨款通知书，编制会计分录。

借：应收上级经费——应收上级补助　　　　　　680 000
　　贷：上级补助收入——专项补助　　　　　　　　600 000
　　　　　　　　　　——回拨补助　　　　　　　　 80 000

【例 8-26】2019 年 1 月 6 日，该工会收到补助款。该工会根据银行入账通知单，编制会计分录。

借：银行存款　　　　　　　　　　　　　　　　680 000
　　贷：应收上级经费——应收上级补助　　　　　　680 000

（2）根据上级工会经费转拨通知中的相关金额，借记"应收上级经费"科目（应收上级转拨经费），按规定属于本级工会的部分，贷记"拨缴经费收入"科目，按规定应转拨下级工会的部分，贷记"应付下级经费——应付下级转拨经费"科目。收到上级工会转拨的工会经费时，借记"银行存款"科目，贷记"应收上级经费"科目（应收上级转拨经费）。

【例 8-27】按照规定，某工会应收取上级工会转拨经费 80 万元，其中 50 万元应转拨给下一级工会。该工会收到上级工会经费转拨通知时，编制会计分录。

  借：应收上级经费——应收上级转拨经费 800 000
    贷：拨缴经费收入 300 000
      应付下级经费——应付下级转拨经费 500 000

【例 8-28】 接【例 8-27】，该工会收到上级工会转拨经费。该工会根据银行进账单等相关单据，编制会计分录。

  借：银行存款 800 000
    贷：应收上级经费——应收上级转拨经费 800 000

（3）根据上级工会有关建会筹备金转拨通知中的金额，借记"应收上级经费"科目（应收建会筹备金），按规定属于本级工会的部分，贷记"拨缴经费收入"，按规定应转拨下级工会或需返还给筹建单位工会的部分，贷记"应付下级经费——应付建会筹备金"等科目。收到上级工会转拨的建会筹备金时，借记"银行存款"科目，贷记"应收上级经费"科目（应收建会筹备金）。

【例 8-29】 按照规定，某工会应收取上级工会转拨建会筹备金 80 万元，其中 48 万元应该转拨给下一级工会。2019 年 5 月 7 日，该工会收到上级工会有关建会筹备金转拨通知时，编制会计分录。

  借：应收上级经费——应收建会筹备金 800 000
    贷：拨缴经费收入 320 000
      应付下级经费——应付建会筹备金 480 000

【例 8-30】 接【例 8-29】，该工会收到上级工会转拨经费。该工会根据银行进账单等相关单据，编制会计分录。

  借：银行存款 800 000
    贷：应收上级经费——应收建会筹备金 800 000

（二）应收下级经费业务核算

1. "应收下级经费"科目。

"应收下级经费"科目核算工会按规定应收下级工会的上缴工会经费和建会筹备金。该科目的借方表示应收下级经费增加，该科目的贷方表示应收下级经费减少，期末余额一般在借方。期末借方余额，反映年末应收未收的下级工会上缴经费。

工会可以根据需要在本科目下设置应收经费、应收建会筹备金等明细科目。

2. 应收下级经费的主要账务处理。

(1) 根据下级工会《工会经费收缴报告表》中的相关金额，借记"应收下级经费"科目，按规定属于本级工会的部分，贷记"拨缴经费收入"科目，按规定应上缴上级工会的部分，贷记"应付上级经费"科目。

(2) 收到下级工会的上缴经费时，借记"银行存款"科目，贷记"应收下级经费"科目。

【例8-31】2018年12月31日，某工会根据《工会经费收缴报告表》确认所属下级工会应缴经费18 500元，其中应缴本级工会经费1万元，应缴上级工会经费8 500元。2019年1月5日，工会经费款到账。

2018年12月31日，该工会根据《工会经费收缴报告表》，编制会计分录。

借：应收下级经费——应收经费　　　　　　　　　　18 500
　　贷：拨缴经费收入　　　　　　　　　　　　　　　10 000
　　　　应付上级经费　　　　　　　　　　　　　　　 8 500

2019年1月5日，该工会根据银行入账通知单，编制会计分录。

借：银行存款　　　　　　　　　　　　　　　　　　 18 500
　　贷：应收下级经费——应收经费　　　　　　　　　 18 500

应收下级应上缴建会筹备金业务的处理，与应收经费业务相类似，但需要将核算所涉及的明细科目从"应收经费"变为"应收建会筹备金"。

(三) 其他应收款业务核算

1. "其他应收款"科目。

"其他应收款"科目核算工会除应收上下级经费以外的其他应收及暂付款项。本科目应按债务人设置明细账，进行明细核算。

该科目是资产类科目，借方表示其他应收款增加，贷方表示其他应收款减少，期末余额一般在借方。期末借方余额，反映尚未收回的其他应收及暂付款项。

2. 其他应收款的主要账务处理。

(1) 发生其他应收及暂付款项，借记"其他应收款"科目，贷记"库存计分录。

借：应收上级经费——应收上级转拨经费　　　800 000
　　贷：拨缴经费收入　　　　　　　　　　　　300 000
　　　　应付下级经费——应付下级转拨经费　　500 000

【例8-28】接【例8-27】，该工会收到上级工会转拨经费。该工会根据银行进账单等相关单据，编制会计分录。

借：银行存款　　　　　　　　　　　　　　　　800 000
　　贷：应收上级经费——应收上级转拨经费　　800 000

(3) 根据上级工会有关建会筹备金转拨通知中的金额，借记"应收上级经费"科目（应收建会筹备金），按规定属于本级工会的部分，贷记"拨缴经费收入"，按规定应转拨下级工会或需返还给筹建单位工会的部分，贷记"应付下级经费——应付建会筹备金"等科目。收到上级工会转拨的建会筹备金时，借记"银行存款"科目，贷记"应收上级经费"科目（应收建会筹备金）。

【例8-29】按照规定，某工会应收取上级工会转拨建会筹备金80万元，其中48万元应该转拨给下一级工会。2019年5月7日，该工会收到上级工会有关建会筹备金转拨通知时，编制会计分录。

借：应收上级经费——应收建会筹备金　　　　800 000
　　贷：拨缴经费收入　　　　　　　　　　　　320 000
　　　　应付下级经费——应付建会筹备金　　　480 000

【例8-30】接【例8-29】，该工会收到上级工会转拨经费。该工会根据银行进账单等相关单据，编制会计分录。

借：银行存款　　　　　　　　　　　　　　　　800 000
　　贷：应收上级经费——应收建会筹备金　　　800 000

(二) 应收下级经费业务核算

1. "应收下级经费"科目。

"应收下级经费"科目核算工会按规定应收下级工会的上缴工会经费和建会筹备金。该科目的借方表示应收下级经费增加，该科目的贷方表示应收下级经费减少，期末余额一般在借方。期末借方余额，反映年末应收未收的下级工会上缴经费。

工会可以根据需要在本科目下设置应收经费、应收建会筹备金等明细科目。

2. 应收下级经费的主要账务处理。

（1）根据下级工会《工会经费收缴报告表》中的相关金额，借记"应收下级经费"科目，按规定属于本级工会的部分，贷记"拨缴经费收入"科目，按规定应上缴上级工会的部分，贷记"应付上级经费"科目。

（2）收到下级工会的上缴经费时，借记"银行存款"科目，贷记"应收下级经费"科目。

【例8-31】2018年12月31日，某工会根据《工会经费收缴报告表》确认所属下级工会应缴经费18 500元，其中应缴本级工会经费1万元，应缴上级工会经费8 500元。2019年1月5日，工会经费款到账。

2018年12月31日，该工会根据《工会经费收缴报告表》，编制会计分录。

借：应收下级经费——应收经费　　　　　　　　　　　18 500
　　贷：拨缴经费收入　　　　　　　　　　　　　　　10 000
　　　　应付上级经费　　　　　　　　　　　　　　　 8 500

2019年1月5日，该工会根据银行入账通知单，编制会计分录。

借：银行存款　　　　　　　　　　　　　　　　　　　18 500
　　贷：应收下级经费——应收经费　　　　　　　　　18 500

应收下级应上缴建会筹备金业务的处理，与应收经费业务相类似，但需要将核算所涉及的明细科目从"应收经费"变为"应收建会筹备金"。

（三）其他应收款业务核算

1. "其他应收款"科目。

"其他应收款"科目核算工会除应收上下级经费以外的其他应收及暂付款项。本科目应按债务人设置明细账，进行明细核算。

该科目是资产类科目，借方表示其他应收款增加，贷方表示其他应收款减少，期末余额一般在借方。期末借方余额，反映尚未收回的其他应收及暂付款项。

2. 其他应收款的主要账务处理。

（1）发生其他应收及暂付款项，借记"其他应收款"科目，贷记"库存现金""银行存款"等科目。

结算收回或核销转列支出时,按收回的金额,借记"库存现金""银行存款"等科目,按列入支出的金额,借记有关支出科目,按结算总额,贷记"其他应收款"科目。

【例 8-32】2019 年 3 月 5 日某下级工会代上级工会承办职工羽毛球比赛,转账支票支付比赛场地费 2 万元。2019 年 5 月 5 日,下级工会收到上级工会转账支付承办款 2 万元。

2019 年 3 月 5 日,该下级工会根据支票存根,编制会计分录。

借:其他应收款——上级工会　　　　　　　　　　　　20 000
　　贷:银行存款　　　　　　　　　　　　　　　　　　20 000

2019 年 5 月 5 日,该下级工会根据银行入账通知单,编制会计分录。

借:银行存款　　　　　　　　　　　　　　　　　　　20 000
　　贷:其他应收款——上级工会　　　　　　　　　　　20 000

(2)逾期三年以上、因债务人原因尚未收回的其他应收款,报经批准认定确实无法收回的,应作为呆账及时进行账务处理,借记"其他支出"科目,贷记"其他应收款"科目。

核销的呆账,应保留备查账簿中登记。已核销呆账重新收回的,按照实际收到的款项,借记"银行存款"科目,贷记"其他收入"科目。

【例 8-33】某工会李三曾借现金 1 000 元,由于已经辞职,无法取得联系。当年未报账核销,逾期三年时经领导批准做呆账处理,保留备查簿。三年后,该同志主动退回了 1 000 元借款。

借款日,该工会根据借款单,编制会计分录。

借:其他应收款——李三　　　　　　　　　　　　　1 000
　　贷:银行存款　　　　　　　　　　　　　　　　　1 000

逾期三年时,该工会根据相关批件,编制会计分录。

借:其他支出　　　　　　　　　　　　　　　　　　1 000
　　贷:其他应收款——李三　　　　　　　　　　　　1 000

李三退还借款时,该工会根据收款收据,编制会计分录。

借:库存现金　　　　　　　　　　　　　　　　　　1 000
　　贷:其他收入　　　　　　　　　　　　　　　　　1 000

六、库存物品业务核算

(一) 库存物品业务

1. 库存物品。

库存物品指工会取得的将在日常活动中耗用的材料、物品及达不到固定资产标准的工具、器具等。

工会应当定期对库存物品进行清查盘点,每年至少全面盘点一次。对于盘盈、盘亏或报废、毁损的库存物品,应当及时查明原因,报经批准认定后及时进行处理。盘盈的库存物品按照其公允价值入账,并计入当期收入;盘亏的库存物品,将其账面余额计入当期支出。报废、毁损的库存物品,先扣除残料价值、可以收回的保险赔偿和责任人赔偿等,将净损失计入当期支出。

2. 库存物品的计价。

库存物品在取得时应当按照其实际成本入账。购入、有偿调入的库存物品以实际支付的价款记账。无偿调拨、接受捐赠的库存物品以其公允价值或者有关凭据注明的金额(加上相关费用)记账。

库存物品在发出(领用或出售等)时,应当根据实际情况在先进先出法、加权平均法、个别计价法中选择一种方法确定发出库存物品的实际成本,一经选定,不得随意变更。

先进先出法是指根据先入库先发出的原则,对于发出的库存物品以先入库物品的单价计算发出成本的方法。采用这种方法的具体做法是:先按库存物品期初余额的单价计算发出物品的成本,领发完毕后,再按第一批入库物品的单价计算,依此从前向后类推,计算发出库存物品和结转库存物品的成本。

月末一次加权平均法,是指以本月全部进货数量加上月初库存物品数量作为权数,去除本月全部进货成本加上月初库存物品成本,计算出库存物品的加权平均单位成本,以此为基础计算本月发出库存物品成本和期末库存物品成本的一种方法。计算公式如下:

加权平均单价 = [(期初库存物品数量×期初库存物品单价) + $\sum$ (本期购入库存物品数量×单价)] ÷ (期初库存物品数量+本期购入库存物品数量)

本期发出库存物品的成本＝本期发出库存物品的数量×加权平均单价

期末库存物品成本＝期末库存物品的数量×库存物品单位成本

＝期初库存物品的实际成本＋本期收入库存物品的实际成本－本期发出库存物品的实际成本

个别计价法，亦称个别认定法，采用这一方法是假设库存物品具体项目的实物流转与成本流转相一致，按照各种物品逐一辨认各批发出和期末库存物品所属的购进批别或生产批别，分别按其购入或生产时所确定的单位成本计算各批发出和期末库存物品成本的方法。在这种方法下，是把每一种物品的实际成本作为计算发出库存物品成本和期末库存物品成本的基础。

（二）"库存物品"科目

"库存物品"科目核算工会取得的将在日常活动中耗用的材料、物品及达不到固定资产标准的工具、器具等。

本科目应按库存物品的类别、品名设置明细账，并根据出入库单逐笔核算。

本科目是资产类科目，库存物品的增加记入借方，库存物品减少记入贷方。期末借方余额，反映尚未使用的库存物品的实际价值。

（三）库存物品的主要账务处理

1. 购入物品时，借记"库存物品"科目，贷记"银行存款"等科目。

【例8-34】2019年6月5日，某工会购入一批文体用品，以转账支票支付2 800元，并且已入库。该工会根据发票、支票存根和入库单，编制会计分录。

借：库存物品　　　　　　　　　　　　　　2 800
　　贷：银行存款　　　　　　　　　　　　　　2 800

2. 领用物品时，借记"职工活动支出""维权支出""行政支出"等科目，贷记"库存物品"科目。

【例8-35】2019年7月5日，某工会从库存中领取体育用品，价值150元。该工会根据出库单，编写会计分录。

借：职工活动支出——文体活动费　　　　　　150
　　贷：库存物品　　　　　　　　　　　　　　150

3. 库存物品盘点，发生盘盈的，借记"库存物品"科目，贷记"其他收入"科目。盘亏的库存物品，按照账面余额，借记"其他支出"科目，贷记"库存物品"科目。

【例8-36】2019年12月31日，某单位工会盘点库存物品时，发现多出一件价值300元的体育用品，经调查系该单位某部门赠予。该单位工会根据盘点表和相关批件，编制会计分录。

  借：库存物品   300
    贷：其他收入   300

报废、毁损的库存物品，按照库存物品账面余额扣除可以收回的保险赔偿和过失人的赔偿等后的金额，借记"其他支出"科目，按库存物品账面余额，贷记"库存物品"科目，按照可以收回的保险赔偿和过失人赔偿等，借记"库存现金""银行存款""其他应收款"等科目。

【例8-37】2019年年底，某工会盘点库存物品，盘亏数量八件，单位成本50元。因无法查明原因，报经批准后作核销处理。该工会根据盘点表和相关批件，编制会计分录。

  借：其他支出   400
    贷：库存物品   400

【例8-38】2019年4月1日，某工会有一批价值50万元的库存物品，因火灾全部损失。按照保险合同，保险公司将按照60%的损失金额进行赔偿。此外，保管人员秦某也将承担10%的赔偿。2019年5月30日，收到保险公司和保管员的赔偿。

2019年4月1日，根据相关单据，编制会计分录。

  借：其他应收款——保险公司   300 000
    其他应收款——秦某   50 000
    其他支出——库存物品损失   150 000
    贷：库存物品   500 000

2019年5月30日，根据银行进账单和其他相关单据，编制会计分录。

  借：银行存款   300 000
    库存现金   50 000
    贷：其他应收款——保险公司   300 000
      其他应收款——秦某   50 000

七、投资业务核算

（一）投资业务

投资是指工会按照国家有关法律、行政法规和工会的相关规定，以货币资金、实物资产等方式向其他单位的投资。注意：目前基层工会不允许购买股票、国债以及理财产品。

投资按其流动性分为短期投资和长期投资。短期投资是指各种能够随时变现、持有时间不超过一年的有价证券以及不超过一年的其他投资。长期投资是指将资金投入不可能或不准备在一年内变现的资产。

投资按其性质分为股权投资、债权投资、混合性投资等。股权投资指通过投资者取得被投资单位的股份，依所持股份享有股东的权利并承担相应的义务。最终目的是为了获得较大的经济利益，这种经济利益可以通过分得利润或股利获取，也可以通过其他方式取得。

债权投资也被称为债券投资，即通过购买债券等，成为债务单位的债权人，并按约定的利率收取利息，到期收回本金。按规定，工会可以从当前经费结余中，投资一些风险较小、收益相对较高的有价证券。国债是较为符合上述要求的投资品。

混合性投资是指兼有权益性质和债权性质的投资。这种投资通常表现为混合性证券投资。如购买另一企业发行的优先股股票、购买可转换公司债券等，均属于混合性投资。

投资在取得时应当按照其实际成本入账。以货币资金方式对外投资，以实际支付的款项记账。以实物资产方式对外投资，以评估确认或合同、协议确定的价值记账。

投资期内取得的利息、利润、红利等各项投资收益，应当计入当期收入。

处置（出售）投资时，实际取得价款与投资账面余额的差额，应当计入当期投资收益。

（二）"投资"科目

"投资"科目核算工会按照国家有关法律、行政法规和工会的相关规定，以货币资金、实物资产等方式向其他单位的投资。

本科目可按投资类别、投资单位等设置明细账，进行明细核算。

本科目属于资产类科目，投资增加记入借方，投资减少记入贷方。期末借方余额，反映工会持有投资的金额。

"投资"科目与"投资基金"科目是对应科目，两个科目的期末余额应当相等。

（三）投资的主要账务处理

1. 取得投资时：

购入国债等债券，借记"投资"科目，贷记"银行存款"等科目；同时，借记"结余"科目，贷记"投资基金"科目。

【例8-39】2018年12月1日，某工会经批准，支付40万元购买票面利率为5%的一年期国债，以转账支票支付。

该工会根据购买国债凭单、转账支票存根和相关批件，编制会计分录。

借：投资——国债投资　　　　　　　　　　　　400 000
　　贷：银行存款　　　　　　　　　　　　　　400 000

同时，

借：结余　　　　　　　　　　　　　　　　　　400 000
　　贷：投资基金　　　　　　　　　　　　　　400 000

【例8-40】接【例8-39】，2019年12月1日，上述国债投资到期，收到本金40万元和利息收入2万元。该工会根据银行进账单等相关单据，编制会计分录。

借：银行存款　　　　　　　　　　　　　　　　420 000
　　贷：投资——国债投资　　　　　　　　　　400 000
　　　　投资收益——利息收入　　　　　　　　 20 000

同时，

借：投资基金　　　　　　　　　　　　　　　　400 000
　　贷：结余　　　　　　　　　　　　　　　　400 000

以货币资金对外进行股权投资，借记"投资"科目，贷记"银行存款"等科目；同时，借记"结余"科目，贷记"投资基金"科目。

【例8-41】2019年5月5日，某工会经批准购买A公司股票50万股，每股发行价格为6元，同时支付相关税费21.5万元，上述款项转账支付。该工会根据审批文件、支票存根以及股权证明等相关文件，编制会计分录。

借：投资——A公司（股权投资）　　　　　3 215 000
　　贷：银行存款　　　　　　　　　　　　　　3 215 000

同时，

借：结余　　　　　　　　　　　　　　　　3 215 000
　　贷：投资基金　　　　　　　　　　　　　　3 215 000

以固定资产对外进行股权投资，按固定资产的评估价等，借记"投资"科目，贷记"投资基金"科目；同时，按投出固定资产的账面原值，借记"固定基金"科目，贷记"固定资产"科目。

【例8-42】2019年5月5日，某工会以一幢办公楼折价入股B公司。该办公楼账面原值500万元，评估价值为800万元。双方约定，以评估价格折价入股100万股。该工会根据相关审批文件、资产评估报告和固定资产权属变更文件等，编制会计分录。

借：投资——B公司（股权投资）　　　　　8 000 000
　　贷：投资基金　　　　　　　　　　　　　　8 000 000

同时，

借：固定基金　　　　　　　　　　　　　　5 000 000
　　贷：固定资产——房屋建筑物　　　　　　　5 000 000

以库存物品对外进行股权投资，按库存物品的评估价等，借记"投资"科目，按库存物品账面价值，贷记"库存物品"科目，按评估价等与账面价值的差额，借记或贷记"投资基金"科目；同时，按库存物品的账面价值，借记"结余"科目，贷记"投资基金"科目。

【例8-43】2019年6月5日，某工会以一批库存物品折价入股C公司。该库存物品账面价值50万元，评估价值为60万元。双方约定，以评估价格折价入股10万股。该工会根据相关审批文件、资产评估报告和库存物品调拨单等，编制会计分录。

借：投资——C公司（股权投资）　　　　　600 000
　　贷：库存物品　　　　　　　　　　　　　　500 000
　　　　投资基金　　　　　　　　　　　　　　100 000

同时，

借：结余 600 000
　　贷：投资基金 600 000

2. 实际收到利息、股利等投资收益时，借记"银行存款"等科目，贷记"投资收益"科目。

【例8-44】2019年3月15日，某工会收到被投资方利润分红180万元。该工会根据被投资方的分红文件和银行进账单，编制会计分录。

借：银行存款 1 800 000
　　贷：投资收益 1 800 000

3. 投资收回时，按照实际收到的价款，借记"银行存款"科目，按照本科目的账面价值，贷记"投资"科目，按照其差额，贷记或借记"投资收益"科目。同时，借记"投资基金"科目，贷记"结余"科目。

【例8-45】2019年7月15日，某工会与被投资方协商，同意将该工会持有的股权全部转让给D公司。转让时股权的账面价值为5 000万元，转让价款为5 500万元。该工会根据相关审批文件、转让合同以及银行进账单等，编制会计分录。

借：银行存款 55 000 000
　　贷：投资 50 000 000
　　　　投资收益 5 000 000

同时，

借：投资基金 50 000 000
　　贷：结余 50 000 000

4. 投资出现损失，报经批准认定确实无法收回的，借记"投资基金"科目，贷记"投资"科目。

已经核销的投资呆账，保留备查账簿，对投资失误者要追查责任。已经核销的投资呆账，重新收回的，借记"银行存款"等科目，贷记"其他收入"科目。收回实物的，需重新进行评估，按公允价值入账。

八、在建工程业务核算

（一）在建工程业务

在建工程指工会固定资产的新建、改建、扩建，或技术改造、设备更新和大修理工程等尚未完工的工程支出。

1. 建设成本。

建设成本是指按照批准的建设内容由项目建设资金安排的各项支出，包括建筑安装工程投资支出、设备投资支出、待摊投资支出和其他投资支出。

建筑安装工程投资支出是指项目建设单位按照批准的建设内容发生的建筑工程和安装工程的实际成本。

设备投资支出是指项目建设单位按照批准的建设内容发生的各种设备的实际成本。

待摊投资支出是指项目建设单位按照批准的建设内容发生的，应当分摊计入相关资产价值的各项费用和税金支出。

其他投资支出是指项目建设单位按照批准的建设内容发生的房屋购置支出，基本畜禽、林木等的购置、饲养、培育支出，办公生活用家具、器具购置支出，软件研发和不能计入设备投资的软件购置等支出。

项目建设单位应当严格控制建设成本的范围、标准和支出责任，以下支出不得列入项目建设成本：

（1）超过批准建设内容发生的支出；

（2）不符合合同协议的支出；

（3）非法收费和摊派；

（4）无发票或者发票项目不全、无审批手续、无责任人员签字的支出；

（5）因设计单位、施工单位、供货单位等原因造成的工程报废等损失，以及未按照规定报经批准的损失；

（6）项目符合规定的验收条件之日起3个月后发生的支出；

（7）其他不属于本项目应当负担的支出。

2. 工程价款结算。

工程价款结算是指依据建设工程发承包合同等进行工程预付款、进度款、竣工价款结算的活动。

项目建设单位应当严格按照合同约定和工程价款结算程序支付工程款。竣工价款结算一般应当在项目竣工验收后2个月内完成，大型项目一般不得超过3个月。

项目建设单位可以与施工单位在合同中约定按照不超过工程价款结算总额的5%预留工程质量保证金，待工程交付使用缺陷责任期满后清算。资信好的施工单位可以用银行保函替代工程质量保证金。

应当加强工程价款结算的监督，重点审查工程招投标文件、工程量及各项费用的计取、合同协议、施工变更签证、人工和材料价差、工程索赔等。

3. 项目竣工财务决算。

项目竣工财务决算是正确核定项目资产价值、反映竣工项目建设成果的文件，是办理资产移交和产权登记的依据，包括竣工财务决算报表、竣工财务决算说明书以及相关材料。

项目竣工财务决算应当数字准确、内容完整。竣工财务决算的编制要求另行规定。

项目一般不得预留尾工工程，确需预留尾工工程的，尾工工程投资不得超过批准的项目概（预）算总投资的5%。

（二）"在建工程"科目

"在建工程"科目核算工会进行在建工程所发生的实际支出。本科目可按具体工程项目设置明细科目，进行明细核算。

本科目属于资产类科目，在建工程增加记入借方，在建工程减少记入贷方。本科目的期末借方余额，反映工会尚未完工的各项在建工程发生的实际支出。

（三）在建工程的主要账务处理

1. 预付工程款时，按照实际支付的金额，借记"在建工程"科目，贷记"在建工程占用资金"科目；同时，借记"资本性支出"科目，贷记"银行存款"科目或者"零余额账户用款额度"。

【例8-46】某工会经批准委托建设项目代建办公楼，建造价款为2 000万元，合同规定，工会应在项目开工时预付建筑商款项1200万元，工程完工验收合格后支付剩余款项。该办公楼于2017年11月开工建设。该工会根据审批文件、建造合同和相关支付单据，编制会计分录。

借：在建工程——办公楼　　　　　　　　　　12 000 000
　　贷：在建工程占用资金　　　　　　　　　　　　12 000 000
同时，
借：资本性支出——房屋建筑物购建　　　　　12 000 000

贷：银行存款　　　　　　　　　　　　　　　　　　12 000 000

　　2. 工程完工时，借记"固定资产"科目，贷记"在建工程"科目；同时，借记"在建工程占用资金"科目，贷记"固定基金"科目。

　　【例 8 - 47】接【例 8 - 46】，该办公楼于 2020 年 1 月完工。该工会按合同规定支付建造尾款 800 万元，填制基本建设竣工报告单，并办理在建工程的结转。该工会根据相关单据，编制会计分录。

　　借：在建工程——办公楼　　　　　　　　　　　　　8 000 000
　　　　贷：在建工程占用资金　　　　　　　　　　　　　8 000 000
同时，
　　借：资本性支出——房屋建筑物购建　　　　　　　　8 000 000
　　　　贷：银行存款　　　　　　　　　　　　　　　　　8 000 000
根据基本建设竣工报告单，办理固定资产入账，编制会计分录。
　　借：固定资产——房屋建筑物　　　　　　　　　　　20 000 000
　　　　贷：在建工程——办公楼　　　　　　　　　　　　20 000 000
同时，
　　借：在建工程占用资金　　　　　　　　　　　　　　20 000 000
　　　　贷：固定基金　　　　　　　　　　　　　　　　　20 000 000

九、固定资产业务核算

（一）固定资产业务

1. 固定资产的含义。

　　固定资产是指工会使用年限在一年以上，单位价值在规定标准以上，并在使用过程中基本保持原来物质形态的资产。

　　一般设备单位价值在 500 元以上，专用设备单位价值在 800 元以上，为工会固定资产。单位价值虽未达到规定标准，但是使用时间在一年以上的大批同类物资，按工会固定资产管理。

　　工会固定资产分为六类：房屋及建筑物、专用设备、一般设备、文物和陈列品、图书和其他固定资产。

　　（1）房屋及建筑物：指房屋、建筑物及其附属设施。房屋包括办公用房、生产经营用房、仓库、职工生活用房、食堂用房、锅炉房等；建筑物包括道路、围墙、水塔、雕塑等；附属设施包括房屋、建筑物内的电梯、通讯线路、输电线路、水气管道等；

（2）专用设备：指各种具有专门性能和专门用途的设备，包括各种仪器和机械设备、医疗器械、文体事业单位的文体设备等；

（3）一般设备：指办公和事务用的通用性设备、交通工具、通讯工具、家具等；

（4）文物和陈列品：指古玩、字画、纪念品、装饰品、展品、藏品等；

（5）图书：指图书馆（室）、阅览室等的图书、资料等；

（6）其他固定资产：指未能包括在上述各项内的固定资产。

固定资产每年必须盘点一次，对盘盈、盘亏、报废或毁损的，资产监督管理部门应当查明原因，写出书面报告，按规定报经批准认定后及时进行账务处理，同时将有关情况在会计报表说明中加以披露。

工会可以设置专门的辅助账记录各项固定资产的原值、购入时间、预计使用年限、应计提折旧（一般采用直线法计提折旧）、固定资产净值等。

注意：根据《政府会计准则第3号——固定资产》，折旧是指在固定资产的预计使用年限内，按照确定的方法对应计的折旧额进行系统分摊。固定资产应计的折旧额为其成本，计提固定资产折旧时不考虑预计净残值。政府会计主体一般应当采用年限平均法或者工作量法计提固定资产折旧。

根据《企业会计准则第4号——固定资产》，折旧是指在固定资产使用寿命内，按照确定的方法对应计折旧额进行系统分摊。应计折旧额，是指应当计提折旧的固定资产的原价扣除其预计净残值后的金额。已计提减值准备的固定资产，还应当扣除已计提的固定资产减值准备累计金额。可选用的折旧方法包括年限平均法、工作量法、双倍余额递减法和年数总和法等。

2. 固定资产的初始计量。

（1）购入、有偿调入的固定资产，按实际支付的买价、调拨价以及运杂费、保险费、安装费、车辆购置附加费等记账；

（2）自行建造的固定资产，按建造过程中实际发生的全部支出记账；

（3）在原有固定资产基础上改建、扩建的固定资产，按改建、扩建发生的支出，减去改建、扩建过程中发生的变价收入后的净增加值，增加固定资产账面价值；

(4) 接受捐赠、赞助、奖励和无偿调入的固定资产，按照同类固定资产的市场价格或者有关凭证记账，接受固定资产时发生的相关费用应计入固定资产价值；

(5) 盘盈的固定资产，按照重置完全价值入账；

(6) 已投入使用，但尚未办理移交手续的固定资产，可先按估价入账，待确定实际价值后，再进行调整；

(7) 用外币进口的设备，按当日汇率折合人民币金额，加上国外部分的运费及其他费用（外币应折合成人民币金额），再加上支付的关税、海关手续费等计价入账；

(8) 融资租入的固定资产，按租赁协议确定的设备价款、运杂费、安装费等记账；

(9) 购置固定资产过程中发生的差旅费，不计入固定资产价值。

3. 固定资产的后续计量。

工会固定资产按原值入账，不计提折旧。

已经入账的固定资产除发生下列情况外，不得任意变动固定资产账面价值：根据国家规定对固定资产进行重新估价的；增加补充设备或改良装置的；将固定资产一部分拆除的；根据实际价值调整原来暂估价值的；发现原来记录固定资产价值有误的。

固定资产的价值变动，由各单位资产管理部门负责办理相关事项。需要评估的工会固定资产，按照国家有关规定，聘请相应资质的中介机构进行评估。各单位不得干预中介机构的独立执业。要规范程序，及时申办有关核准或备案手续后，通知单位财务部门，对固定资产有关账目做相应调整。

4. 固定资产的处置。

固定资产处置是指各级工会对其占有、使用的固定资产进行产权转让或者注销产权的行为。工会资产处置应遵循公开、公正、审慎、有偿的原则，严格履行审批手续，未经批准不得擅自处置。

工会固定资产处置的范围包括：

(1) 闲置资产；

(2) 因技术原因并经科学论证，确需报废、淘汰的资产；

(3) 因政府规划及单位分立、撤销、合并、改制、隶属关系改变等原因引起的产权或者使用权转移的资产；

（4）盘亏、呆账及非正常损失的资产；

（5）已超过使用年限无法使用的资产；

（6）工会系统内部需要合理调配的资产；

（7）依照国家有关规定需要进行资产处置的其他情形。

工会固定资产处置方式包括无偿调拨、出售、出让、转让、置换、对外捐赠、报废报损以及货币性资产损失核销等。

申请无偿调拨工会资产，应向审批部门提交以下材料（全部材料加盖主管工会公章）：

（1）无偿调拨的请示；

（2）无偿调拨的请示内容包括：事由、途径、方式、责任人、资产构成及其数额、交接程序等；

（3）无偿调拨资产对本单位财务状况和业务活动影响的分析报告；

（4）主管工会、工会行政事业单位决定无偿调拨事项的有关文件，包括主管工会关于无偿调拨事项会议纪要；

（5）能够证明无偿调拨资产价值的有效凭证，如购货发票或收据、工程决算副本、记账凭证、固定资产卡片及产权证明等凭据的复印件；

（6）其他相关材料。

申请出售、出让、转让工会资产，应向审批部门提交以下材料（全部材料加盖主管工会公章）：

（1）出售、出让、转让资产的请示；

（2）同级主管工会有关处置事项的会议纪要；

（3）资产价值凭证及产权证明，如购货发票或收据、工程决算副本、国有土地使用权证、房屋所有权证等凭据的复印件；

（4）出售、出让、转让方案，包括资产的基本情况、处置的原因、方式等；

（5）出售、出让、转让合同草案；

（6）有资质评估机构出具的评估报告；

（7）房屋建筑物图片等其他相关材料。

（二）"固定资产"科目

"固定资产"科目核算工会拥有或控制的各项固定资产原值。工会应设置固定资产明细账,按类别、品名进行明细核算。

本科目属于资产类科目,固定资产增加记入借方,固定资产减少记入贷方。期末借方余额,反映固定资产的原值。

"固定资产"科目与"固定基金"科目是对应科目,两个科目的期末余额应当相等。

(三) 固定资产的主要账务处理

1. 购入、有偿调入固定资产,借记"资本性支出"等科目,贷记"银行存款"等科目;同时,借记"固定资产"科目,贷记"固定基金"科目。

【例8-48】某工会经批准购买一批办公设备,价值10万元,款项以转账支付。该工会根据购买发票和结算单据,编制会计分录。

借:资本性支出——办公设备购置　　　　　　　100 000
　　贷:银行存款　　　　　　　　　　　　　　　　100 000
同时,
借:固定资产——一般设备　　　　　　　　　　100 000
　　贷:固定基金　　　　　　　　　　　　　　　　100 000

2. 自行建造固定资产,发生基建支出时,借记"在建工程"科目,贷记"在建工程占用资金"科目;同时,借记"资本性支出"科目,贷记"银行存款"科目。工程完工时,借记"固定资产"科目,贷记"在建工程"科目;同时,借记"在建工程占用资金"科目,贷记"固定基金"科目。本部分参见在建工程业务的账务处理。

3. 无偿调入、接受捐赠固定资产,借记"固定资产"科目,贷记"固定基金"科目。

【例8-49】某下级工会收到上级工会无偿调入价值1万元的一台健身器材,转账支付运费800元。该下级工会根据固定资产调拨单和运输发票,编制会计分录。

借:固定资产——专用设备　　　　　　　　　　10 800
　　贷:固定基金　　　　　　　　　　　　　　　　10 800
同时,
借:资本性支出——专用设备购置　　　　　　　　800
　　贷:银行存款　　　　　　　　　　　　　　　　　800

4. 以固定资产对外进行股权投资，按固定资产的评估价等，借记"投资"科目，贷记"投资基金"科目；同时，按投出固定资产的账面原值，借记"固定基金"科目，贷记"固定资产"科目。本部分参见投资业务的账务处理。

5. 出售固定资产，按账面原值，借记"固定基金"科目，贷记"固定资产"科目，取得的收入扣减相关支出后的净额，借记"银行存款"等科目，贷记"其他收入"科目。

【例8-50】 某工会出售一台功能滞后的复印机。该机器原值17 000元，协议售价8 000元，支付与清理有关的费用1 000元，已收到银行转账货款。该工会根据银行入账通知单、协议和相关批件，编制会计分录。

借：银行存款　　　　　　　　　　　　　　　　7 000
　　贷：其他收入——资产处置收入　　　　　　　7 000

同时，

借：固定基金　　　　　　　　　　　　　　　　17 000
　　贷：固定资产——一般设备　　　　　　　　　17 000

6. 固定资产盘点，盘盈的固定资产，按照公允价值借记"固定资产"科目，贷记"固定基金"科目。

【例8-51】 某工会年末对固定资产进行清查时，盘盈打印机一台，重置成本1 000元。该工会根据经批准的盘点报告，编制会计分录。

借：固定资产——专用设备　　　　　　　　　　1 000
　　贷：固定基金　　　　　　　　　　　　　　　1 000

盘亏的固定资产，按账面原值，借记"固定基金"科目，贷记"固定资产"科目。

【例8-52】 2016年12月31日，某工会对固定资产进行清理，发现少了一台照相机，账面原价为3 000元。按照规定，应由保管人员秦某按照账面原价的30%进行赔偿。2017年1月15日，收到保管人员秦某的赔偿款。该工会根据盘亏清单和相关批件，编制会计分录。

2016年12月31日

借：固定基金　　　　　　　　　　　　　　　　2 100
　　其他应收款——秦某　　　　　　　　　　　　900
　　贷：固定资产——专用设备　　　　　　　　　3 000

2017 年 1 月 15 日

　　借：库存现金　　　　　　　　　　　　　　　　　　900
　　　　贷：其他应收款——秦某　　　　　　　　　　　　　900

　　毁损、报废的固定资产，按账面原值，借记"固定基金"科目，贷记"固定资产"科目；同时，按清理过程中取得的收入，借记"库存现金""银行存款"等科目，按清理过程中发生的支出，贷记"库存现金""银行存款"等科目，按清理净收入（或净支出），贷记"其他收入"科目或借记"其他支出"科目。

　　【例 8-53】 2017 年 2 月 1 日，某工会经批准报废一批原值 12 000 元的办公设备，用现金支付清理费用 1 000 元，报废资产变价收入 2 500 元，现金已入账。该工会根据相关单据，编制会计分录。

　　借：固定基金　　　　　　　　　　　　　　　　　12 000
　　　　贷：固定资产——专用设备　　　　　　　　　　12 000
　　同时，
　　借：其他支出——固定资产清理支出　　　　　　　　1 000
　　　　贷：库存现金　　　　　　　　　　　　　　　　1 000
　　借：库存现金　　　　　　　　　　　　　　　　　　2 500
　　　　贷：其他收入　　　　　　　　　　　　　　　　2 500

第二节　负债业务核算

一、负债业务概述

　　负债是指工会承担的能以货币计量，需以资产偿付的债务。包括借入款、应付个人收入、应付款项等。负债主要具有以下特征：

　　一是负债是由过去的交易或事项形成的。负债作为工会承担的一种现实义务，是由过去的交易或事项形成的、现已承担的义务。不能根据谈判中的交易或事项或计划中的经济业务来确认负债。

　　二是负债的清偿预期会导致经济利益流出工会。清偿负债时，可以用现金偿还、以实物资产偿还或以提供劳务偿还。举借新债偿还旧债只是债务的延期，将来仍会导致经济利益流出工会。

三是负债是能够用货币确切计量或合理估计的经济义务。货币计量是会计的主要特点，凡纳入会计核算范围的经济业务或事项，都必须符合货币计量的要求。在大多数情况下，负债的金额已经定，通常有一个可预先确定的到期偿付金额。

工会会计以收付实现制为计量基础，将权责发生制作为补充。在进行会计核算时，一般按照是否收到现金作为负债确认的基础。但在涉及上下级工会经费分解问题时，需要按照权责发生制，确认相应的负债，如应付上级经费或应付下级经费等。

二、应付个人收入业务核算

应付个人收入包括应付工资（离退休费）、应付地方（部门）津贴补贴和应付其他个人收入。

（一）应付工资（离退休费）业务核算

1. 应付工资（离退休费）业务。

应付工资（离退休费）指应付未付给本单位职工的工资及离退休费。其中，工资指按国家统一规定发放给在职人员的职务工资、级别工资、年终一次性奖金以及经国务院或人事部、财政部批准设立的津贴补贴等。离退休费指按国家统一规定发放给离退休人员的离休、退休费及经国务院或人事部、财政部批准设立的津贴补贴。

对于应付工资（离退休费）这类负债，通常由财政预算资金加以保障，并按规定进行支付。

2. "应付工资（离退休费）"科目。

"应付工资（离退休费）"科目核算向本单位职工发放的工资或离退休费。

工会可以根据需要在本科目下设置在职人员、离休人员、退休人员等明细科目。

本科目属于负债类科目，应付工资（离退休费）增加记入贷方，表示应付但未付给职工的个人收入；应付工资（离退休费）减少记入借方，表示实际支付给职工的个人收入。一般情况下，期末科目无余额，表示工会与职工个人在工资方面的往来款项已经结清。

3. 应付工资（离退休费）的主要账务处理。

实际发放工资（离退休费）时，借记"行政支出"等科目，贷记"应付工资（离退休费）"科目；同时，借记"应付工资（离退休费）"科目，贷记"银行存款""零余额账户用款额度"等科目。

【例8-54】某工会计提当月工资50万元，其中在职职工工资46万元，离休职工工资1万元，退休职工工资3万元。该工会根据工资明细表和相关单据编制会计分录。

借：行政支出——工资福利支出　　　　　　　　500 000
　　贷：应付工资（离退休费）——在职职工　　460 000
　　　　应付工资（离退休费）——离休职工　　 10 000
　　　　应付工资（离退休费）——退休职工　　 30 000

【例8-55】接【例8-54】，具体发放时，在职职工工资总额的80%以及离退休人员工资全部由财政支付；在职职工工资总额的20%由本单位银行账户支付。该工会按经费来源渠道结清应付工资（离退休费），编制会计分录。

借：应付工资（离退休费）——在职职工　　　　460 000
　　应付工资（离退休费）——离休职工　　　　 10 000
　　应付工资（离退休费）——退休职工　　　　 30 000
　　贷：零余额账户用款额度　　　　　　　　　408 000
　　　　银行存款　　　　　　　　　　　　　　 92 000

（二）应付地方（部门）津贴补贴业务核算

1. 应付地方（部门）津贴补贴业务。

应付地方（部门）津贴补贴指应付未付给本单位职工的地方（部门）津贴补贴。其中，地方（部门）津贴补贴指各地区各部门各单位出台的津贴补贴。

对于应付地方（部门）津贴补贴这类负债，通常由按照"谁规定、谁保障"的原则进行支付。

2. "应付地方（部门）津贴补贴"科目。

"应付地方（部门）津贴补贴"科目核算向本单位职工发放的各类地方（部门）津贴补贴。

工会可以根据需要在本科目下设置在职人员、离休人员、退休人员等明细科目。

本科目属于负债类科目,应付地方(部门)津贴补贴增加记入贷方,表示应付但未付给职工的地方(部门)津贴补贴;应付地方(部门)津贴补贴减少记入借方,表示实际支付给职工的地方(部门)津贴补贴。一般情况下,期末科目无余额,表示工会与职工个人在地方(部门)津贴补贴方面的往来款项已经结清。

3. 应付地方(部门)津贴补贴的主要账务处理。

实际发放地方(部门)津贴补贴时,借记"行政支出"等科目,贷记"应付地方(部门)津贴补贴"科目;同时,借记"应付地方(部门)津贴补贴"科目,贷记"银行存款""零余额账户用款额度"等科目。

【例8-56】某工会当月计提职工部门津贴6万元,其中在职职工4万元,离休职工1万元,退休职工1万元,该工会根据津贴发放明细表和相关单据,编制会计分录。

借:行政支出——工资福利支出　　　　　　　　　60 000
　　贷:应付地方(部门)津贴补贴——在职职工　　40 000
　　　　应付地方(部门)津贴补贴——离休职工　　10 000
　　　　应付地方(部门)津贴补贴——退休职工　　10 000

【例8-57】接【例8-56】,具体发放时,在职职工津贴补贴总额的80%以及离退休人员津贴补贴全部由财政支付;在职职工津贴补贴总额的20%由本单位银行账户支付。该工会按照经费来源渠道结清应付地方(部门)津贴补贴,编制会计分录。

借:应付地方(部门)津贴补贴——在职职工　　　40 000
　　应付地方(部门)津贴补贴——离休职工　　　10 000
　　应付地方(部门)津贴补贴——退休职工　　　10 000
　　贷:零余额账户用款额度　　　　　　　　　　52 000
　　　　银行存款　　　　　　　　　　　　　　　 8 000

(三)应付其他个人收入业务核算

1. 应付其他个人收入业务。

应付其他个人收入指应付未付给本单位职工的其他个人收入。其中,其他个人收入指按国家规定发给个人除上述以外的其他收入,包括误餐费、夜餐费、出差人员伙食补助费、市内交通费、出国人员伙食费、公杂费、个人国外零用费,发放给个人的一次性奖励等。

2. "应付其他个人收入"科目。

"应付其他个人收入"科目核算向本单位职工发放除"201应付工资(离退休费)"和"202应付地方(部门)津贴补贴"以外的其他个人收入。

工会可以根据需要在本科目下设置在职人员、离休人员、退休人员等明细科目。

本科目属于负债类科目,应付其他个人收入增加记入贷方,应付其他个人收入减少记入借方。一般情况下,期末该科目无余额。

3. 应付其他个人收入的主要账务处理。

实际发放其他个人收入时,借记"行政支出"等科目,贷记"应付其他个人收入"科目;同时,借记"应付其他个人收入"科目,贷记"银行存款""零余额账户用款额度"等科目。

【例8-58】某工会当月计提上年度考核奖金共8万元。该工会根据相关单据,编制会计分录。

借:行政支出——工资福利支出　　　　　　　80 000
　　贷:应付其他个人收入——在职职工　　　　80 000

【例8-59】接【例8-58】,具体发放时,按规定80%由财政资金支付,其余部分由本单位支付。该工会按照经费来源渠道结清应付其他个人收入,编制会计分录。

借:应付其他个人收入——在职职工　　　　　80 000
　　贷:零余额账户用款额度　　　　　　　　　64 000
　　　　银行存款　　　　　　　　　　　　　　16 000

三、借入款业务核算

(一)借入款业务

借入款指工会借入的款项。发生借入款时,对借入款业务进行初始确认和计量。此后期间计提利息属于对借入款业务进行后续确认和计量。归还借款时,需要对借入款业务进行终止确认和计量。

工会应当做好债务的会计核算工作,这是加强债务管理的基础工作。应当建立健全债务内部管理制度,防范和控制财务风险。

(二)"借入款"科目

"借入款"科目核算工会借入的款项。

本科目属于负债类科目,借入款增加记入科目贷方,借入款减少计入科目借方。期末贷方余额,反映工会尚未偿还的借入款项。

为了加强对借入款的管理,工会可以根据需要,在"借入款"科目下,按债权人设置明细账。

(三)借入款的主要账务处理

1. 发生借入款时,借记"银行存款"科目,贷记"借入款"科目。

【例8-60】2019年6月20日,某下级工会向其上级工会借款50万元,双方合同约定期限为6个月,年利率为4%。该下级工会收到款项后,根据借款合同及银行进账单,编制会计分录。

  借:银行存款   500 000
    贷:借入款——上级工会   500 000

2. 归还借款时,借记"借入款"科目,贷记"银行存款"等科目。

【例8-61】接【例8-60】,假定上述借款到期,该下级工会按照合同向上级工会支付本息。该下级工会根据相关单据,编制会计分录。

  借:借入款——上级工会   500 000
    其他支出——利息支出   10 000
    贷:银行存款   510 000

【例8-62】接【例8-60】,假定上述借款到期,该下级工会无力偿还。经协商,上级工会同意将该借款转为对该工会的回拨补助款。该下级工会根据相关文件和单据,编制会计分录。

  借:借入款——上级工会   500 000
    其他支出——利息支出   10 000
    贷:上级补助收入——回拨补助   510 000

四、应付款项业务核算

应付款项包括应付上级经费、应付下级经费、其他应付款。

应付上级经费指本级工会按规定应上缴的工会经费及建会筹备金。应付下级经费指本级工会应付下级工会的各项补助以及应转拨下级工会的工会经费和建会筹备金。应付上级经费和应付下级经费属于各级工会与经费往来有关的债务。

其他应付款指除应付上下级经费之外的其他应付及暂存款项,属于与经费无关的其他往来债务。

(一)应付上级经费业务核算

1. "应付上级经费"科目。

"应付上级经费"科目核算工会按规定应上缴的工会经费及建会筹备金。

工会可以根据需要在本科目下设置应上缴经费、应上缴建会筹备金等明细科目。

本科目属于负债类科目,应付上级经费增加,计入贷方,表示应上解的经费;应付上级经费减少,计入借方,表示已上解的经费。期末贷方余额,反映工会应缴上级但尚未上缴的经费。

2. 应付上级经费的主要账务处理。

(1) 应上缴经费的处理。收到工会经费,按下级工会"工会经费收缴报告表"中的相关金额或实际收到的总金额,借记"应收下级经费""银行存款"等科目,按规定属于本级工会的部分,贷记"拨缴经费收入"科目,按规定应上缴上级工会的部分,贷记"应付上级经费——应上缴经费"科目,按规定应转拨下级工会的部分,贷记"应付下级经费——应付下级转拨经费"科目。

实际上缴工会经费时,借记"应付上级经费——应上缴经费"科目,贷记"银行存款"科目。

【例8-63】某银行分行工会收到所属下级工会上缴的经费40 000元,按规定,该工会应上缴总行及所在地省总工会的经费分别为16 000元和8 000元,本级留存的经费为16 000元。次日,该工会将上缴总行和省总工会的经费汇出。

该工会收到工会经费时,根据银行入账通知单,编制会计分录。

借:银行存款　　　　　　　　　　　　　　　　　　40 000
　　贷:拨缴经费收入　　　　　　　　　　　　　　　16 000
　　　　应付上级经费——应上缴经费(总行)　　　　16 000
　　　　应付上级经费——应上缴经费(省总工会)　　 8 000

该工会上缴工会经费时,根据银行转账通知单,编制会计分录。

上缴总行工会,

借:应付上级经费——应上缴经费(总行)　　　　　16 000
　　贷:银行存款　　　　　　　　　　　　　　　　　16 000

上缴省总工会,

借:应付上级经费——应上缴经费(省总工会)　　　 8 000
　　贷:银行存款　　　　　　　　　　　　　　　　　 8 000

(2) 应上缴建会筹备金的处理。收到建会筹备金,按实际收到的总金额,借记"银行存款"科目,按规定属于本级工会的部分,贷记"拨缴经费收入"科目,按规定应上缴上级工会的部分,贷记"应付上级经费——应上缴建会筹备金"科目,按规定应转拨下级工会或需返还筹建单位工会的部分,贷记"应付下级经费——应付建会筹备金"科目。

实际上缴上级工会的经费,借记"应付上级经费——应上缴建会筹备金"科目,贷记"银行存款"科目。

【例8-64】某工会收到建会筹备金60万元,按照经费分成比例,15%属于本级工会,10%应上缴上级工会,其余部分应转拨下级工会。次日,该工会将上缴上级工会和应付下级工会的建会筹备金汇出。

该工会收到建会筹备金时,根据银行进账单和经费收缴等相关单据,编制会计分录。

借:银行存款　　　　　　　　　　　　　　　　　　600 000
　　贷:拨缴经费收入　　　　　　　　　　　　　　　90 000
　　　　应付上级经费——应上缴建会筹备金　　　　 60 000
　　　　应付下级经费——应付建会筹备金　　　　　450 000

该工会上缴和转拨建会筹备金时,根据相关单据编制会计分录。

借:应付上级经费——应上缴建会筹备金　　　　　　60 000

应付下级经费——应付建会筹备金　　　　　　　450 000
　　　贷：银行存款　　　　　　　　　　　　　　　510 000

（二）应付下级经费业务核算

1. "应付下级经费"科目。

"应付下级经费"科目核算工会应付下级工会的各项补助以及应转拨下级工会的工会经费和建会筹备金。

工会可以根据需要在本科目下设置以下明细科目：

22201 应付下级补助：核算工会应拨付给下级工会的回拨、专项和超收等各项补助。

22202 应付下级转拨经费：核算工会采用税务代收、财政划拨的形式收缴工会经费的，收缴的金额中应划转给下级工会作为下级工会拨缴经费收入的部分。

22203 应付建会筹备金：核算工会采用税务代收、财政划拨的形式收缴建会筹备金的，收缴的金额中应划转给下级工会作为下级工会拨缴经费收入的部分和需返还给筹建单位工会的部分。

本科目属于负债类科目，应付下级经费增加，计入贷方，表示应下拨的经费；应付下级经费减少，计入借方，表示已下拨的经费。本科目期末贷方余额，反映应拨付下级但尚未拨付的经费。

2. 应付下级经费的主要账务处理。

（1）本级工会年末清算对下级工会的补助时，根据补助通知中的相关金额，借记"补助下级支出"科目，贷记"应付下级经费——应付下级补助"科目。

次年，实际拨付补助时，借记"应付下级经费——应付下级补助"科目，贷记"银行存款"科目。

【例 8-65】2019 年 12 月 31 日，某银行分行工会决定确认回拨辖区内下级工会经费补助 4 万元。2017 年 1 月 5 日，通过银行转账拨付。

2019 年 12 月 31 日，该工会根据经费回拨清单和相关批件，编制会计分录。

　　借：补助下级支出——回拨补助　　　　　　　　40 000
　　　贷：应付下级经费——应付下级补助　　　　　　　40 000

2020 年 1 月 5 日，该工会根据银行转账通知单，编制会计分录。

借：应付下级经费——应付下级补助　　　　40 000
　　贷：银行存款　　　　　　　　　　　　　　　40 000

（2）采用税务代收、财政划拨方式收缴工会经费的：

本级工会通过税务部门代收、财政部门划拨的工会经费，按实际收到的总金额，借记"银行存款"科目，按规定属于本级工会的部分，贷记"拨缴经费收入"科目，按规定应上缴上级工会的部分，贷记"应付上级经费"科目，按规定应转拨下级工会的部分，贷记"应付下级经费——应付下级转拨经费"科目。

实际转拨下级工会经费，借记"应付下级经费——应付下级转拨经费"科目，贷记"银行存款"科目。

本级工会收到上级工会通过财政部门划拨、税务部门代收的工会经费，按上级工会经费转拨通知中的金额或实际收到的总金额，借记"应收上级经费——应收上级转拨经费""银行存款"科目，按规定属于本级工会的部分，贷记"拨缴经费收入"科目，按规定应转拨下级工会的部分，贷记"应付下级经费——应付下级转拨经费"科目。实际转拨下级工会的经费，借记"应付下级经费"科目，贷记"银行存款"科目。

【例 8-66】某工会收到上级工会转拨经费 200 万元，按照规定，该经费的 20% 留在本级，其余部分转拨给下级工会。

该工会收到 200 万元时，按照银行进账单及相关单据编制，会计分录。

借：银行存款　　　　　　　　　　　　　　2 000 000
　　贷：拨缴经费收入　　　　　　　　　　　　　400 000
　　　　应付下级经费——应付下级转拨经费　1 600 000

该工会实际支付下级经费时，根据银行计算单等，编制会计分录。

借：应付下级经费——应付下级转拨经费　1 600 000
　　贷：银行存款　　　　　　　　　　　　　　1 600 000

（3）采用税务代收、财政划拨方式收取建会筹备金的：

本级工会通过税务部门代收、财政部门划拨的建会筹备金，按实际收到的总金额，借记"银行存款"科目，按规定属于本级工会的部分，贷记"拨缴经费收入"科目，按规定应上缴上级工会的部分，贷记"应付上级经费"科目，按规定应转拨下级工会或需返还给筹建单位工会的部分，贷记"应付下级经费——应付建会筹备金"科目。

本级工会收到上级工会通过财政部门划拨、税务部门代收的建会筹备金,按上级工会有关建会筹备金转拨通知中的金额或实际收到的总金额,借记"应收上级经费——应收建会筹备金""银行存款"科目,按规定属于本级工会的部分,贷记"拨缴经费收入"科目,按规定应转拨下级工会或需返还给筹建单位工会的部分,贷记"应付下级经费——应付建会筹备金"科目。

对于需要返还基层单位工会的建会筹备金,借记"应付下级经费"科目,贷记"银行存款"科目。

【例 8-67】某工会收到税务部门代收建会筹备金 100 万元。按照规定,本级工会留存 20%,其余部分回拨基层工会。

该工会收到 100 万建会筹备金时,根据相关单据,编制会计分录。

借:银行存款　　　　　　　　　　　　　1 000 000
　　贷:拨缴经费收入　　　　　　　　　　　200 000
　　　　应付下级经费——应付建会筹备金　　800 000

该工会向基层工会拨付时,根据相关单据,编制会计分录。

借:应付下级经费——应付建会筹备金　　　800 000
　　贷:银行存款　　　　　　　　　　　　　800 000

对于不需返还基层单位的建会筹备金,借记"应付下级经费"科目,按规定属于本级工会的部分,贷记"拨缴经费收入"科目,规定应上缴上级工会的部分,贷记"应付上级经费"科目。

(三)其他应付款业务核算

1. "其他应付款"科目。

"其他应付款"科目核算工会除应付上下级经费之外的其他应付及暂存款项。

本科目应按对方单位或个人设置明细账,进行明细核算。

本科目属于负债类科目,其他应付款增加,计入贷方;其他应付款减少,计入借方。本科目期末贷方余额,反映尚未支付的其他应付及暂存款项。

2. 其他应付款的主要账务处理。

发生其他应付及暂存款项,借记"库存现金""银行存款"等科目,贷记"其他应付款"科目。支付款项时,借记"其他应付款"科目,贷记"银行存款"等科目。

【例 8-68】某省级金融工会收到中国金融工会以银行转账拨付的送温暖

款20万元,用于慰问本辖区内100名困难职工,每人2 000元。

该工会收到20万元时,根据拨款通知和银行入账通知单,编制会计分录。

借:银行存款　　　　　　　　　　　　　　200 000
　　贷:其他应付款　　　　　　　　　　　　　　200 000

该工会提现准备发放时,根据现金支票存根,编制会计分录。

借:库存现金　　　　　　　　　　　　　　200 000
　　贷:银行存款　　　　　　　　　　　　　　200 000

该工会慰问困难职工时,根据送温暖慰问金签收单编制会计分录。

借:其他应付款　　　　　　　　　　　　　　200 000
　　贷:库存现金　　　　　　　　　　　　　　200 000

【例8-69】某上级工会代收下级工会参加培训的会务费现金900元,款项存入银行。次日,以银行转账拨付培训机构。

该上级工会代收培训费时,根据收款收据,编制会计分录。

借:库存现金　　　　　　　　　　　　　　900
　　贷:其他应付款　　　　　　　　　　　　　　900

该上级工会将培训款项存入银行,根据银行入账通知单,编制会计分录。

借:银行存款　　　　　　　　　　　　　　900
　　贷:库存现金　　　　　　　　　　　　　　900

该上级工会转账拨付培训机构,根据银行转账通知单,编制会计分录。

借:其他应付款　　　　　　　　　　　　　　900
　　贷:银行存款　　　　　　　　　　　　　　900

五、代管经费业务核算

(一)代管经费业务

实际工作中,有党团组织及单位行政委托工会代管党费、团费、职工互助金等,这就是代管经费业务。特别需要指出的是,根据《基层工会经费收支管理办法》,不准将工会账户并入单位行政账户,使工会经费开支失去控制,也不准单位行政利用工会账户,违规设立"小金库"。工会在受托代管经费时,一定要按照法律法规和工会财务制度的规定,明确代管经费的范围和内容，保证工会资产的安全和完整。

（二）"代管经费"科目

"代管经费"科目核算党团组织及单位行政委托工会代管的、有指定用途的、不属于工会收入的经费，如代管的党费、团费、职工互助金等。

本科目应按拨入代管经费的项目或单位设置明细账。

本科目属于负债类科目，代管经费记入贷方，表示本级工会收到的代管经费增加；代管经费记入贷方，表示本级工会收到的代管经费减少。期末贷方余额，反映尚未使用的代管经费。

（三）代管经费的主要账务处理

收到代管的经费时，借记"银行存款"科目，贷记"代管经费"科目，实际支出时，借记"代管经费"科目，贷记"银行存款"科目。

【例8-70】某工会收到机关团委委托代管的团费现金3 000元，存入开户银行。次日，通过银行汇款方式，上缴上级团委。

该工会收到团费时，根据团费收缴清单和收款收据，编制会计分录。

借：库存现金　　　　　　　　　　　　　　　　3 000
　　贷：代管经费——团费　　　　　　　　　　　　3 000

该工会将款项存入银行，根据银行入账通知单，编制会计分录。

借：银行存款　　　　　　　　　　　　　　　　3 000
　　贷：库存现金　　　　　　　　　　　　　　　　3 000

该工会上缴团费时，根据银行转账通知单，编制会计分录。

借：代管经费——团费　　　　　　　　　　　　3 000
　　贷：银行存款　　　　　　　　　　　　　　　　3 000

第三节　净资产业务核算

一、净资产概述

工会资产产生的资金需求无外乎两种来源：一种是负债，另一种是自有资金。自有资金在财务会计上,体现为净资产。自有资金包括两种类型:一部分是自身投入的资金,另一部分是收入减去支出后累计结余。

从数值上看,净资产是工会的资产减去负债后的余额。包括固定基金、在建工程占用资金、投资基金、专用基金、后备金、结余。净资产业务核算与固定资产业务、在建工程业务、投资业务、专用基金业务、后备金业务、结余业务等有着非常密切的联系。

二、固定基金业务核算

(一)固定基金业务

固定基金指工会固定资产占用的基金。工会固定基金与固定资产的账面价值相等。固定基金应当按照实际发生额入账。

购入、调入、建造、接受捐赠固定资产,接受固定资产投资时,需要对固定基金进行初始确认和计量,增加固定基金的价值。

固定资产拆除、盘盈或盘亏、毁损、捐出,以固定资产对外投资时,需要对固定基金进行后续确认和计量。拆除、盘亏、毁损、捐出固定资产,以固定资产对外投资,减少固定基金的价值;盘盈固定资产增加固定基金的价值。

(二)"固定基金"科目

"固定基金"科目核算工会购入、调入、建造、盘盈、接受捐赠固定资产所形成的基金,以及拆除、盘亏、毁损、捐出固定资产等原因减少的固定基金。

"固定基金"属于净资产类科目,固定基金的增加,记入科目贷方;固定基金的减少,记入科目借方。该科目期末贷方余额,反映工会拥有的固定基金总值。

(三)固定基金的主要账务处理

1. 固定基金增加:

(1)购入、有偿调入固定资产,借记"固定资产"科目,贷记"固定基金"科目；同时，借记"资本性支出"等科目，贷记"银行存款"等科目。

【例 8-71】2020 年 1 月 3 日，某工会经批准购买投影器材一套，价款 10 000 元，以转账支票支付。工会根据发票和支票存根，编制会计分录.

借：资本性支出——专用设备购置　　　　　　　10 000
　　贷：银行存款　　　　　　　　　　　　　　　　　　10 000

同时，

借：固定资产　　　　　　　　　　　　　　　　10 000
　　贷：固定基金　　　　　　　　　　　　　　　　　　10 000

(2) 自行建造固定资产，发生基建支出时，借记"在建工程"科目，贷记"在建工程占用资金"科目；同时，借记"资本性支出"科目，贷记"银行存款"科目。工程完工时，借记"固定资产"科目，贷记"在建工程"科目；同时，借记"在建工程占用资金"科目，贷记"固定基金"科目。

【例 8-72】某工会经批准对职工文体中心进行改扩建，共支出 100 万元。该工会根据相关单据，编制会计分录。

改扩建时，

借：在建工程——职工文体中心改扩建　　　　　1 000 000
　　贷：在建工程占用资金　　　　　　　　　　　　　　1 000 000

同时，

借：资本性支出——大型修缮　　　　　　　　　1 000 000
　　贷：银行存款　　　　　　　　　　　　　　　　　　1 000 000

改扩建完工后，

借：固定资产——房屋建筑物　　　　　　　　　1 000 000
　　贷：在建工程——职工文体中心改扩建　　　　　　　1 000 000

同时，

借：在建工程占用资金　　　　　　　　　　　　1 000 000
　　贷：固定基金　　　　　　　　　　　　　　　　　　1 000 000

(3) 无偿调入、接受捐赠固定资产，借记"固定资产"科目，贷记"固定基金"科目。

【例 8-73】2020 年 1 月 7 日，某单位行政部门向工会无偿调入体检设备一套，该设备原账面价值 30 000 元。该工会根据固定资产调拨单和相关批件，编制会计分录。

借：固定资产——专用设备　　　　　　　　　　1 000 000
　　贷：固定基金　　　　　　　　　　　　　　　　　1 000 000

（4）盘盈的固定资产，借记"固定资产"科目，贷记"固定基金"科目。

【例8-74】2019年12月31日，某工会盘盈一台市场价值为1 500元的办公家具。该工会根据盘盈清单和相关批件，编制会计分录。

借：固定资产——一般设备　　　　　　　　　　　1 500
　　贷：固定基金　　　　　　　　　　　　　　　　　　1 500

2. 固定基金减少：

（1）有偿调出、出售的固定资产，按账面原值，借记"固定基金"科目，贷记"固定资产"科目；取得的收入扣减相关支出后的净额，借记"银行存款"等科目，贷记"其他收入"科目。

【例8-75】2019年1月20日，某工会经批准将一台不使用的音响设备出售，该设备账面价值15 000元，出售取得价款6 000元，转账支票存入银行并开具收款收据。该工会根据收款收据和相关批件，编制会计分录。

借：固定基金　　　　　　　　　　　　　　　　　15 000
　　贷：固定资产——专用设备　　　　　　　　　　　15 000

同时，

借：银行存款　　　　　　　　　　　　　　　　　7 000
　　贷：其他收入　　　　　　　　　　　　　　　　　　7 000

（2）毁损、报废的固定资产，按账面原值，借记"固定基金"科目，贷记"固定资产"科目；同时，按清理过程中取得的收入，借记"库存现金""银行存款"等科目，按清理过程中发生的支出，贷记"库存现金"；"银行存款"等科目，按清理净收入（或净支出），贷记"其他收入"科目或借记"其他支出"科目。

【例8-76】由于城市街道规划，归某工会所有的一间临街商铺处于拆迁范围。该商铺账面原值100万元，银行转账方式收取政府拆迁补助150万元。该工会根据拆迁补助银行入账通知单和拆迁批示，编制会计分录。

借：固定基金　　　　　　　　　　　　　　　　　1 000 000
　　贷：固定资产　　　　　　　　　　　　　　　　　　1 000 000

同时，

借：银行存款　　　　　　　　　　　　　　　　1 500 000
　　贷：其他收入　　　　　　　　　　　　　　　　1 500 000

(3) 以固定资产对外进行股权投资，按固定资产的评估价等，借记"投资"科目，贷记"投资基金"科目；同时，按投出固定资产的账面原值，借记"固定基金"科目，贷记"固定资产"科目。

【例8-77】某工会以图书馆中账面价值为30万元的库存图书，与某公司合资成立职工书屋。该批图书的评估价格为25万元，该工会根据有关单据，编制会计分录。

借：投资——职工书屋　　　　　　　　　　　　　250 000
　　贷：投资基金　　　　　　　　　　　　　　　　250 000

同时，

借：固定基金　　　　　　　　　　　　　　　　　300 000
　　贷：固定资产——图书　　　　　　　　　　　　300 000

(4) 盘亏的固定资产，按账面原值，借记"固定基金"科目，贷记"固定资产"科目。

【例8-78】2019年12月31日，某工会盘亏办公电脑一台，价值5 000元。查明原因后，报经批准予以核销。该工会根据盘亏清单和相关批件，编制会计分录。

借：固定基金　　　　　　　　　　　　　　　　　　5 000
　　贷：固定资产　　　　　　　　　　　　　　　　　5 000

三、在建工程占用资金业务核算

(一) 在建工程占用资金业务

在建工程占用资金指工会在建工程完工前累计占用的资金。在建工程占用资金应当按照实际发生额记账，待工程完工后转入固定基金。

预付工程款时，需要对在建工程占用资金业务进行初始确认和计量。工程完工时，需要对在建工程占用资金业务进行终止确认和计量。

(二) "在建工程占用资金"科目

"在建工程占用资金"科目核算工会在建工程完工前累计占用的资金。

本科目可按具体工程项目设置明细科目,进行明细核算。

本科目属于净资产类科目,在建工程占用资金的增加,记入科目贷方;在建工程占用资金的减少,记入科目借方,表示在建项目完工而结转的占用资金。该科目期末借方余额,反映工会尚未完工的各项在建工程发生的累计实际支出。

(三)在建工程占用资金的主要账务处理

1. 预付工程款时,按照实际支付的金额,借记"资本性支出"科目,贷记"银行存款"科目;同时,借记"在建工程"科目,贷记"在建工程占用资金"科目。

【例8-79】某工会经批准对职工篮球场进行改造,预付工程款10 000元。此后根据工程进度,支付工程款90 000元。该工会根据相关单据,编制会计分录。

支付预付款时,

借:资本性支出——职工篮球场改造   10 000
  贷:银行存款   10 000

同时,

借:在建工程——职工篮球场改造   10 000
  贷:在建工程占用资金   10 000

继续支付工程款时,

借:资本性支出——职工篮球场改造   90 000
  贷:银行存款   90 000

同时,

借:在建工程——职工篮球场改造   90 000
  贷:在建工程占用资金   90 000

2. 工程完工时,借记"固定资产"科目,贷记"在建工程"科目;同时,借记"在建工程占用资金"科目,贷记"固定基金"科目。

【例8-80】接【例8-79】,改扩建完工后,该工会根据相关单据,编制会计分录。

借:固定资产——房屋建筑物   100 000
  贷:在建工程——职工篮球场改造   100 000

同时，

借：在建工程占用资金   100 000

  贷：固定基金   100 000

四、投资基金业务核算

（一）投资基金业务

投资基金是指工会对外投资占用的基金。具体金额一般在经费结余额度以内。投资基金应当按照实际发生数额入账。

对投资基金业务进行初始确认和计量核算需要关注投资的方式。工会可以购入国债等债券。可以以货币资金方式对外进行股权投资、以库存物品对外进行股权投资、以固定资产对外进行股权投资。

对投资基金业务进行后续确认和计量，需要关注投资呆账的业务处理。投资收回时需要对投资基金业务进行终止确认和计量。

（二）"投资基金"科目

"投资基金"科目核算工会对外投资占用的基金。

本科目属于净资产类科目，投资基金增加，记入科目贷方；投资基金减少，记入科目借方。

期末本科目出现贷方余额，反映工会尚未收回的投资款项。

（三）投资基金的主要账务处理

1. 投资基金增加。

（1）购入国债等债券，借记"投资"科目，贷记"银行存款"等科目；同时，借记"结余"科目，贷记"投资基金"科目。

【例 8-81】经批准，某工会购买两年期、票面利率为 5%、到期还本付息的国债 100 万元。该工会根据投资的批准文件、资金支付单据以及投资凭据等，编制会计分录。

借：投资——国债投资   1 000 000

  贷：银行存款   1 000 000

同时，

借：结余 1 000 000

　　贷：投资基金 1 000 000

（2）以货币资金对外进行股权投资，借记"投资"科目，贷记"银行存款"等科目；同时，借记"结余"科目，贷记"投资基金"科目。

【例8-82】经批准，某工会购买X公司发行的股份100万股，每股价格为10元，同时支付相关购买费用58 000元。上述款项已转账支付。该工会根据审批文件、支票存根以及股权证明等相关文件，编制会计分录。

借：投资——X公司（股权投资） 10 058 000

　　贷：银行存款 10 058 000

同时，

借：结余 10 058 000

　　贷：投资基金 10 058 000

（3）以库存物品对外进行股权投资。对外投出库存物品，按库存物品的评估价等，借记"投资"科目，按库存物品账面价值，贷记"库存物品"科目，按评估价与账面价值的差额，借记或贷记"投资基金"科目；同时，按库存物品的账面价值，借记"结余"科目，贷记"投资基金"科目。

【例8-83】经批准，某工会以一批库存物品对Y公司进行投资。该批物品的账面价值为80万元，评估价值为60万元，双方同意按评估价格入股。该工会根据相关审批文件、库存物品评估报告以及库存物品调拨单等，编制会计分录。

借：投资——Y公司（股权投资） 600 000

　　投资基金 200 000

　　贷：库存物品 800 000

同时，

借：结余 600 000

　　贷：投资基金 600 000

（4）以固定资产对外进行股权投资，按固定资产的评估价等，借记"投资"科目，贷记"投资基金"科目；同时，按投出固定资产的账面原值，借记"固定基金"科目，贷记"固定资产"科目。

【例8-84】经批准，某工会以自有的一套房屋，对Z公司进行投资。该房屋的账面价值为 200 万元，评估价值为 260 万元。该工会根据相关审批文件、固定资产评估报告等，编制会计分录。

  借：投资——Z 公司（股权投资）   2 600 000
    贷：投资基金   2 600 000

同时，

  借：固定基金   2 000 000
    贷：固定资产——房屋建筑物   2 000 000

2. 投资基金减少。

（1）投资出现损失，经确认无法收回的部分，按照工会呆账处理的有关规定进行账务核销，借记"投资基金"科目，贷记"投资"科目。

已经核销的投资呆账，保留备查账簿，对投资失误者要追查责任。已经核销的投资呆账，重新收回的，借记"银行存款"科目，贷记"其他收入"科目。收回实物的，按公允价值入账。

（2）投资收回时，按照实际收到的价款，借记"银行存款"科目，按照"投资基金"科目的账面价值，贷记"投资"科目，按照其差额，贷记或借记"投资收益"科目；同时，借记"投资基金"科目，贷记"结余"科目。

【例 8-85】某工会将所持有的账面价值为 180 万 R 公司股权转让，获得转让款 250 万元。该工会根据相关单据，编制会计分录。

  借：银行存款   2 500 000
    贷：投资——R 公司（股权投资） 1 800 000
      投资收益   700 000

同时，

  借：投资基金   1 800 000
    贷：结余   1 800 000

五、专用基金业务核算

（一）专用基金业务

专用基金指工会按规定依法提取和使用的有专门用途的基金。包括增收留成基金、财务专用基金、工会干部权益保障金。

增收留成基金，指按照规定提取奖励经费收缴较好的单位或个人，或者为弥补工会机关经费不足的专门资金。

财务专用基金，指县以上工会按照规定提取的工会财务工作建设的专用基金。

权益保障金，是为解决工会干部在维护职工权益过程中遭受不公正待遇问题，并进一步调动工会干部维护职工权益积极性而提取的保障金。自2007年起，县（区）以上各级工会每年按照规定提取了权益保障金。

根据2012年2月22日发布的《全国总工会财务部的关于做好权益保障金年末余额管理的通知》的要求，为了保证权益保障金的有效使用和科学管理，各级工会的权益保障金年末余额应控制在以下标准内：全总不低于400万元，省级工会不低于200万元，地（市）级工会不低于120万元，县（区）级工会不低于50万元。各级工会权益保障金年末余额未达到上述标准的，下一年度预算安排补足，已达到规定标准的，除特殊情况外，一般可不再提取。

提取专用基金时，按照实际提取金额计入当期支出，对专用基金业务进行初始确认和计量；使用专用基金时，按照实际支出金额冲减专用基金余额，对专用基金业务进行后续确认和计量。专用基金未使用的余额，可滚存下一年度使用。

特别需要注意的是，2014年5月4日，中华全国总工会办公厅发布《关于停止执行〈增收留成基金管理办法〉、〈财务专用基金管理办法〉和〈经审专用经费管理办法〉的通知》（厅字〔2014〕14号），要求：

第一，各级工会自接到本通知之日起，停止执行中华全国总工会办公厅《关于印发〈增收留成基金管理办法〉、〈财务专用基金管理办法〉、〈经审专用经费管理办法〉的通知》（总工办发〔2000〕47号），不再按一定比例提取财务专用基金、增收留成基金，不再按一定比例掌握使用经审专用经费。

第二，各级工会要保障财务工作、经审工作所需经费，并将经费纳入本级工会年度预算管理。根据相关规定编制预算，并严格按照同级工会审查批准的预算执行。

第三，各级工会的财务工作、经审工作不得发放奖励。

第四，各级工会要对以往年度已经提取的增收留成基金和财务专用基金进行清理，年末统一并入经费结余科目。对已按一定比例列入2014年度预算的经审专用经费，要进行相应的预算调整。

(二)"专用基金"科目

"专用基金"科目核算根据国家和全国总工会有关规定,依法提取和使用的有专门用途的基金。

本科目应按专用基金种类设置以下明细科目:

32101 增收留成基金:核算提取的增收留成基金。

32102 财务专用基金:核算提取的财务专用基金。

32103 权益保障金:核算提取的工会干部权益保障金。

注意:32101 和 32102 已经停止使用。

本科目属于净资产类科目,专用基金增加,记入科目贷方;专用基金减少,记入科目借方。

本科目期末贷方余额,反映工会专用基金的数额。

(三)专用基金的主要账务处理

县级以上工会提取工会干部权益保障金时,借记"维权支出"科目,贷记"专用基金——权益保障金"科目。

接受社会募集、捐款增加工会干部权益保障金时,借记"库存现金""银行存款"等科目,贷记"专用基金——权益保障金"。

实际发放工会干部权益保障金时,借记"专用基金——权益保障金",贷记"库存现金""银行存款"等科目。

六、后备金业务核算

(一)后备金业务

后备金是指县级以上工会按规定依法提取的特殊情况下使用的储备金。根据《工会预算管理办法》,县级以上工会根据需要,可以从本级经费结余中安排一定数额的后备金作为储备,用于特殊情况下的资金需要。需要动用时,必须经过本级工会经费审查委员会审议,工会常委会批准,并报上级工会备案。

提取后备金时,按照实际提取金额冲减结余,对后备金业务进行初始确认和计量；使用后备金时，按照实际支出金额冲减后备金余额，对后备金业务进行后续确认和计量。后备金未使用的余额，可滚存下一年度使用。

（二）"后备金"科目

"后备金"科目核算县级以上工会按规定依法提取的特殊情况下使用的储备金。

本科目属于净资产类科目。提取后备金，记入科目贷方，后备金增加；动用后备金，记入科目借方，后备金减少。

本科目期末贷方余额，反映工会尚未动用的后备金数额。

（三）后备金的主要账务处理

1. 提取后备金时，借记"结余"科目，贷记"后备金"科目。

【例8-86】某工会按规定提取后备金50 000元。该工会根据相关单据，编制会计分录。

  借：结余   50 000
    贷：后备金   50 000

2. 按有关规定经批准动用后备金时，按实际支付的金额，借记"后备金"科目，贷记"银行存款"等科目。

【例8-87】某工会因遇突发紧急事件，经批准动用后备金50 000元。该工会根据相关单据，编制会计分录。

  借：后备金   50 000
    贷：银行存款   50 000

七、结余业务核算

（一）结余业务

结余指工会各项收入与支出相抵后滚存的累计余额。

结余业务核算主要涉及三部分内容：第一，与投资业务有关；第二，期末汇总收支情况；第三，按照规定从当期结余中提取后备金。

(二)"结余"科目

"结余"科目核算工会各项收入与支出相抵后的余额。

本科目属于净资产类科目,结余增加,记入科目贷方;结余减少,记入科目借方。

本科目期末贷方余额,反映工会历年滚存的结余。

(三)结余的主要账务处理

1. 发生对外投资时,借记"投资"科目,贷记有关科目;同时,借记"结余"科目,贷记"投资基金"科目。收回投资时,按照投资的账面价值,借记"投资基金"科目,贷记"结余"科目。

2. 期末结账时,将各收入类科目的余额转入"结余"科目,借记"会费收入""拨缴经费收入""上级补助收入""政府补助收入""行政补助收入""事业收入""投资收益""其他收入"等科目,贷记"结余"科目。

将各支出类科目的余额转入"结余"科目,借记"结余"科目,贷记"职工活动支出""维权支出""业务支出""行政支出""资本性支出""补助下级支出""事业支出""其他支出"等科目。

3. 提取后备金时,借记"结余"科目,贷记"后备金"科目。

【例8-88】2016年12月31日,某工会办理结转,将收入类和支出类科目的期末余额结转至"结余"科目。各收支科目余额如下:

会费收入55 000元;拨缴经费收入950 000元;上级补助收入160 000元,其中回拨补助60 000元,送温暖补助100 000元;行政补助收入300 000元;其他收入10 000元。

职工活动支出310 000元,其中职工教育费95 000元,文体活动费110 000元,宣传活动费30 000元,其他活动支出75 000元;维权支出180 000元,其中困难职工帮扶费90 000元,送温暖费60 000元,其他维权支出30 000元;业务支出330 000元,其中培训费110 000元,会议费120 000元,其他业务支出100 000元;其他支出50 000元。

该工会据此编制会计分录。

借:会费收入　　　　　　　　　　　　　　　　　55 000
　　拨缴经费收入　　　　　　　　　　　　　　　950 000

上级补助收入——回拨补助	60 000
——送温暖补助	100 000
行政补助收入	300 000
其他收入	10 000
贷：结余	14 750 000
借：结余	870 000
贷：职工活动支出——职工教育费	95 000
——文体活动费	110 000
——宣传活动费	30 000
——其他活动支出	75 000
维权支出——困难职工帮扶费	90 000
——送温暖费	60 000
——其他维权支出	30 000
业务支出——培训费	110 000
——会议费	120 000
——其他业务支出	100 000
其他支出	50 000

第四节　收入业务核算

一、收入业务概述

收入是指工会根据《工会法》以及有关政策规定开展业务活动所取得的非偿还性资金。收入按照来源分为会费收入、拨缴经费收入、上级补助收入、政府补助收入、行政补助收入、事业收入、投资收益、其他收入。

取得各类收入的时候，需要对收入业务进行初始确认和计量。在进行核算的时候，需要考虑是否收到现金？收入的金额能够可靠计量？即使有些收入项目在当期并未收到现金，但是收取现金的权利已经存在，并且在未来的会计期间将会有现金流入，对此在核算时应该作为收入加以确认。例如，应收取的财政应返还款、应收取的下级工会上缴的经费、上级工会的各项补助，以及应收取所办事业单位应上缴的收入等等。各类收入科目在期末进行结转以后，没有余额。

二、会费收入业务核算

(一) 会费收入业务概述

会费收入指工会会员依照规定向工会组织缴纳的会费。会费是工会经费的重要来源，公务员每月需要向工会组织缴纳本人工资收入的 0.5%。会员没有正当理由连续 6 个月不交纳会费、不参加工会组织生活，经教育拒不改正，应当视为自动退会。会员离休、退休和失业，可保留会籍。保留会籍期间免交会费。

工会取得会费时，需要对会费收入业务进行初始确认和计量。会费收入在期末通过借方结转到"结余"，即对会费收入业务进行终止确认和计量。

(二) "会费收入"科目

"会费收入"科目核算工会会员依照规定向工会组织缴纳的会费。

本科目属于收入类科目，收到会费，记入科目贷方，会费收入增加；期末结转会费收入，记入科目借方。

本科目期末结转后无余额。

(三) 会费收入的主要账务处理

1. 取得会费时，借记"库存现金""银行存款"等科目，贷记"会费收入"科目。

【例 8-89】某基层工会当月会员会费收入现金 900 元，该工会根据会费收缴汇总表及收款收据，编制会计分录。

　　借：库存现金　　　　　　　　　　　　　　　　　900
　　　　贷：会费收入　　　　　　　　　　　　　　　　　900

2. 期末结转时，借记"会费收入"科目，贷记"结余"科目。

【例 8-90】接【例 8-89】，该工会编制期末会费收入的结转分录。

借：会费收入　　　　　　　　　　　　　　　　900
　　贷：结余　　　　　　　　　　　　　　　　　　　900

三、拨缴经费收入业务核算

（一）拨缴经费收入业务概述

拨缴经费收入指基层单位行政拨缴、下级工会按规定上缴及上级工会按规定转拨的工会经费中归属于本级工会的经费及建会筹备金。

根据《工会法》和《中国工会章程》等规定，建立工会组织的企业、事业单位、机关按每月全部职工工资总额的2%向工会拨缴的经费。这是工会经费的重要来源。需要注意，未成立工会的企业、事业单位、机关和其他社会组织，按工资总额的2%向上级工会拨缴工会建会筹备金。

企业、事业单位拨缴的经费在税前列支。企业、事业单位无正当理由拖延或者拒不拨缴工会经费，基层工会或者上级工会可以向当地人民法院申请支付令；拒不执行支付令的，工会可以依法申请人民法院强制执行。

收到向工会拨缴的经费时，需要对拨缴经费收入业务进行初始确认和计量。拨缴经费收入在期末进行结转，即对拨缴经费收入业务进行终止确认和计量。

（二）"拨缴经费收入"科目

"拨缴经费收入"科目核算基层单位行政拨缴、下级工会按规定上缴及上级工会按规定转拨的工会经费中归属于本级工会的经费及建会筹备金。

工会可以根据需要在本科目下设置明细科目，进行明细核算。

本科目属于收入类科目，拨缴经费收入增加，记入科目贷方；期末应将该科目余额通过借方结转到"结余"，结转后无余额。

（三）拨缴经费收入的主要账务处理

1. 工会经费的处理

（1）采用自主收缴工会经费的：收到工会经费，按下级工会《工会经费收缴报告表》中的相关金额或实际收到的总金额，借记"应收下级经费"

"银行存款"科目,按规定属于本级工会的部分,贷记"拨缴经费收入"科目,按规定应上缴上级工会的部分,贷记"应付上级经费"科目。

【例8-91】 2019年4月12日,某银行某县支行工会收到行政部门按职工工资总额2%拨的工会经费50万元,其中,应自留30万元,应上缴分行工会经费为15万元,应上缴所在地方总工会经费为50 000元。该县支行工会根据银行入账通知单和《工会经费收入专用收据》编制会计分录。

借:银行存款　　　　　　　　　　　　　　500 000
　　贷:拨缴经费收入　　　　　　　　　　　300 000
　　　　应付上级经费——分行工会　　　　　150 000
　　　　　　　　　　——地方总工会　　　　 50 000

上缴经费时,该县支行工会根据银行转账通知单,编制会计分录。

借:应付上级经费——分行工会　　　　　　　150 000
　　　　　　　　——地方总工会　　　　　　 50 000
　　贷:银行存款　　　　　　　　　　　　　200 000

(2)采用税务代收、财政划拨方式收取工会经费的:本级工会通过税务部门代收、财政部门划拨的工会经费,按实际收到的总金额,借记"银行存款"科目,按规定属于本级工会的部分,贷记"拨缴经费收入"科目,按规定应上缴上级工会的部分,贷记"应付上级经费"科目,按规定应转拨下级工会的部分,贷记"应付下级经费——应付下级转拨经费"科目。

本级工会收到上级工会转拨通过财政部门划拨、税务部门代收的工会经费,按上级工会经费转拨通知中的金额或实际收到的总金额,借记"应收上级经费——应收上级转拨经费""银行存款"科目,按规定属于本级工会的部分,贷记"拨缴经费收入"科目,按规定属于下级工会的部分,贷记"应付下级经费——应付下级转拨经费"科目。

2. 建会筹备金的处理

(1)采用自主收缴方式收取建会筹备金的:本级工会收到建会筹备金,按实际收到的总金额,借记"银行存款"科目,按规定属于本级工会的部分,贷记"拨缴经费收入"科目,按规定应上缴上级工会的部分,贷记"应付上级经费"科目,需返还给筹建单位工会的部分,贷记"应付下级经费——应付建会筹备金"科目。

【例8-92】 2017年2月31日,某工会收到下级工会上缴的建会筹备金

100万元。按照经费分成比例,属于本级工会的有25万元,应上解上级工会25万元,应返还工会筹建单位50万元。该工会根据相关单据,编制会计分录。

  借:银行存款   1 000 000
    贷:拨缴经费收入   250 000
      应付上级经费——上级工会   250 000
      应付下级经费——应付建会筹备金 500 000

上缴和返还经费时,该工会根据相关单据,编制会计分录。

  借:应付上级经费——上级工会   250 000
    应付下级经费——应付建会筹备金   500 000
    贷:银行存款   750 000

  (2)采用税务代收、财政划拨方式收取建会筹备金的:本级工会通过税务部门代收、财政部门划拨的建会筹备金,按实际收到的总金额,借记"银行存款"科目,按规定属于本级工会的部分,贷记"拨缴经费收入"科目,按规定应上缴上级工会的部分,贷记"应付上级经费"科目,按规定应转拨下级工会或需返还给筹建单位工会的部分,贷记"应付下级经费——应付建会筹备金"科目。

  本级工会收到上级工会转拨通过财政部门划拨、税务部门代收的建会筹备金,按上级工会有关建会筹备金转拨通知中的金额或实际收到的总金额,借记"应收上级经费——应收建会筹备金""银行存款"科目,按规定属于本级工会的部分,贷记"拨缴经费收入"科目,按规定属于下级工会或需返还给筹建单位工会的部分,贷记"应付下级经费——应付建会筹备金"科目。

  筹建单位在期限内建立工会,本级工会返还建会筹备金的,按实际返还的金额,借记"应付下级经费——应付建会筹备金"科目,贷记"银行存款"科目。

  筹建单位到期未建立工会,本级工会不需返还的建会筹备金,借记"应付下级经费——应付建会筹备金"科目,按规定属于本级工会的部分,贷记"拨缴经费收入"科目,按规定应上缴上级工会的部分,贷记"应付上级经费"科目。

  【例8-93】 有筹建单位到期未建立工会,本级工会不需返还的建会筹备金,其中18万元归属本级工会,12万元应上解。本级工会根据相关单据编制会计分录。

借：应付下级经费——应付建会筹备金　　　　　300 000
　　贷：拨缴经费收入　　　　　　　　　　　　　　180 000
　　　　应付上级经费　　　　　　　　　　　　　　120 000

筹建单位按期建立工会，所建工会收到返还的建会筹备金，借记"银行存款"科目，贷记"拨缴经费收入"科目。

【例8－94】筹建单位按期建立工会，所建工会收到上级工会返还的建会筹备金40万元。筹建单位工会根据相关单据，编制会计分录。

借：银行存款　　　　　　　　　　　　　　　　400 000
　　贷：拨缴经费收入　　　　　　　　　　　　　　400 000

3. 期末结转时，借记"拨缴经费收入"科目，贷记"结余"科目。

四、上级补助收入业务核算

（一）上级补助收入业务概述

上级补助收入指本级工会收到的上级工会补助的款项，包括回拨补助、专项补助、超收补助、帮扶补助、送温暖补助、救灾补助、其他补助。该补助是工会经费的重要来源之一。

收到上级补助收入时，需要对上级补助收入业务进行初始确认和计量。上级补助收入在期末进行结转，即对上级补助收入业务进行终止确认和计量。

（二）"上级补助收入"科目

"上级补助收入"科目核算本级工会收到的上级工会补助的款项。

本科目应设置以下明细科目：

40301 回拨补助：核算上级工会按有关规定拨付的回拨补助。

40302 专项补助：核算上级工会拨付的指定专门用途的项目补助。

40303 超收补助：核算上级工会按有关超收增缴经费管理规定，拨付的超收补助。

40304 帮扶补助：核算上级工会拨付的帮扶困难职工的补助。

40305 送温暖补助：核算上级工会拨付的用于开展向困难职工和家庭送温

暖活动的补助。

40306 救灾补助：核算上级工会拨付的用于慰问在自然灾害中经济财产遭受损失、生活遇到困难的职工和家庭的补助。

40307 其他补助：核算上级工会拨付的除上述明细科目所述内容以外的其他补助。

本科目的余额要与上级工会的"补助下级支出"科目金额一致。

本科目属于收入类科目，上级补助收入增加，记入科目贷方；期末应将该科目余额通过借方结转到"结余"，结转后无余额。

（三）上级补助收入的主要账务处理

1. 按银行收款单或上级工会的补助通知书，借记"银行存款""应收上级经费——应收上级补助"科目，贷记"上级补助收入"科目相关明细科目。

【例8-95】某工会收到上级工会划拨的专项补助经费50 000元，与本系统"职工之家"的建设。该工会根据银行入账通知单和上级工会划拨专项补助款通知，编制会计分录。

借：银行存款　　　　　　　　　　　　　　　　50 000
　　贷：上级补助收入——专项补助　　　　　　　　50 000

2. 年末清算时，存在上级应付未付补助款项的，借记"应收上级经费——应收上级补助"科目，贷记"上级补助收入"科目相关明细科目。

3. 期末结转时，借记"上级补助收入"科目，贷记"结余"科目。

五、政府补助收入业务核算

（一）政府补助收入业务概述

政府补助收入指各级人民政府按照《工会法》和国家的有关规定给予工会的补助款项。包括工会收到财政拨付的离退休人员离退休费和生活补贴、帮扶资金、送温暖经费、疗养事业补助、劳模补助、基建、维修及大型活动补助等。

该补助是工会经费的重要来源之一。收到政府补助收入时，需要对政府补助收入业务进行初始确认和计量。政府补助收入在期末进行结转，即对政府补助收入业务进行终止确认和计量。

(二)"政府补助收入"科目

"政府补助收入"科目核算各级人民政府按照《工会法》和国家的有关规定给予工会的补助款项。

工会可以根据需要在本科目下设置明细科目,进行明细核算。

本科目属于收入类科目,政府补助收入增加,记入科目贷方;期末应将该科目余额通过借方结转到"结余",结转后无余额。

(三)政府补助收入的主要账务处理

1. 在实行国库集中支付的地区。

(1)收到财政直接支付的政府补助,根据财政国库支付执行机构委托代理银行转来的《财政直接支付入账通知书》及原始凭证入账,借记有关支出科目,贷记"政府补助收入"科目。

(2)收到财政授权支付的政府补助,根据代理银行盖章的《授权支付到账通知书》与分月用款计划核对后记账,借记"零余额账户用款额度"科目,贷记"政府补助收入"科目。

2. 未实行国库集中支付的地区,收到财政补助时,借记"银行存款"等科目,贷记"政府补助收入"科目。

3. 期末结转时,借记"政府补助收入"科目,贷记"结余"科目。

【例8-96】2019年1月22日,某工会收到县财政局拨付的帮扶救助款50 000元。该工会根据银行入账通知单和财政局拨付帮扶补助款通知,编制会计分录。

借:银行存款　　　　　　　　　　　　　　　　50 000
　　贷:政府补助收入　　　　　　　　　　　　　　50 000

六、行政补助收入业务核算

(一)行政补助收入业务概述

行政补助收入指工会取得的所在单位行政方面按照《工会法》和国家的

有关规定给予工会的补助款项。

该补助是工会经费的重要来源之一。收到行政补助收入时,需要对行政补助收入业务进行初始确认和计量。行政补助收入在期末进行结转,即对行政补助收入业务进行终止确认和计量。

(二)"行政补助收入"科目

"行政补助收入"科目核算工会取得的所在单位行政方面按照《工会法》和国家的有关规定给予工会的补助款项。包括工会收到行政拨付的劳动竞赛经费、工会开展活动的费用补助等。不包括行政方面按规定向工会拨缴的工会经费。

本科目属于收入类科目,行政补助收入增加,记入科目贷方;期末应将该科目余额通过借方结转到"结余",结转后无余额。

(三)行政补助收入的主要账务处理

1. 收到行政补助时,借记"银行存款"等科目,贷记"行政补助收入"科目。

2. 期末结转时,借记"行政补助收入"科目,贷记"结余"科目。

【例8-97】某工会收到单位行政方面拨付工会的大型活动补助款50 000元。该工会根据银行入账通知单和行政方面拨付大型活动款通知,编制会计分录。

借:银行存款　　　　　　　　　　　　　　　50 000
　　贷:行政补助收入　　　　　　　　　　　　　　50 000

七、事业收入业务核算

(一)事业收入业务概述

事业收入是指独立核算的工会附属事业单位上缴的收入和非独立核算的附属事业单位的各项事业收入。

该收入是工会经费的重要来源之一。收到事业收入时,需要对事业收入业务进行初始确认和计量。事业收入在期末进行结转,即对事业收入业务进行终止确认和计量。

(二)"事业收入"科目

"事业收入"科目核算独立核算的工会附属事业单位上缴的收入和非独立核算的附属事业单位的各项事业收入。

本科目应按缴款项目或缴款单位名称设明细账。

本科目属于收入类科目,事业收入增加,记入科目贷方;期末应将该科目余额结转到"结余",结转后无余额。

(三)事业收入的主要账务处理

1. 收到相关收入时,借记"银行存款"等科目,贷记"事业收入"科目。

2. 期末结转时,借记"事业收入"科目,贷记"结余"科目。

【例8-98】2019年1月20日,某工会收到所属非独立核算少年宫上缴收入58万元。该工会根据银行进账单等相关单据,编制会计分录。

借:银行存款　　　　　　　　　　　　　　　580 000
　　贷:事业收入　　　　　　　　　　　　　　580 000

八、投资收益业务核算

(一)投资收益业务概述

投资收益指工会对外投资发生的损益。

该收入是工会经费的重要来源之一。收到投资收益时,需要对投资收益业务进行初始确认和计量。投资收益在期末进行结转,即对投资收益业务进行终止确认和计量。

(二)"投资收益"科目

"投资收益"科目核算工会对外投资发生的损益。

本科目属于收入类科目,投资收益增加,记入科目贷方;期末应将该科目余额通过借方结转到"结余",结转后无余额。

（三）投资收益的主要账务处理

1. 收到投资收益时，借记"银行存款"科目，贷记"投资收益"科目。

2. 投资收回时，按照实际收到的价款，借记"银行存款"科目，按照"投资"科目的账面价值，贷记"投资"科目，按照其差额，贷记或借记"投资收益"科目；同时，借记"投资基金"科目，贷记"结余"科目。

【例8-99】2019年9月1日，某工会收到国债本金及利息收入120万元，成本100万元。该工会根据银行入账通知单和国债兑付相关凭证，编制会计分录。

借：银行存款　　　　　　　　　　　　　　1 200 000
　　贷：投资——国债投资　　　　　　　　　　1 000 000
　　　　投资收益　　　　　　　　　　　　　　　200 000

同时，

借：投资基金　　　　　　　　　　　　　　1 000 000
　　贷：结余　　　　　　　　　　　　　　　1 000 000

【例8-100】经会员代表大会通过并报上级工会批准，某工会将一低效投资项目以评估价格转让。该投资原账面价值40万元，评估价值33万元。对方已按合同支付全部价款，并按规定办理有关产权过户手续。该工会根据银行入账通知单、合同和相关批件，编制会计分录。

借：银行存款　　　　　　　　　　　　　　　330 000
　　投资收益　　　　　　　　　　　　　　　　70 000
　　贷：投资——某投资项目　　　　　　　　　400 000

同时，

借：投资基金　　　　　　　　　　　　　　　400 000
　　贷：结余　　　　　　　　　　　　　　　　400 000

九、其他收入业务核算

（一）其他收入业务概述

其他收入指工会除会费收入、拨缴经费收入、上级补助收入、政府补助收入、行政补助收入、事业收入、投资收益之外的各项收入。

该收入是工会经费的重要来源之一。收到其他收入时,需要对其他收入业务进行初始确认和计量。其他收入在期末进行结转,即对其他收入业务进行终止确认和计量。

(二)"其他收入"科目

"其他收入"科目核算除上述收入以外的各项收入。如资产盘盈、固定资产处置净收入、接受捐赠收入、银行存款利息收入等。

本科目属于收入类科目,其他收入增加,记入科目贷方;期末应将该科目余额通过借方结转到"结余",结转后无余额。

(三)其他收入的主要账务处理

1. 取得其他收入时。

(1)取得银行存款利息收入,借记"银行存款"等科目,贷记"其他收入"科目。

【例8-101】2019年6月22日,某基层工会取得银行存款利息3 000元。该工会根据银行利息入账通知单,编制会计分录。

借:银行存款　　　　　　　　　　　　　　　　　　　3 000
　　贷:其他收入　　　　　　　　　　　　　　　　　　3 000

(2)接受捐赠,借记"银行存款"等科目,贷记"其他收入"科目。

【例8-102】2019年7月30日,某基层工会接受外单位转账捐赠款8 000元。该工会根据银行入账通知单及捐赠文件,编制会计分录。

借:银行存款　　　　　　　　　　　　　　　　　　　8 000
　　贷:其他收入　　　　　　　　　　　　　　　　　　8 000

(3)盘盈的库存物品,借记"库存物品"科目,贷记"其他收入"科目。

(4)有偿调出、出售的固定资产,按账面原值,借记"固定基金"科目,贷记"固定资产"科目,取得的收入扣减相关支出后的净额,借记"银行存款"等科目,贷记"其他收入"科目。毁损、报废的固定资产,按账面原值,借记"固定基金"科目,贷记"固定资产"科目;清理过程中发生的净收入,借记"库存现金""银行存款"等科目,贷记"其他收入"科目;

清理过程中发生的净支出,借记"其他支出"科目,贷记"库存现金""银行存款"等科目。

【例8-103】2019年7月4日,经批准,某基层工会将一台账面价值5 000元的照相机做报废处理,取得变价收入500元。该工会根据收款收据和相关批件,编制会计分录。

借:固定基金　　　　　　　　　　　　　　　　500
　　贷:固定资产——专用设备　　　　　　　　　　500
同时,
借:库存现金　　　　　　　　　　　　　　　　500
　　贷:其他收入　　　　　　　　　　　　　　　　500

2. 期末结转时,借记"其他收入"科目,贷记"结余"科目。

第五节　支出业务核算

一、支出业务概述

支出是指工会为开展各项工作和活动所发生的各项资金耗费及损失。工会支出必须严格按照"服务职工、面向工会"的原则安排各项活动。支出按照功能分为职工活动支出、维权支出、业务支出、行政支出、资本性支出、补助下级支出、事业支出、其他支出。

发生支出时,需要对支出业务进行初始确认和计量。发生各项支出时,应当按照实际发生额入账。具体对支出业务进行核算时,需要关注是否支出现金,以及支出金额是否能够可靠计量?在对支出业务进行终止确认和计量时,将各项支出类科目在期末进行结转。

二、职工活动支出业务核算

(一)职工活动支出业务概述

职工活动支出指工会为会员及其他职工开展教育、文体、宣传等活动发生的支出。发生职工活动支出时,需要对该支出业务进行初始确认和计量。发生具体支出时,应当按照实际发生额入账。在对职工活动支出业务进行终止确认和计量时,需要在期末结转到"结余"科目。

(二)"职工活动支出"科目

"职工活动支出"科目核算工会为会员及其他职工开展教育、文体、宣传等活动发生的支出。基层工会组织会员开展集体活动及会员特殊困难补助的费用,列入本科目核算。

本科目应设置以下明细科目:

50101 职工教育费:核算工会开展职工教育活动的各项支出。

50102 文体活动费:核算工会开展职工业余文体活动的各项支出。

50103 宣传活动费:核算工会开展职工宣传活动方面的各项支出。

50104 其他活动支出:核算基层工会支付的会员特殊困难补助的费用以及工会开展其他活动的各项支出。

本科目属于支出类科目,职工活动支出增加,记入科目借方;将该科目在期末通过贷方结转入"结余",结转后无余额。

注意:《基层工会经费收支管理办法》对"50104 其他活动支出"做出重大修订,其他活动支出:用于工会组织开展的劳动模范和先进职工疗休养补贴等其他活动支出。

此外,根据《中华全国总工会财务部关于明确基层工会部分经济业务相关会计处理的通知》(工财发〔2018〕3号),基层工会逢年过节和会员生日、婚丧嫁娶、退休离岗慰问活动发生的支出,在"职工活动支出——其他活动支出"会计科目中核算。

(三)职工活动支出的主要账务处理

1. 发生职工活动支出时,借记"职工活动支出"科目,贷记"库存现金""银行存款"等科目。

【例 8-104】某工会主办职工业务知识讲座,转账支付 5 000 元,购买培训教材。该工会根据转账支票存根和发票,编制会计分录。

借:职工活动支出——职工教育费　　　　　　　　5 000
　　贷:银行存款　　　　　　　　　　　　　　　　5 000

【例 8 - 105】某工会举办职工篮球赛,转账支票支付篮球馆场地租金 10 000元。该工会根据转账支票存根和发票,编制会计分录。

　　借:职工活动支出——文体活动费　　　　　　　　　10 000
　　　　贷:银行存款　　　　　　　　　　　　　　　　　10 000

【例 8 - 106】某工会举办普法宣传有奖征文活动,以现金支付优秀征文奖励 4 000元。该工会根据奖励费签收单,编制会计分录。

　　借:职工活动支出——宣传活动费　　　　　　　　　4 000
　　　　贷:库存现金　　　　　　　　　　　　　　　　　4 000

【例 8 - 107】某工会对退休会员发放慰问品 1 000元。该工会根据慰问款签收单,编制会计分录。

　　借:职工活动支出——其他活动支出　　　　　　　　1 000
　　　　贷:库存现金　　　　　　　　　　　　　　　　　1 000

2. 期末结转时,借记"结余"科目,贷记"职工活动支出"科目。

【例 8 - 108】接例 8 - 104、例 8 - 105、例 8 - 106、例 8 - 107,期末该工会将上述"职工活动支出"余额结转到"结余"科目,编制会计分录。

　　借:结余　　　　　　　　　　　　　　　　　　　　20 000
　　　　贷:职工活动支出——职工教育费　　　　　　　　5 000
　　　　　　　　　　　　——文体活动费　　　　　　　10 000
　　　　　　　　　　　　——宣传活动费　　　　　　　4 000
　　　　　　　　　　　　——其他活动支出　　　　　　1 000

三、维权支出业务核算

(一)维权支出业务概述

维权支出指工会直接用于维护职工权益的支出。发生维权支出时,需要对该支出业务进行初始确认和计量。发生具体支出活动时,应当按照实际发生额入账。在对维权支出业务进行终止确认和计量时,需要在期末结转到"结余"科目。

(二)"维权支出"科目

"维权支出"科目核算工会直接用于维护职工权益的支出。

本科目应设置以下明细科目：

50201 劳动关系协调费：核算工会在协调劳动关系争议中发生的支出；

50202 劳动保护费：核算工会开展职工劳动保护发生的支出；

50203 法律援助费：核算工会向职工群众提供法律咨询、法律服务等发生的支出；

50204 困难职工帮扶费：核算工会对困难职工帮扶发生的支出；

50205 送温暖费：核算工会向职工送温暖发生的支出；

50206 其他维权支出：核算以上各项维权活动之外的维权支出，如参与立法费等。

本科目属于支出类科目，维权支出增加，记入科目借方；将该科目在期末通过贷方结转入"结余"，结转后无余额。

注意：根据《中华全国总工会财务部关于明确基层工会部分经济业务相关会计处理的通知》（工财发〔2018〕3号），基层工会会员本人及家庭因大病、意外事故、子女就学等原因致困时，基层工会发生的慰问支出，在"维权支出——困难职工帮扶费"会计科目中核算。

根据《工会送温暖资金使用管理办法（试行）》，加强送温暖资金与困难职工帮扶资金在对象、标准、管理等方面有效衔接，形成层次清晰、各有侧重的梯度帮扶格局。困难职工帮扶资金重点保障深度困难职工家庭生活、帮助建档困难职工家庭解困脱困；送温暖资金突出对职工走访慰问，体现工会组织对职工的关心关爱。各级工会在对建档困难职工做好常态化帮扶、帮助其解困脱困的基础上，在职工发生困难时或重要时间节点对以上职工走访慰问，属于送温暖的范畴。

（三）维权支出的主要账务处理

1. 发生维权、帮扶支出时，借记"维权支出"科目，贷记"库存现金""银行存款"等科目。

【例8－109】某工会春节期间开展"送温暖"活动，以转账支票支付慰问品款4 000元，现金支付慰问金10 000元。该工会根据支票存根、发票和慰问款签收单，编制会计分录。

借：维权支出——送温暖费　　　　　　　　　　14 000

　　贷：银行存款　　　　　　　　　　　　　　　　4 000

库存现金　　　　　　　　　　　　　　　　　　　　　10 000

【例8-110】某工会举办劳动保护专题知识讲座，以转账支票支付资料费1 200元。该工会根据转账支票存根和发票，编制会计分录。

　　借：维权支出——劳动保护费　　　　　　　　　　　1 200
　　　　贷：银行存款　　　　　　　　　　　　　　　　　　1 200

【例8-111】某工会按规定支付职工劳动争议仲裁费15 000元，以转账支票支付。该工会根据转账支票存根和相关收据，编制会计分录。

　　借：维权支出——劳动关系协调费　　　　　　　　　15 000
　　　　贷：银行存款　　　　　　　　　　　　　　　　　15 000

【例8-112】某工会聘请专业律师做法律顾问，转账支付律师咨询费5 000元给律师事务所。该工会根据转账支票存根、发票和双方签订的合同，编制会计分录。

　　借：维权支出——法律援助费　　　　　　　　　　　5 000
　　　　贷：银行存款　　　　　　　　　　　　　　　　　5 000

【例8-113】某工会按照规定，支付建档困难职工帮扶费18 000元。该工会根据签收单，编制会计分录。

　　借：维权支出——困难职工帮扶费　　　　　　　　　18 000
　　　　贷：银行存款　　　　　　　　　　　　　　　　　18 000

2. 县级以上工会提取工会干部权益保障金时，借记"维权支出"科目，贷记"专用基金——权益保障金"科目。

3. 期末结转时，借记"结余"科目，贷记"维权支出"科目。

【例8-114】接例8-109、例8-110、例8-111、例8-112、例8-113，期末，该工会结转"维权支出"科目，编制会计分录。

　　借：结余　　　　　　　　　　　　　　　　　　　　53 200
　　　　贷：维权支出——送温暖费　　　　　　　　　　14 000
　　　　　　　　　——劳动保护费　　　　　　　　　　 1 200
　　　　　　　　　——劳动关系协调费　　　　　　　　15 000
　　　　　　　　　——法律援助费　　　　　　　　　　 5 000
　　　　　　　　　——困难职工帮扶费　　　　　　　　18 000

四、业务支出业务核算

(一) 业务支出业务概述

业务支出指工会培训工会干部、加强自身建设及开展业务工作发生的各项支出。发生业务支出时,需要对该支出业务进行初始确认和计量。发生具体支出活动时,应当按照实际发生额入账。在对业务支出业务进行终止确认和计量时,需要在期末结转到"结余"科目。

(二)"业务支出"科目

"业务支出"科目核算工会培训工会干部、加强自身建设及开展业务工作发生的各项支出。

本科目应设置以下明细科目:

50301 培训费:核算工会干部、积极分子培训等支出;

50302 会议费:核算工会代表大会、委员会、经审会以及工会专业工作会议的各项支出;

50303 外事费:核算工会开展外事活动方面的费用;

50304 专项业务费:核算工会开展工会组织建设、考核表彰、建家活动、大型专题调研、经审专用经费等专项业务发生的支出;

50305 其他业务支出:不属于以上业务开支的其他费用。

本科目属于支出类科目,业务支出增加,记入科目借方;将该科目在期末通过贷方结转入"结余",结转后无余额。

注意:根据《中华全国总工会财务部关于明确基层工会部分经济业务相关会计处理的通知》(工财发〔2018〕3号),基层工会根据省级工会规定,为兼职工会干部和专职社会化工会工作者发放补贴,基层工会经上级批准为优秀工会干部和积极分子发放的奖励支出,以及基层工会列支行政不能承担的办公费、差旅费,基层工会支付代理记账、中介机构审计等购买服务方面的支出,在"业务支出——其他业务支出"会计科目中核算。

(三) 业务支出主要账务处理

1. 发生业务支出时,借记"业务支出"科目,贷记"库存现金""银行存款"等科目。

【例 8-115】2019 年 11 月 20 日,某工会组织全体专兼职工会干部进行业务培训,转账支付场地租赁费 5 000 元。该工会根据支票存根和发票,编制会计分录。

  借:业务支出——培训费   5 000
    贷:银行存款   5 000

【例 8-116】2019 年 12 月 16 日,某工会召开年度工会工作研讨会,转账支付会议费 20 000 元。该工会根据支票存根和发票,编制会计分录。

  借:业务支出——会议费   20 000
    贷:银行存款   20 000

【例 8-117】2019 年 12 月 26 日,某工会召开基层工会建家活动表彰大会,支付奖金 15 000 元。该工会根据奖励签收单,编制会计分录。

  借:业务支出——专项业务费   15 000
    贷:银行存款   15 000

2. 期末结转时,借记"结余"科目,贷记"业务支出"科目。

【例 8-118】接例 8-115、例 8-116、例 8-117,期末,该工会将"业务支出"余额结转到"结余"科目,编制会计分录。

  借:结余   40 000
    贷:业务支出——培训费   5 000
         ——会议费   20 000
         ——专项业务费   15 000

五、行政支出业务核算

(一)行政支出业务概述

行政支出指工会为行政管理、后勤保障等发生的各项日常支出。发生行政支出时,需要对该支出业务进行初始确认和计量。发生具体支出活动时,应当按照实际发生额入账。在对行政支出业务进行终止确认和计量时,需要在期末结转"结余"。

(二)"行政支出"科目

"行政支出"科目核算工会为行政管理、后勤保障等发生的各项日常支出。

本科目应设置以下明细科目:

50401 工资福利支出:核算工会开支的专职工作人员和聘用人员的各类劳动报酬,以及为上述人员缴纳的各项社会保险费等。包括:基本工资、津贴补贴、奖金、社会保障缴费、伙食补助费等;

50402 商品和服务支出:核算工会购买商品和服务的支出(不包括用于购置固定资产的支出)。包括:办公费、印刷费、咨询费、手续费、水费、电费、邮电费、物业管理费、交通费(燃料费、保险费、修理费、其他交通费)、差旅费(住宿费、旅费、伙食补助费、杂费)、维修(护)费、租赁费、招待费(餐费、其他招待费)、专用材料费、劳务费、委托业务费、工会经费、福利费等;

50403 对个人和家庭的补助:核算工会用于对个人和家庭的补助支出。包括:离休费、退休费、退职费、抚恤金、生活补助、医疗费、住房公积金、提租补贴、购房补贴等;

50404 其他行政支出:核算不能划分到上述经济科目的其他支出。

本科目属于支出类科目,行政支出增加,记入科目借方;将该科目在期末通过贷方结转入"结余",结转后无余额。

(三)行政支出的主要账务处理

1. 支出人员经费时,借记"行政支出"科目,贷记"应付工资(离退休费)""应付地方(部门)津贴补贴""应付其他个人收入"等科目;同时,借记"应付工资(离退休费)""应付地方(部门)津贴补贴""应付其他个人收入"等科目,贷记"银行存款""零余额账户用款额度"等科目。

【例 8-119】某工会向职工发放工资 50 000 元。该工会根据单据,编制会计分录。

借:行政支出——工资福利支出　　　　　　　　50 000
　　贷:应付工资(离退休费)　　　　　　　　　　　　50 000
同时,

借：应付工资（离退休费）	50 000
贷：银行存款	50 000

2. 支出公用经费时，借记"行政支出"科目，贷记"库存现金""银行存款"等科目。

【例 8 – 120】2019 年 1 月 13 日，某工会向 H 公司转账支付计算机耗材款 3 000 元。该工会根据支票存根和发票，编制会计分录。

借：行政支出——商品和服务支出	3 000
贷：银行存款	3 000

3. 期末结转时，借记"结余"科目，贷记"行政支出"科目。

【例 8 – 121】接例 8 – 119、例 8 – 120，期末，该工会按照规定，将"行政支出"余额结转到"结余"科目，编制会计分录。

借：结余	53 000
贷：行政支出——工资福利支出	50 000
——商品和服务支出	3 000

六、资本性支出业务核算

（一）资本性支出业务概述

资本性支出指工会从事建设工程、设备工具购置、大型修缮和信息网络购建而发生的实际支出，即效益可以影响多个会计期间所发生的那些支出。相反，收益性支出是指取得财务、劳务的效益只及于当期所发生的那些支出。从金额来看，达不到固定资产标准的支出，不得计入资本性支出。

发生资本性支出时，需要对该支出业务进行初始确认和计量。发生具体支出活动时，应当按照实际发生额入账。在对资本性支出业务进行终止确认和计量时，需要在期末结转到"结余"科目。

（二）"资本性支出"科目

"资本性支出"科目核算工会从事建设工程、设备工具购置、大型修缮和信息网络购建而发生的实际支出。

本科目应设置以下明细科目：

50501 房屋建筑物购建：核算工会用于购买、自行建造办公用房、仓库、食堂等建筑物（含附属设施，如电梯、通讯线路、电缆、水气管道等）的支出；

50502 办公设备购置：核算工会购置纳入固定资产核算范围的办公家具和办公设备的支出；

50503 专用设备购置：核算工会购置具有专门用途、纳入固定资产核算范围的各类专用设备的支出；

50504 交通工具购置：核算工会用于购置各类交通工具的支出（含车辆购置税）；

50505 大型修缮：核算工会各类设备、建筑物等的大型修缮支出；

50506 信息网络购建：核算工会用于信息网络方面的支出。如计算机硬件、软件购置、开发、应用支出等。购建的计算机硬件、软件等不符合固定资产确认标准的，不在此科目核算；

50507 其他资本性支出：核算工会其他上述科目中未包括的资本性支出。

本科目属于支出类科目，资本性支出增加，记入科目借方；将该科目在期末通过贷方结转入"结余"，结转后无余额。

（三）资本性支出的主要账务处理

1. 购置房屋建筑物等，借记"资本性支出"科目，贷记"银行存款"科目；同时，借记"固定资产"科目，贷记"固定基金"科目。

【例8-122】某工会经批准购置一套办公用房，支付价款100万元。该工会根据相关单据，编制会计分录。

借：资本性支出——房屋建筑物购建　　　　　1 000 000
　　贷：银行存款　　　　　　　　　　　　　　　　1 000 000

同时，

借：固定资产——房屋建筑物　　　　　　　　1 000 000
　　贷：固定基金　　　　　　　　　　　　　　　　1 000 000

2. 自行建造房屋建筑物、大型修缮等，发生基建支出时，借记"在建工程"科目，贷记"在建工程占用资金"科目；同时，借记"资本性支出"科目，贷记"银行存款"科目。工程完工时，借记"固定资产"科目，贷记"在建工程"科目；同时，借记"在建工程占用资金"科目，贷记"固定基金"科目。

【例 8-123】某工会经批准,支出 80 万元对职工食堂进行改扩建。该工会根据相关单据,编制会计分录。

改扩建时,
借:在建工程——食堂改扩建　　　　　　　800 000
　　贷:在建工程占用资金　　　　　　　　　　800 000
同时,
借:资本性支出——大型修缮　　　　　　　800 000
　　贷:银行存款　　　　　　　　　　　　　800 000
改扩建完工时,
借:固定资产——房屋建筑物　　　　　　　800 000
　　贷:在建工程——食堂改扩建　　　　　　800 000
同时,
借:在建工程占用资金　　　　　　　　　　800 000
　　贷:固定基金　　　　　　　　　　　　　800 000

3. 期末结转时,借记"结余"科目,贷记"资本性支出"科目。

【例 8-124】接例 8-122、例 8-123,期末,该工会按照规定,将"资本性支出"科目余额结转到"结余"科目。该工会编制会计分录。

借:结余　　　　　　　　　　　　　　　1 800 000
　　贷:资本性支出——房屋建筑物购建　　1 000 000
　　　　　　　　　　——大型修缮　　　　　800 000

七、补助下级支出业务核算

(一) 补助下级支出业务概述

补助下级支出是指工会为解决下级工会经费不足或根据有关规定给予下级工会的各类补助款项。按照规定,本级工会经费不足,可以向上级工会申请补助。

发生补助下级支出时,需要对该支出业务进行初始确认和计量。发生具体支出活动时,应当按照实际发生额入账。在对补助下级支出业务进行终止确认和计量时,需要在期末结转到"结余"科目。

(二)"补助下级支出"科目

"补助下级支出"科目核算工会为解决下级工会经费不足或根据有关规定给予下级工会的各类补助款项。

本科目应设置以下明细科目:

50601 回拨补助:核算工会按有关规定给下级工会的回拨经费补助;

50602 专项补助:核算工会对下级工会指定项目的补助;

50603 超收补助:核算工会按有关超收增缴的规定对下级工会的超收补助;

50604 帮扶补助:核算工会按有关规定对下级工会的困难职工帮扶补助;

50605 送温暖补助:核算工会拨付下级工会用于开展送温暖活动的补助;

50606 救灾补助:核算工会拨付下级工会用于慰问在自然灾害中经济财产遭受损失、生活遇到困难的职工和家庭的补助;

50607 其他补助:核算工会拨付下级工会的除上述明细科目所述内容以外的其他补助。

本科目属于支出类科目,补助下级支出增加,记入科目借方;将该科目在期末通过贷方结转入"结余",结转后无余额。

(三)补助下级支出的主要账务处理

1. 发生补助下级支出时,借记"补助下级支出"科目相关明细科目,贷记"银行存款"等科目。

【例 8-125】2019 年 6 月 6 日,某上级工会按规定对下级工会回拨补助经费 10 000 元。该上级工会根据银行转账通知单和相关批件,编制会计分录。

借:补助下级支出——回拨补助　　　　　　　　　　10 000
　　贷:银行存款　　　　　　　　　　　　　　　　　　10 000

【例 8-126】2019 年 6 月 8 日,某上级工会拨付某基层工会创建模范职工之家专款 50 000 元。该上级工会根据银行转账通知单和相关批件,编制会计分录。

借:补助下级支出——专项补助　　　　　　　　　　50 000
　　贷:银行存款　　　　　　　　　　　　　　　　　　50 000

【例 8-127】2019 年 1 月 16 日，某上级工会拨付某基层工会年度送温暖活动专项补助 30 000 元。该上级工会根据银行转账通知单和相关批件，编制会计分录。

  借：补助下级支出——送温暖补助   30 000
    贷：银行存款   30 000

【例 8-128】2019 年 12 月 18 日，某上级工会拨付某下级工会紧急救助款 80 000 元。该上级工会根据银行转账通知单和相关批件，编制会计分录。

  借：补助下级支出——救灾补助   80 000
    贷：银行存款   80 000

2. 期末结转时，借记"结余"科目，贷记"补助下级支出"科目。

【例 8-129】接例 8-125、例 8-126、例 8-127、例 8-128，期末，该工会按照规定，将"补助下级支出"科目余额结转到"结余"科目。该工会编制会计分录。

  借：结余   170 000
    贷：补助下级支出——回拨补助   10 000
          ——专项补助   50 000
          ——送温暖补助   30 000
          ——救灾补助   80 000

八、事业支出业务核算

（一）事业支出业务概述

事业支出指工会对独立核算的附属事业单位的补助和非独立核算的附属事业单位的各项支出。独立核算的工会附属事业单位，一般具有法人资格，独立从事业务活动。非独立核算的工会附属事业单位一般不具有法人资格，不独立对其业务活动和成果进行核算，其活动开支由上级工会拨付或报销，业务活动中所取得的收入要上缴上级工会。非独立核算单位一般只需就日常收支业务填制凭证，整理汇总后报送上级工会核算。

发生事业支出时，需要对该支出业务进行初始确认和计量。发生具体支出活动时，应当按照实际发生额入账。在对事业支出业务进行终止确认和计量时,需要在期末结转"结余"。

(二)"事业支出"科目

"事业支出"科目核算工会对独立核算的附属事业单位的补助和非独立核算的附属事业单位的各项支出。

本科目应按单位或部门设置明细账。

本科目属于支出类科目,事业支出增加,记入科目借方;将该科目在期末通过贷方结转入"结余",结转后无余额。

(三)事业支出的主要账务处理

1. 发生相关支出时,借记"事业支出"科目,贷记"银行存款"等科目。

【例8-130】2019年9月8日,某工会按照规定补助所办独立核算的职工夜校办学经费50万元。该工会根据银行转账通知单和相关批件,编制会计分录。

借:事业支出——夜校　　　　　　　　　　　　500 000
　　贷:银行存款　　　　　　　　　　　　　　　　　500 000

2. 期末结转时,借记"结余"科目,贷记"事业支出"科目。

【例8-131】期末,该工会将"事业支出"科目余额结转到"结余"科目,编制会计分录。

借:结余　　　　　　　　　　　　　　　　　500 000
　　贷:事业支出——夜校　　　　　　　　　　　　500 000

九、其他支出

(一)其他支出业务概述

其他支出指各级工会除职工活动支出、维权支出、业务支出、行政支出、资本性支出、补助下级支出、事业支出以外的各项支出。发生其他支出时,需要对该支出业务进行初始确认和计量。发生具体支出活动时,应当按照实际发生额入账。在对其他支出业务进行终止确认和计量时,需要在期末结转

"结余"。

(二)"其他支出"科目

"其他支出"科目核算各级工会以上支出项目以外的各项支出。如资产盘亏、固定资产处置净损失、捐赠支出以及按规定计提有关专用基金等。

本科目属于支出类科目,其他支出增加,记入科目借方;将该科目在期末通过贷方结转入"结余",结转后无余额。

(三)其他支出的主要账务处理

1. 发生其他支出时。

(1)盘亏的库存物品,按照账面余额,借记"其他支出"科目,贷记"库存物品"科目。

报废、毁损的库存物品,按照库存物品账面余额扣除可以收回的保险赔偿和过失人的赔偿等后的金额,借记"其他支出"科目,按库存物品账面余额,贷记"库存物品"科目,按照可以收回的保险赔偿和过失人赔偿等,借记"库存现金""银行存款""其他应收款"等科目。

【例8-132】2019年6月6日,某工会因保管不当,遗失库存物品一件,账面价值400元。后经研究决定,由责任人张某赔偿人民币200元。该工会根据收款收据及相关批件,编制会计分录。

盘亏入账时,
借:其他应收款　　　　　　　　　　　　　400
　　贷:库存物品　　　　　　　　　　　　　400
收到赔偿金时,
借:库存现金　　　　　　　　　　　　　　200
　　其他支出——库存物品盘亏　　　　　　200
　　贷:其他应收款　　　　　　　　　　　400

(2)毁损、报废的固定资产,按账面原值,借记"固定基金"科目,贷记"固定资产"科目;同时,按清理过程中取得的收入,借记"库存现金""银行存款"等科目,按清理过程中发生的支出,贷记"库存现金""银行存款"等科目,按清理净收入(或净支出),贷记"其他收入"科目或借记"其他支出"科目。

【例 8-133】 2019 年 6 月 8 日，某工会经批准报废健身器材一台，账面价值 4 000 元。清理过程中取得变价收入现金 200 元，以现金支付搬运费 100 元。该工会根据收款收据、发票及相关批件，编制会计分录。

报废健身器材时，

借：固定基金　　　　　　　　　　　　　　　4 000
　　贷：固定资产——专用设备　　　　　　　　　　4 000

取得变价收入时，

借：库存现金　　　　　　　　　　　　　　　200
　　贷：其他收入　　　　　　　　　　　　　　　200

发生运费时，

借：其他支出——固定资产清理支出　　　　　100
　　贷：库存现金　　　　　　　　　　　　　　　100

（3）对外捐赠支出，借记"其他支出"科目，贷记"库存现金""银行存款"等科目。

（4）提取增收留成基金、财务专用基金时，借记"其他支出"科目，贷记"专用基金——增收留成基金""专用基金——财务专用基金"科目。

2. 期末结转时，借记"结余"科目，贷记"其他支出"科目。

【例 8-134】 接例 8-132、例 8-133，期末，该工会将当期发生的"其他支出"结转到"结余"科目，编制会计分录。

借：结余　　　　　　　　　　　　　　　　　300
　　贷：其他支出——库存物品盘亏　　　　　　　200
　　　　　　　——固定资产清理支出　　　　　　100

第九章 工会会计报表

第一节 工会会计报表概述

一、工会会计报表编制要求

编制工会会计报表,必须严格遵循以下要求:

第一,数据准确。根据可靠性的原则,要求会计报表如实反映工会财务状况和运营成果,数据真实可靠。在编制报表之前,本期发生的所有业务,必须全部登记入账,不能弄虚作假,隐瞒谎报。

第二,格式统一。各级工会编制的报表,必须按照统一的格式和内容进行编制,不得对格式和内容进行随意增减。要保证内容的完整明确,以有利于工会报表数据的汇总和报表使用者的阅读。

第三,报送及时。按照及时性的要求,会计报表应及时编制年度、中期会计报表,并应按要求及时报送。如果不能及时编制,就会失去会计报表应有的作用,损害信息的有用性。

二、工会会计报表编制程序

不同报表编制的具体程序虽然存在差异,但在基本程序方面是一致的。对会计报表的编制程序一般分为三个阶段:第一,准备阶段。首先要检查记账的完整性;其次要进行财产清查,保证账实相符;最后通过对账,保证账账相符。第二,编制阶段。要求统一格式,内容明确,数据准确。第三,报送阶段。首先由财务机构审核,同级经费审查委员会审查,最后由委员会会同常委会同意后上报。

编制报表的过程当中,需要注意报表之间的勾稽关系:

就上下级工会的会计报表而言,如应收上下级经费、补助收入等项目之间存在勾稽关系。

就本工会的会计报表而言,资产负债表和收入支出表之间存在着勾稽关系,资产负债表的期末结余应等于该表的期初结余,加上收入支出表的当期结余数;资产负债表内部项目之间也存在勾稽关系,例如投资与投资基金,在建工程与在建工程占用基金,固定资产与固定基金之间是相等的。

要求报送的报表名称以及编制期见表9-1。

表9-1　　　　　　　　会计报表名称及编制期

编号	会计报表名称	编制期
工会01表	资产负债表	月报,年报
工会02表	收入支出表	月报,年报
工会01表附表1	往来款项明细表	年报
工会02表附表1	经费收缴情况表	季报,年报

第二节　工会会计报表编制

一、资产负债表编制说明

1. 资产负债表反映工会某一会计期末全部资产、负债和净资产的情况。工会至少应当编制月度、年度资产负债表,可以根据需要编制季度、半年度资产负债表。

2. 编制年度资产负债表时,将"期末数"栏改为"年末数"栏。

3. 资产负债表"年初数"栏内各项目,根据上年度"年末数"栏内各对应项目数字填列。

4. 资产负债表"期末数"栏内各项目,根据本期末总账各科目余额填列。"结余"项目也可以根据上期资产负债表"结余——期末数"加上本期收入支出表"本期结余——本月数"并加上本期收回投资、减去本期对外投资后的金额填列。

年度资产负债表"年末数"栏内各项目，根据本年末总账各科目余额填列。

二、资产负债表附表——往来款项明细表

往来款项明细表是反映工会借出款、应收上级经费、应收下级经费、其他应收款、借入款、应付上级经费、应付下级经费、其他应付款和代管经费等各明细项目情况的报表，是资产负债表的附表。

往来款项明细表分左右两方，左方列示资产类科目，如借出款、应收上级经费、应收下级经费和其他应收款的具体内容，右方列示负债类科目，如借入款、应付上级经费、应付下级经费、其他应付款和代管经费的具体内容。

年末结账后需要填列往来款项明细表。"借出款""应收上级经费""应收下级经费""其他应收款""借入款""应付上级经费""应付下级经费""其他应付款"和"代管经费"等总账科目，按总账年末余额填列，与年末资产负债表中科目相一致。

每个明细科目按年终各相应的明细账科目的余额填列，每一总账科目下各明细科目之和，与该总账科目金额相等。

年终要对往来款项进行清理，转作收入、支出的，要及时转账。

往来款项明细表详见表9-2。

表9-2　　　　　　　　　往来款项明细表

工会01表附表1

编制单位：　　　　　　　　年　月　日　　　　　　　　单位：元

资产类科目	具体内容	金额	负债类科目	具体内容	金额
借出款			借入款		
（按明细项列）			（按明细项列）		
应收上级经费			应付上级经费		
（按明细项列）			（按明细项列）		
应收下级经费			应付下级经费		
（按明细项列）			（按明细项列）		

续表

资产类科目	具体内容	金额	负债类科目	具体内容	金额
其他应收款			其他应付款		
（按明细项目列）			（按明细项目列）		
			代管经费		
			（按明细项目列）		

工会主席：　　　　财务负责人：　　　　复核：　　　　制表：

三、收入支出表编制说明

1. 收入支出表反映工会某一会计期间全部收入、支出和结余的情况。工会至少应当编制月度、年度收入支出表，可以根据需要编制季度、半年度收入支出表。

2. 编制年度收入支出表时，将表头中的"年月"改为"年度"；并将"本月数"栏改为"本年数"栏，将"本年累计数"栏改为"上年数"栏。

3. 收入支出表"本月数"栏内各项目，根据本月总账各科目借方或贷方发生额填列。

年度收入支出表"本年数"栏内各项目，根据本年度总账各科目借方或贷方发生额填列。

4. 收入支出表"本年累计数"栏内各项目，根据本月末总账各科目余额填列，也可以根据上月收入支出表"本年累计数"加上本月收入支出表"本月数"后的金额填列。

年度收入支出表"上年数"栏内各项目，根据上年度收入支出表"本年数"栏内各对应项目数字填列。

四、收入支出明细表附表——经费收缴情况表

经费是工会财务工作的核心。为了全面了解工会经费的有关情况，《工会会计制度》要求，各级工会应在季度和年度报表编制时，编制经费收缴情况表，作为收入支出表的附表。该表既是上级工会确认应收下级经费的依据，也是上级工会了解工会经费在不同工会集资间分配的重要依据。

经费收缴情况表详见表9-3。

表9-3　　　　　　　　　经费收缴情况表

工会02表附表1

编制单位：　　　　　　　　　年　季度　　　　　　　　　单位：元

项目＼单位	应收经费				拨缴经费收入（本级）		应付经费				已付上级经费	应付未付上级经费
	应收上级经费		应收下级经费				应付上级经费		应付下级经费			
	比例	金额	比例	金额	比例	金额	比例	金额	比例	金额		
总计												

工会主席：　　　　　　财务负责人：　　　　　　复核：　　　　　　制表：

五、附注

附注是工会会计报表的重要组成部分。编制附注的目的在于帮助报表使用者全面了解和分析工会提供的会计信息，并做出科学合理的决策。工会年度会计报表必须编制报表附注。

报表附注应当简要说明工会报告期间财务状况、业务活动和预算执行结果的总体情况。在此基础上结合报告期的数据以及前期的数据进行比较，做出趋势性的分析和预测。

附注中应说明工会预算执行情况，以及工会在筹集分配使用管理经费过程中的成绩和问题，并对影响预算执行的原因、经费收支变动趋势进行分析。

基于上面的分析，附注应提出改进措施、意见和建议。

六、工会报表编制示例

（一）资料

某市总工会2019年年度相关资料如下：

1. 相关账户的年初余额见表9-4。

表9-4　　　　　　　　　　2019年年初余额表

科目名称	金额（元）	科目名称	金额（元）
库存现金	30 000	应付工资（离退休费）	
银行存款	800 000	应付地方（部门）津贴补贴	
零余额账户用款额度		应付其他个人收入	
财政应返还余额		借入款	50 000
借出款	200 000	应付上级经费	160 000
应收上级经费		应付下级经费	250 000
应收下级经费		其他应付款	100 000
其他应收款	40 000	代管经费	80 000
库存物品	120 000	固定基金	2 000 000
投资	160 000	在建工程占用资金	200 000
在建工程	200 000	投资基金	160 000
固定资产	2 000 000	专用基金	300 000
		后备金	100 000
		结余	150 000
合计	3 550 000	合计	3 550 000

2. 2019年度发生如下业务，该工会编制会计分录。

2019年度某工会发生如下经济业务，根据相关业务编制会计分录：

（1）该工会购买年度电影券，以转账支票支付票款20 000元。

借：职工活动支出——文体活动费　　　　　　　　20 000
　　贷：银行存款　　　　　　　　　　　　　　　　　　20 000

（2）工会干事李三去体育用品商店购健步走比赛奖品50件，以转账支票支付价款2 000元。

借：职工活动支出——文体活动费　　　　　　　　2 000
　　贷：银行存款　　　　　　　　　　　　　　　　　　2 000

（3）经工会领导同意王五参加市总工会组织的业务学习，借学费款1 000元，以转账支票结算。

借：其他应收款——王五　　　　　　　　　　　　1 000
　　贷：银行存款　　　　　　　　　　　　　　　　　　1 000

（4）该工会从银行提取现金 30 000 元备用。

借：库存现金　　　　　　　　　　　　　　　30 000
　　贷：银行存款　　　　　　　　　　　　　　　30 000

（5）该工会行政管理人员马六报销购维修材料款 15 000 元，以转账支票支付。

借：资本性支出——大型修缮　　　　　　　　15 000
　　贷：银行存款　　　　　　　　　　　　　　　15 000

（6）该工会为召开会员表彰大会提取现金 6 000 元，表彰先进个人和集体。

借：业务支出——专项业务费　　　　　　　　 6 000
　　贷：银行存款　　　　　　　　　　　　　　　 6 000

（7）该工会宣传委员高大经批准借款 800 元，用于购买零星宣传用品。

借：其他应收款——高大　　　　　　　　　　　　800
　　贷：库存现金　　　　　　　　　　　　　　　　 800

（8）王五参加业务学习结束，报销费用 1 500 元，不足部分用现金支付。

借：业务支出——培训费　　　　　　　　　　 1 500
　　贷：其他应收款——王五　　　　　　　　　 1 000
　　　　库存现金　　　　　　　　　　　　　　　　 500

（9）工会宣传委员张三，报销宣传用品费用 600 元后，退回余款。

借：职工活动支出——宣传活动费　　　　　　　 600
　　库存现金　　　　　　　　　　　　　　　　　 200
　　贷：其他应收款——张三　　　　　　　　　　　800

（10）工会图书管理员刘七经批准购图书 100 本，以转账支票支付图书款 3 000 元。

借：固定资产——图书　　　　　　　　　　　　3 000
　　贷：固定基金　　　　　　　　　　　　　　　 3 000
借：职工活动支出——宣传活动费　　　　　　　3 000
　　贷：银行存款　　　　　　　　　　　　　　　 3 000

（11）工会人员购笔记本一台作为办公用电脑，计 5 500 元，以转账支票支付。

借：资本性支出——办公设备购置　　　　　　　5 500

贷：银行存款　　　　　　　　　　　　　　　　　5 500
　　借：固定资产——一般设备　　　　　　　　　　　5 500
　　　　贷：固定基金　　　　　　　　　　　　　　　5 500

（12）工会人员尹四经批准购买财务软件一套，以转账支票支付购置款10 000元。

　　借：资本性支出——信息网络购建　　　　　　　10 000
　　　　贷：银行存款　　　　　　　　　　　　　　10 000
　　借：固定资产——一般设备　　　　　　　　　　10 000
　　　　贷：固定基金　　　　　　　　　　　　　　10 000

（13）该工会通过银行转账支付会员代表大会材料费、标牌款等7 000元。

　　借：业务支出——会议费　　　　　　　　　　　7 000
　　　　贷：银行存款　　　　　　　　　　　　　　7 000

（14）该工会收到行政拨付的职工困难救济款120 000元。

　　借：银行存款　　　　　　　　　　　　　　　　120 000
　　　　贷：行政补助收入　　　　　　　　　　　　120 000

（15）该工会发放职工困难救济款40 000元。

　　借：维权支出——困难职工帮扶费　　　　　　　40 000
　　　　贷：银行存款　　　　　　　　　　　　　　40 000

（16）该工会获批财政补助资金4 000 000元，用于办公楼改建，已收到国库支付代理银行转来的"授权支付到账通知书"。

　　借：零余额账户用款额度　　　　　　　　　　　4 000 000
　　　　贷：政府补助收入　　　　　　　　　　　　4 000 000

（17）该工会从零余额用款额度账户直接支付办公楼改扩建支出3 500 000元。

　　借：资本性支出——房屋建筑物购建　　　　　　3 500 000
　　　　贷：零余额账户用款额度　　　　　　　　　3 500 000
　　借：在建工程——固定资产改扩建　　　　　　　3 500 000
　　　　贷：在建工程占用资金　　　　　　　　　　3 500 000
　　借：财政应返还额度　　　　　　　　　　　　　500 000
　　　　贷：零余额账户用款额度　　　　　　　　　500 000

（18）该工会收到上级工会转拨的经费700 000元，其中，属于本级经费的300 000元，应回拨下级工会的400 000元。

借：银行存款　　　　　　　　　　　　　　　　　　　700 000
　　贷：拨缴经费收入　　　　　　　　　　　　　　　　300 000
　　　　应付下级经费——应付下级转拨经费　　　　　400 000

（19）该工会收到上级工会转拨的建会筹备金 300 000 元，其中 100 000 元属于本级工会，200 000 元需返还下级筹建单位工会。

借：银行存款　　　　　　　　　　　　　　　　　　　300 000
　　贷：拨缴经费收入　　　　　　　　　　　　　　　　100 000
　　　　应付下级经费——应付建会筹备金　　　　　　200 000

（20）该工会收到下级工会上缴经费 900 000 元，其中，属于本级的经费 300 000 元，剩余经费需上缴上级工会。

借：银行存款　　　　　　　　　　　　　　　　　　　900 000
　　贷：拨缴经费收入　　　　　　　　　　　　　　　　300 000
　　　　应付上级经费——应上缴经费　　　　　　　　600 000

（21）本年度实际上缴上级经费 700 000 元，转拨下级经费 400 000 元，应返还下级筹建单位工会筹备金 100 000 元。

借：应付上级经费——应上缴经费　　　　　　　　　　700 000
　　应付下级经费——应付下级转拨经费　　　　　　　300 000
　　　　　　　　　——应付建会筹备金　　　　　　　100 000
　　贷：银行存款　　　　　　　　　　　　　　　　　1 100 000

（22）2019 年年末，将该年度收支类科目余额结转到"结余"科目。

借：行政补助收入　　　　　　　　　　　　　　　　　120 000
　　政府补助收入　　　　　　　　　　　　　　　　　4 000 000
　　拨缴经费收入　　　　　　　　　　　　　　　　　700 000
　　贷：职工活动支出——文体活动费　　　　　　　　22 000
　　　　　　　　　　　——宣传活动费　　　　　　　3 600
　　　　维权支出——困难职工帮扶费　　　　　　　　40 000
　　　　资本性支出——房屋建筑物购建　　　　　　　3 500 000
　　　　　　　　　　——大型修缮　　　　　　　　　15 000
　　　　　　　　　　——办公设备购置　　　　　　　5 500
　　　　　　　　　　——信息网络购建　　　　　　　10 000
　　　　业务支出——会议费　　　　　　　　　　　　7 000

——专项业务费　　　　　　　　　　　6 000
　　　——培训费　　　　　　　　　　　　1 500
　结余　　　　　　　　　　　　　　　1 209 400

(二) 编制试算平衡表 (详见表 9-5)

表 9-5　　　　　　　　　　试算平衡表　　　　　　　　　　单位：元

会计科目	期初余额		本期发生额		期末余额	
	借方	贷方	借方	贷方	借方	贷方
库存现金	30 000		30 200	1 300	58 900	
银行存款	800 000		2 020 000	1 239 500	1 580 500	
零余额账户用款额度			4 000 000	4 000 000	0	
财政应返还额度			500 000		500 000	
借出款	200 000				200 000	
应收上级经费						
应收下级经费						
其他应收款	40 000		1 800	1 800	40 000	
库存物品	120 000				120 000	
投资	160 000				160 000	
在建工程	200 000		3 500 000		3 700 000	
固定资产	2 000 000		18 500		2 018 500	
应付工资（离退休费）						
应付地方（部门）津贴补贴						
应付其他个人收入						
借入款		50 000				50 000
应付上级经费		160 000	700 000	600 000		60 000
应付下级经费		250 000	400 000	600 000		450 000
其他应付款		100 000				100 000
代管经费		80 000				80 000
固定基金		2 000 000		18 500		2 018 500
在建工程占用资金		200 000		3 500 000		3 700 000
投资基金		160 000				160 000
专用资金		300 000				300 000
后备金		100 000				100 000

续表

会计科目	期初余额		本期发生额		期末余额	
	借方	贷方	借方	贷方	借方	贷方
结余		150 000		1 209 400		1 359 400
职工活动支出			25 600	25 600		
维权支出			40 000	40 000		
资本性支出			3 530 500	3 530 500		
业务支出			14 500	14 500		
拨缴经费收入			700 000	700 000		
行政补助收入			120 000	120 000		
政府补助收入			4 000 000	4 000 000		
合计	3 550 000	3 550 000	23 591 000	23 591 000	8 377 900	8 377 900

（三）编制资产负债表和收入支出表

资产负债表、收入支出表分别如表9-6、表9-7所示。

表 9-6　　　　　　　　　　资产负债表

编制单位：××市总工会　　　2019年12月31日　　　　　　　　　　单位：元

编号	资产	年初数	期末数	编号	负债与净资产	年初数	期末数
	一、资产				二、负债		
101	库存现金	30 000	58 900	201	应付工资（离退休费）		
102	银行存款	800 000	1 580 500	202	应付地方（部门）津贴补贴		
111	零余额账户用款额度		0	203	应付其他个人收入		
112	财政应返还额度		500 000	211	借入款	50 000	50 000
121	借出款	200 000	200 000	221	应付上级经费	160 000	60 000
131	应收上级经费			222	应付下级经费	250 000	450 000
132	应收下级经费			225	其他应付款	100 000	100 000
135	其他应收款	40 000	40 000	231	代管经费	80 000	80 000
141	库存物品	120 000	120 000		负债合计	640 000	740 000
151	投资	160 000	160 000				

续表

编号	资产	年初数	期末数	编号	负债与净资产	年初数	期末数
161	在建工程	200 000	3 700 000				
162	固定资产	2 000 000	2 018 500				
					三、净资产类		
				301	固定基金	2 000 000	2 018 500
				302	在建工程占用基金	200 000	3 700 000
				311	投资基金	160 000	160 000
				321	专用基金	300 000	300 000
				322	后备金	100 000	100 000
				331	结余	150 000	1 359 400
					净资产合计	2 910 000	7 637 900
	资产总计	3 550 000	8 377 900		负债与净资产总计	3 550 000	8 377 900

工会主席：焦大　　　　财务负责人：段八　　　　复核：宋六　　　　制表：高二

表 9-7　　　　　　　　　　收入支出表

编表单位：××市总工会　　　2019 年度　　　　　　　　　　单位：元

项　目	本月数	本年累计数
一、收入		
401　会费收入		
402　拨缴经费收入		700 000
403　上级补助收入		
40301　回拨补助		
40302　专项补助		
40303　超收补助		
40304　帮扶补助		
40305　送温暖补助		
40306　救灾补助		
40307　其他补助		

续表

项目		本月数	本年累计数
404	政府补助收入		4 000 000
405	行政补助收入		120 000
406	事业收入		
407	投资收益		
408	其他收入		
	本期收入合计		4 820 000
二、支出			
501	职工活动支出		25 600
	50101 职工教育费		
	50102 文体活动费		22 000
	50103 宣传活动费		3 600
	50104 其他活动支出		
502	维权支出		40 000
	50201 劳动关系协调费		
	50202 劳动保护费		
	50203 法律援助费		
	50204 困难职工帮扶费		
	50205 送温暖费		40 000
	50206 其他维权支出		
503	业务支出		14 500
	50301 培训费		5 500
	50302 会议费		7 000
	50303 外事费		
	50304 专项业务费		6 000
	50305 其他业务支出		
504	行政支出		
	50401 工资福利支出		
	50402 商品和服务支出		
	50403 对个人和家庭的补助		
	50404 其他行政支出		
505	资本性支出		3 530 500
	50501 房屋建筑物购建		3 500 000

续表

项 目		本月数	本年累计数
50502	办公设备购建		5 500
50503	专用设备购置		
50504	交通工具购置		
50505	大型修缮		15 000
50506	信息网络购建		10 000
50507	其他资本性支出		
506	补助下级支出		
50601	回拨补助		
50602	专项补助		
50603	超收补助		
50604	帮扶补助		
50605	送温暖补助		
50606	救灾补助		
50607	其他补助		
507	事业支出		
508	其他支出		
	本期支出合计		3 610 600
三、本期结余			1 209 400

工会主席：焦大　　　财务负责人：段八　　　复核：宋六　　　制表：高二

第十章 工会会计报表分析

第一节 工会会计报表分析概述

一、工会会计报表分析的意义

工会提供的会计信息应当满足本级和上级工会的管理者、各级工会联系的广大会员群众以及党政机关等外部信息使用者的需要。

不论是帮助各级工会发现管理过程中取得的成绩与出现的问题,还是为工会宏观管理服务,都应该深入进行工会会计报表分析,发掘其应有的功能。可以把工会会计报表分析理解成一个与工会财务会计逆向的过程,就是从工会的财务资料和其他资料出发,回复到企业的经营过程。在看似死板、枯燥的财务资料和其他资料中,其实包含着生动的筹资活动、投资活动、运营活动。

工会会计报表分析是以会计核算和报表资料及其他相关资料为对象,采用一系列专门的分析技术和方法,对工会过去和现在筹资活动、投资活动、运营活动的偿债能力及发展能力状况等进行分析与评价,为工会系统内外的组织或个人了解工会过去、评价工会现状、预测工会未来,为做出正确决策提供准确的信息或依据的工作。

二、工会会计报表分析的程序

在对工会会计报表进行分析时,在准备阶段,首先要对被分析工会的内部外部的主要情况有充分的了解,这是进行分析的重要基础。进行会计报表分析，需要从会计数据，回复到工会运营。如果不了解工会在什么情况下运转以及如何运转，必然无法在数据和企业工会运营之间建立有效的联系。

具体在实施阶段，需要分别对资产负债表和收入支出表进行分析。在对资产负债表进行分析时，需要分析左边资产变动的原因，分析右边资本变动的原因，要分析左边资产结构，分析右边资本结构，同时还要将资产和资本两方面联系起来。在对收入支出表进行分析的时候，要分析工会是如何开源节流的，收入来自哪里要分清主次，支出流向何处，同样要分清主次。

在实施阶段还要关注财务指标的计算，主要从偿债能力指标以及发展能力指标等角度来进行分析。

在终结阶段，需要根据所进行的分析撰写分析报告。

第二节 工会会计报表分析的方法

一、工会会计报表分析的基本方法

对于分析人员来说，会计报表资料中的各项具体数据是重要的，但更重要的是需要厘清各项数据之间的联系，厘清数据和运营之间的联系。典型的财务分析方法主要有比较分析法、比率分析法、趋势分析法、因素分析法等。

（一）比较分析法

比较分析法是指将某项财务指标与性质相同的指标进行对比，揭示工会财务状况和运营成果等方面问题的一种分析方法。这是一种较为直接、简明的分析方法，应用极为广泛。有比较才有鉴别。通过比较分析，可以发现差距，寻找产生差距的原因。

运用比较分析法时，选择相关指标的评价标准是重要条件，通常采用的指标评价标准有：

1. 经验标准。

该标准的形成依据大量的实践经验的检验，利用这些标准能反映和揭示工会财务活动和财务风险的一般状况，但不是适用于所有情形。行业不同、规模不同,同一指标也会呈现不同数值。所以不能生搬硬套。

2. 行业标准。

该标准就是以工会所在行业的特定指标数值作为财务分析对比的标准。该标准可以为绝对数,也可以为相对数。实际做法有很多种,例如,以本工会的某项财务比率与同行业工会公认的标准、同行业同一比率的先进水平、同行业同一比率的平均水平对比。通过行业标准的对比,目的在于反映和揭示本工会与同行业的差距。

3. 目标标准。

该标准是工会在分析影响财务比率的各项主客观因素的基础上制定的,它是工会财务管理的目标。把工会的实际指标与目标标准进行比较,可以发现差异,进而分析原因,以利于改善工会财务管理乃至整个经营管理工作。预算标准就属于根据自身运营条件或状况制定的目标标准。

4. 历史标准。

该标准是以过去某一时间的实际业绩为标准,可以是绝对数,也可以是相对数。历史标准一般比较可靠,是工会曾经达到的水平,具有高度的可比性,其具体运用方式有三种:(1)期末与期初对比,即以本期期末的财务指标的实际数与上期期末(本期初)相同指标的实际数进行比较;(2)与历史同期比,即本期财务指标的实际数与历史上相同时期的指标进行比较;(3)与历史最好水平对比,即本期财务指标与该指标历史上曾达到过的最好水平进行比较。分析中采用历史标准,有利于揭示工会财务状况和运营成果的发展趋势及存在的差距。

(二) 比率分析法

比率分析法是利用工会会计报表中两项相关数值的比率来反映和揭示工会财务状况和运营成果等的一种分析方法。财务比率可以有不同的类型,常用的有相关比率、结构比率和趋势比率三种。

相关比率是在同一张会计报表的不同项目与项目之间,或在两张会计报表的有关项目之间,用比率来反映和揭示它们之间的相互关系,以正确评价工会的财务状况及变动和运营成果及变化。

这一类比率包括:反映偿债能力的比率,如资产负债率等;反映发展能力的比率,如净资产保值增值率等。利用相关比率指标可以考察有联系的相关业务安排得是否合理，以保证工会运营活动的顺利进行。

结构比率是指会计报表中个别项目数值与全部项目总和的比率，它反映和揭示了部分与整体的关系，通过不同时期结构比率的比较，还可看出其发展趋势，例如流动资产与全部资产的比率、负债与权益的比率等等。通过结构比率分析，可以考察某个部分在总体中的形成与安排是否合理，促使其比率适当。

趋势比率是指财务报表中某个项目不同时期的两项数值的比率，分为定基比率和环比比率两种，分别以不同时期的数值为基础，反映和揭示某项财务指标的变化趋势和发展速度。

（三）趋势分析法

趋势分析法是会计报表分析中较为常见的一种方法，从一定意义上讲，它是将比较分析法和比率分析法结合起来运用。其分析的基本原理就是将数年会计报表以固定的一年或另行选择年份为基期，计算每一期间各项目对基期同一项目的趋势百分比，使之成为一系列具有可比性的百分比，借以显示其在各期间上升或下降的变动趋势，并预测企业的发展前景。在计算各期间的趋势百分比时，首先要选准基期，基期的选择必须具有代表性。可以是定基比，即报告期水平与某一固定时期水平之比，表明这种现象在较长时期内总的发展速度；也可以是环比，即报告期水平与前一时期水平之比，表明现象逐期的发展速度。

（四）因素分析法

因素分析法指利用各种因素之间的数量依存关系，通过因素替换，从数额上测定各因素变动对某项综合经济指标的影响程度。它有连环替代法和差额分析法两种。

1. 连环替代法。

该方法是从数值上测定各个因素变动对某项经济指标差异的影响程度的一种技术方法，是因素分析法的特殊形式。它一般是在比较分析所确定的差异的基础上，先确定影响某一经济指标的诸因素，并根据一定的原则加以排列，再顺序假定一个因素变动，其他因素不变，依次用各个因素替代，据以从量上测定各因素变动对该经济指标的影响程度。

上述程序以公式表示如下：

替换顺序　替换因素　替换结果　影响程度

1　$A_1 \to A_0$　N_2　$A_1 \times B_0 \times C_0$　$N_2 - N_0$

2　$B_1 \to B_0$　N_3　$A_1 \times B_1 \times C_0$　$N_3 - N_2$

3　$C_1 \to C_0$　N_1　$A_1 \times B_1 \times C_1$　$N_1 - N_3$

设：被分析的指标为 N，受 A、B、C 三个因素影响，它们之间的关系是：$N = A \times B \times C$。

计划指标：$N_0 = A_0 \times B_0 \times C_0$

实际指标：$N_1 = A_1 \times B_1 \times C_1$

差异：$D = N_1 - N_0$

各因素影响程度合计：$D = (N_1 - N_3) + (N_3 - N_2) + (N_2 - N_0) = N_1 - N_0$

又设：被分析的指标为 N，受 A、B 两个因素影响，它们之间的关系是：$N = A/B$。

在这种除式下，替换时一般先替换分子，后替换分母。依据这一原则，我们同样把计划指标与实际指标排成两行，然后逐一替代，替换后，以后一个指标减前一个指标即为所替换因素对总差异的影响，如下所示：

计划指标：$N_0 = A_0/B_0$

替换指标：$N_2 = A_1/B_0$

实际指标：$N_1 = A_1/B_1$

则：A 因素变动的影响：$N_2 - N_0 = (A_1 - A_0)B_0$

　　B 因素变动的影响：$N_1 - N_2 = (1/B_1 - 1/B_0)A_1$

2. 差额分析法。

其原理等同于连环替代法，只不过是连环替代法的简化形式。这种方法的要点是，首先计算出各因素实际数与计划数的差异，然后再按照一定的替换程序，依次计算出各因素变动对计划完成的影响程度，据以对企业财务状况进行评价。

例如，某工会 2019 年会员人数为 150 人，2014 年为 130 人；2019 年计费工资基数为每人 60 元，2014 年为每人 80 元；2019 年缴费比例为 2%，2019 年缴费比例为 1%；2018 年会费收入为 180 元，2018 年会费收入为 104 元。

2019 年会费收入较之 2018 年增加了 180 - 104 = 76（元）；

首先确定 2018 年会费收入为 $130 \times 80 \times 1\% = 104$（元）；

其次用 2018 年会员人数替代 2014 年的数值，会费收入 =（150 – 130）× 80 × 1% = 16（元）；

再次用 2019 年实际计费工资基数替代 2018 年的数值，会费收入 = 150 ×（60 – 80）× 1% = – 30（元）；

最后用 2019 年实际缴费比率替代 2018 年的数值，会费收入 = 150 × 60 ×（2% – 1%）= 90（元）。

通过上述计算可以看出，年会费收入较 2014 年增加的最主要原因，在于 2015 年实际缴费比率较之 2014 年有所增加，该因素变化导致 2015 年会费收入增加了 90 元。

二、工会会计报表分析的具体方法

（一）报表分析

1. 资产负债表分析。

资产负债表分析主要包括以下具体方法，详见表 10 – 1：

（1）资产负债表水平分析，是指通过对各项资产、负债和净资产进行对比分析，指出筹资与投资过程的差异，从而揭示工会运营活动、管理水平等对筹资和投资的影响。

通过采用水平分析法，将资产负债表的实际数与选定的标准进行比较，编制出资产负债表水平分析表，在此基础上进行分析评价。分析每项资产项目变动额是多少，变动率是多少？单项资产变动对于总资产产生什么样的影响？

单项资产变动对总资产的影响 = 单项资产变动额 ÷ 期初总资产

表 10 – 1　　　　　　资产负债表水平分析表 1

资　　产	2019 年（元）	2018 年（元）	变动情况		对总资产的影响（%）
			变动额（元）	变动率（%）	
库存现金	58 900	30 000	28 900	96.33	0.60
银行存款	1 580 500	800 000	780 500	97.56	16.17
零余额账户用款额度					

续表

资　产	2019年（元）	2018年（元）	变动情况		对总资产的影响（%）
			变动额（元）	变动率（%）	
财政应返还额度	500 000		500 000		10.36
借出款	200 000	200 000	0	0.00	0.00
应收上级经费					
应收下级经费					
其他应收款	40 000	40 000	0	0.00	0.00
库存物品	120 000	120 000	0	0.00	0.00
投资	160 000	160 000	0	0.00	0.00
在建工程	3 700 000	200 000	3 500 000	1 750.00	72.50
固定资产	2 018 500	2 000 000	18 500	0.93	0.38
资产总计	8 377 900	3 550 000	4 827 900	136.00	100.00

对于资产负债表的右边，需要分析每项权益项目变动额是多少，变动率是多少？单项权益变动对于总权益产生什么样的影响，详见表10-2。

单项权益变动对总权益的影响 = 单项权益变动额÷期初总权益

表10-2　　　　　　　资产负债表水平分析表2

负债与净资产	2019年（元）	2018年（元）	变动情况		对总权益的影响（%）
			变动额（元）	变动率（%）	
一、负债					
应付工资（离退休费）					
应付地方（部门）津贴补贴					
应付其他个人收入					
借入款	50 000	50 000	0	0.00	0.00
应付上级经费	60 000	160 000	-100 000	-62.50	-2.07
应付下级经费	450 000	250 000	200 000	80.00	4.14
其他应付款	100 000	100 000	0	0.00	0.00
代管经费	80 000	80 000	0	0.00	0.00
负债合计	740 000	640 000	100 000	15.63	2.07
二、净资产类					

续表

负债与净资产	2019年（元）	2018年（元）	变动情况		对总权益的影响（%）
			变动额（元）	变动率（%）	
固定基金	2 018 500	2 000 000	18 500	0.93	0.38
在建工程占用基金	3 700 000	200 000	3 500 000	1 750.00	72.50
投资基金	160 000	160 000	0	0.00	0.00
专用基金	300 000	300 000	0	0.00	0.00
后备金	100 000	100 000	0	0.00	0.00
结余	1 359 400	150 000	1 209 400	806.27	25.05
净资产合计	7 637 900	2 910 000	4 727 900	162.47	97.93
负债与净资产总计	8 377 900	3 550 000	4 827 900	136.00	100.00

（2）资产负债表垂直分析，是指通过把资产负债表中各项目与总资产或总权益进行比较，分析资产构成、负债构成和净资产构成情况。

分析资产结构，需要从静态角度观察工会资产的配置情况，通过与行业平均水平或可比工会的资产结构等进行比较，评价其合理性；从动态角度分析资产结构的变动情况，对资产的稳定性做出评价。

编制资产负债表垂直分析表，见表10-3，表中的每一个项目都要分析，占比较大的项目是分析的重点，结构变动幅度大的项目也要重点分析。

表10-3　　　　　　资产负债表垂直分析表1

项　　目	2019年（元）	2018年（元）	2019年（%）	2018年（%）	变动情况（%）
库存现金	58 900	30 000	0.70	0.85	-0.14
银行存款	1 580 500	800 000	18.87	22.54	-3.67
零余额账户用款额度					
财政应返还额度	500 000		5.97	0.00	5.97
借出款	200 000	200 000	2.39	5.63	-3.25
应收上级经费					
应收下级经费					
其他应收款	40 000	40 000	0.48	1.13	-0.65
库存物品	120 000	120 000	1.43	3.38	-1.95

续表

项目	2019年（元）	2018年（元）	2019年（%）	2018年（%）	变动情况（%）
投资	160 000	160 000	1.91	4.51	-2.60
在建工程	3 700 000	200 000	44.16	5.63	38.53
固定资产	2 018 500	2 000 000	24.09	56.34	-32.24
总资产	8 377 900	3 550 000	100.00	100.00	0.00

分析资本结构，需要从静态角度观察工会资本的配置情况，通过与行业平均水平或可比工会的资本结构比较，评价其合理性；从动态角度分析资本结构的变动情况，对资本的稳定性做出评价，详见表10-4。

表10-4　　　　　资产负债表垂直分析表2

项目	2019年（元）	2018年（元）	2019年（%）	2018年（%）	变动情况（%）
一、负债					
应付工资（离退休费）					
应付地方（部门）津贴补贴					
应付其他个人收入					
借入款	50 000	50 000	0.60	1.41	-0.81
应付上级经费	60 000	160 000	0.72	4.51	-3.79
应付下级经费	450 000	250 000	5.37	7.04	-1.67
其他应付款	100 000	100 000	1.19	2.82	-1.62
代管经费	80 000	80 000	0.95	2.25	-1.30
负债合计	740 000	640 000	8.83	18.03	-9.20
二、净资产类					
固定基金	2 018 500	2 000 000	24.09	56.34	-32.24
在建工程占用基金	3 700 000	200 000	44.16	5.63	38.53
投资基金	160 000	160 000	1.91	4.51	-2.60
专用基金	300 000	300 000	3.58	8.45	-4.87
后备金	100 000	100 000	1.19	2.82	-1.62
结余	1 359 400	150 000	16.23	4.23	12.00
净资产合计	7 637 900	2 910 000	91.17	81.97	9.20
负债与净资产总计	8 377 900	3 550 000	100.00	100.00	0.00

(3) 资产负债表趋势分析,是指通过对较长时期总资产及主要资产项目、负债及主要负债项目、净资产及主要净资产项目变化趋势的分析,揭示筹资活动和投资活动的状况、规律及特征,预测其发展的前景。

(4) 资产负债表项目分析,是指在资产负债表全面分析的基础上,对资产负债表中资产、负债和净资产的主要项目进行深入分析,包括会计政策、会计估计等变化对相关项目的影响。

2. 收入支出表分析,详见表10-5。

(1) 通过收入支出表水平分析,从结余形成的角度,分析结余的变动情况,确定工会在结余形成过程当中的成绩以及存在的主要问题。长期的收入支出表水平分析属于趋势分析的范畴。

通过采用水平分析法,将实际数与选定的标准进行比较,编制出收入支出表水平分析表,在此基础上进行分析评价。根据分析目的的不同选择参照物,可以是预算数,也可以是上期数,还可以是同行业平均水平等。长期的水平分析就形成了对趋势的分析。可以采用环比比较,也可以采用定基比较。

表10-5　　　　　　　　　　收入支出表水平分析表

项　目		2019年（元）	2018年（元）	增减额（元）	增减百分比（%）
一、收入					
401	会费收入				
402	拨缴经费收入	700 000	200 000	500 000	250.00
403	上级补助收入				
40301	回拨补助				
40302	专项补助				
40303	超收补助				
40304	帮扶补助				
40305	送温暖补助				
40306	救灾补助				
40307	其他补助				
404	政府补助收入	4 000 000	1 700 000	2 300 000	135.29
405	行政补助收入	120 000	50 000	70 000	140.00
406	事业收入				

续表

项 目		2019年（元）	2018年（元）	增减额（元）	增减百分比（%）
407	投资收益				
408	其他收入				
	本期收入合计	4 820 000	1 950 000	2 870 000	147.18
	二、支出				
501	职工活动支出	25 600	10 000	15 600	156.00
50101	职工教育费				
50102	文体活动费	22 000	7 000	15 000	214.29
50103	宣传活动费	3 600	3 000	600	20.00
50104	其他活动支出				
502	维权支出	40 000	15 000	25 000	166.67
50201	劳动关系协调费				
50202	劳动保护费				
50203	法律援助费				
50204	困难职工帮扶费				
50205	送温暖费	40 000	15 000	25 000	166.67
50206	其他维权支出				
503	业务支出	14 500	9 000	5 500	61.11
50301	培训费	5 500	3 000	2 500	83.33
50302	会议费	7 000	4 000	3 000	75.00
50303	外事费				
50304	专项业务费	6 000	2 000	4 000	200.00
50305	其他业务支出				
504	行政支出				
50401	工资福利支出				
50402	商品和服务支出				
50403	对个人和家庭的补助				
50404	其他行政支出				
505	资本性支出	3 530 500	1 766 000	1 764 500	99.92
50501	房屋建筑物购建	3 500 000	1 700 000	1 800 000	105.88
50502	办公设备购建	5 500	45 000	-39 500	-87.78
50503	专用设备购置				

续表

	项 目	2019年（元）	2018年（元）	增减额（元）	增减百分比（%）
50504	交通工具购置				
50505	大型修缮	15 000	10 000	5 000	50.00
50506	信息网络购建	10 000	11 000	-1 000	-9.09
50507	其他资本性支出				
506	补助下级支出				
50601	回拨补助				
50602	专项补助				
50603	超收补助				
50604	帮扶补助				
50605	送温暖补助				
50606	救灾补助				
50607	其他补助				
507	事业支出				
508	其他支出				
	本期支出合计	3 610 600	1 800 000	1 810 600	100.59
	三、本期结余	1 209 400	150 000	1 059 400	706.27

（2）通过收入支出表垂直分析，首先从结构角度来判断表内单个项目占收入的比重及其变化情况；然后从结构角度判断收入类项目占总收入的比重及其变化情况，以及支出类项目占总支出的比重及其变化情况，从而反映各环节的结余构成、收入及支出水平。长期的收入支出表垂直分析属于趋势分析的范畴。

编制收入支出表垂直分析表，详见表10-6。表中的每一个项目都要分析，占比较大的项目是分析的重点，结构变动幅度大的项目也要重点分析。

表10-6　　　　　　　　收入支出表垂直分析表

	项 目	2019年（元）	2018年（元）	2019年（%）	2018年（%）
	一、收入				
401	会费收入				
402	拨缴经费收入	700 000	200 000	14.52	10.26

续表

项目		2019年（元）	2018年（元）	2019年（%）	2018年（%）
403	上级补助收入				
40301	回拨补助				
40302	专项补助				
40303	超收补助				
40304	帮扶补助				
40305	送温暖补助				
40306	救灾补助				
40307	其他补助				
404	政府补助收入	4 000 000	1 700 000	82.99	87.18
405	行政补助收入	120 000	50 000	2.49	2.56
406	事业收入				
407	投资收益				
408	其他收入				
	本期收入合计	4 820 000	1 950 000	100.00	100.00
二、支出					
501	职工活动支出	25 600	10 000	0.71	0.56
50101	职工教育费				
50102	文体活动费	22 000	7 000	0.61	0.39
50103	宣传活动费	3 600	3 000	0.10	0.17
50104	其他活动支出				
502	维权支出	40 000	15 000	1.11	0.83
50201	劳动关系协调费				
50202	劳动保护费				
50203	法律援助费				
50204	困难职工帮扶费				
50205	送温暖费	40 000	15 000	1.11	0.83
50206	其他维权支出				
503	业务支出	14 500	9 000	0.40	0.50
50301	培训费	5 500	3 000	0.15	0.17
50302	会议费	7 000	4 000	0.19	0.22
50303	外事费				

续表

项目		2019年（元）	2018年（元）	2019年（%）	2018年（%）
50304	专项业务费	6 000	2 000	0.17	0.11
50305	其他业务支出				
504	行政支出				
50401	工资福利支出				
50402	商品和服务支出				
50403	对个人和家庭的补助				
50404	其他行政支出				
505	资本性支出	3 530 500	1 766 000	97.78	98.11
50501	房屋建筑物购建	3 500 000	1 700 000	96.94	94.44
50502	办公设备购建	5 500	45 000	0.15	2.50
50503	专用设备购置				
50504	交通工具购置				
50505	大型修缮	15 000	10 000	0.42	0.56
50506	信息网络购建	10 000	11 000	0.28	0.61
50507	其他资本性支出				
506	补助下级支出				
50601	回拨补助				
50602	专项补助				
50603	超收补助				
50604	帮扶补助				
50605	送温暖补助				
50606	救灾补助				
50607	其他补助				
507	事业支出				
508	其他支出				
	本期支出合计	3 610 600	1 800 000	100.00	100.00
	三、本期结余	1 209 400	150 000		

（3）收入支出表的项目分析主要是基于前期对于收入支出表的水平分析和垂直分析，结合附注中所提供的详细信息，进一步分析说明表中主要项目的变动情况，深入揭示结余形成的主观原因和客观原因。

（二）指标分析

1. 偿债能力分析。

工会的偿债能力是指工会用其资产偿还长期债务与短期债务的能力。工会有无支付现金的能力和偿还债务能力，是其能否生存和健康发展的关键。

资产负债率是负债总额与资产总额的百分比，也就是负债总额与资产总额的比例关系。资产负债率反映在工会总资产中有多大比例是通过借债来筹资的。该指标分析1元的资产当中有多少钱是借来的。其计算公式是：

资产负债率＝负债总额÷资产总额

资产负债率是衡量工会负债水平及风险的重要标准，反映债权人所提供的资本占全部资本的比例。

2. 发展能力分析。

工会的发展能力，也被称为工会的成长性，是工会通过自身的运营活动不断扩大积累而形成的发展潜能。

（1）资本保值增值率反映了工会资本的运营成果与安全状况，是反映工会发展能力的重要指标。其计算公式为：

资本保值增值率＝（年末净资产÷年初净资产）×100%

这一指标是根据资本保全原则设计的，反映资本的保全和增值情况。它充分体现了对净资产的保护，能够及时、有效地发现净资产减少的现象。该指标越高，说明工会资本保全状况越好，净资产增长越快，债权人的权益越有保障，工会发展后劲越强。

（2）总资产增长率是工会本期总资产增长额同期初资产总额的比率。它反映本期资产规模的增长情况，评价经营规模总量上的扩张程度，是考核工会发展能力的重要指标。年总资产增长率计算公式为：

年总资产增长率＝本年总资产增长额÷上年总资产×100%

其中，本年总资产增长额＝年末资产总额－年初资产总额。一般来说，该指标越高，表明工会在一个经营周期内资产经营规模扩张的速度越快。实际操作时，该指标并不是越高越好，应注意资产规模扩张的质与量的关系。

3. 工会经费管理指标。

（1）经费自给率反映各级工会按照制度规定，满足日常经济活动所需经费保障程度，计算公式为：

经费自给率 = 拨缴经费收入 ÷ 工会经费支出总额 × 100%

一般情况下,如果经费自给率过低,说明工会日常运营主要依赖包括各类补助等在内的经费保障。由于获得这些经费存在很大的不确定性。因此较低的经费自给率会抑制工会开展正常活动。

(2) 工会经费收缴率,是各级工会按照规定应收取的拨缴经费收入,计算公式为:

工会经费收缴率 = 拨缴经费收入 ÷ (所在单位职工工资总额 × 2%) × 100%

理论上该指标为百分之百时较为理想,即所谓的"应收尽收"。如果该指标值过低,或者与同地区、同类型工会相比,该指标并不理想,则需要重新审视经费收缴策略。

(3) 经费累积率,反映各级工会当年经费结余对累计结余的贡献度,计算公式为:

工会经费累积率 = 当年结余 ÷ 累积结余 × 100%

按照相关要求,各级工会的年度经费一般不允许出现赤字,但也不鼓励有过多的经费结余。如果工会经费累积率较高,配置方面尚需进一步提高管理水平,以更好地履行工会职能。

附录

附录1 中华人民共和国工会法

(1992年4月3日第七届全国人民代表大会第五次会议通过 根据2001年10月27日第九届全国人民代表大会常务委员会第二十四次会议《关于修改〈中华人民共和国工会法〉的决定》修正)

第一章 总则

第一条 为保障工会在国家政治、经济和社会生活中的地位,确定工会的权利与义务,发挥工会在社会主义现代化建设事业中的作用,根据宪法,制定本法。

第二条 工会是职工自愿结合的工人阶级的群众组织。

中华全国总工会及其各级工会组织代表职工的利益,依法维护职工的合法权益。

第三条 在中国境内的企业、事业单位、机关中以工资收入为主要生活来源的体力劳动者和脑力劳动者,不分民族、种族、性别、职业、宗教信仰、教育程度,都有依法参加和组织工会的权利。任何组织和个人不得阻挠和限制。

第四条 工会必须遵守和维护宪法,以宪法为根本的活动准则,以经济建设为中心,坚持社会主义道路、坚持人民民主专政、坚持中国共产党领导、坚持马克思列宁主义毛泽东思想邓小平理论,坚持改革开放,依照工会章程独立自主地开展工作。

工会会员全国代表大会制定或者修改《中国工会章程》,章程不得与宪法和法律相抵触。

国家保护工会的合法权益不受侵犯。

第五条 工会组织和教育职工依照宪法和法律的规定行使民主权利，发挥国家主人翁的作用，通过各种途径和形式，参与管理国家事务、管理经济和文化事业、管理社会事务；协助人民政府开展工作，维护工人阶级领导的、以工农联盟为基础的人民民主专政的社会主义国家政权。

第六条 维护职工合法权益是工会的基本职责。工会在维护全国人民总体利益的同时，代表和维护职工的合法权益。

工会通过平等协商和集体合同制度，协调劳动关系，维护企业职工劳动权益。

工会依照法律规定通过职工代表大会或者其他形式，组织职工参与本单位的民主决策、民主管理和民主监督。

工会必须密切联系职工，听取和反映职工的意见和要求，关心职工的生活，帮助职工解决困难，全心全意为职工服务。

第七条 工会动员和组织职工积极参加经济建设，努力完成生产任务和工作任务。教育职工不断提高思想道德、技术业务和科学文化素质，建设有理想、有道德、有文化、有纪律的职工队伍。

第八条 中华全国总工会根据独立、平等、互相尊重、互不干涉内部事务的原则加强同各国工会组织的友好合作关系。

第二章　工会组织

第九条 工会各级组织按照民主集中制原则建立。

各级工会委员会由会员大会或者会员代表大会民主选举产生。企业主要负责人的近亲属不得作为本企业基层工会委员会成员的人选。

各级工会委员会向同级会员大会或者会员代表大会负责并报告工作，接受其监督。

工会会员大会或者会员代表大会有权撤换或者罢免其所选举的代表或者工会委员会组成人员。

上级工会组织领导下级工会组织。

第十条 企业、事业单位、机关有会员二十五人以上的，应当建立基层工会委员会；不足二十五人的，可以单独建立基层工会委员会。也可以由两个以上单位的会员联合建立基层工会委员会，也可以选举组织员一人，组织会员开展活动。女职工人数较多的，可以建立工会女职工委员会，在同级工会领导下开展工作；女职工人数较少的，可以在工会委员会中设女职工委员。

企业职工较多的乡镇、城市街道，可以建立基层工会的联合会。

县级以上地方建立地方各级总工会。

同一行业或者性质相近的几个行业，可以根据需要建立全国的或者地方的产业工会。

全国建立统一的中华全国总工会。

第十一条　基层工会、地方各级总工会、全国或者地方产业工会组织的建立，必须报上一级工会批准。

上级工会可以派员帮助和指导企业职工组建工会，任何单位和个人不得阻挠。

第十二条　任何组织和个人不得随意撤销、合并工会组织。

基层工会所在的企业终止或者所在的事业单位、机关被撤销，该工会组织相应撤销，并报上一级工会。

依前款规定被撤销的工会，其会员的会籍可以继续保留，具体管理办法由中华全国总工会制定。

第十三条　职工二百人以上的企业、事业单位的工会，可以设专职工会主席。工会专职工作人员的人数由工会与企业、事业单位协商确定。

第十四条　中华全国总工会、地方总工会、产业工会具有社会团体法人资格。

基层工会组织具备民法通则规定的法人条件的，依法取得社会团体法人资格。

第十五条　基层工会委员会每届任期三年或者五年。各级地方总工会委员会和产业工会委员会每届任期五年。

第十六条　基层工会委员会定期召开会员大会或者会员代表大会，讨论决定工会工作的重大问题。经基层工会委员会或者三分之一以上的工会会员提议，可以临时召开会员大会或者会员代表大会。

第十七条　工会主席、副主席任期未满时，不得随意调动其工作。因工作需要调动时，应当征得本级工会委员会和上一级工会的同意。

罢免工会主席、副主席必须召开会员大会或者会员代表大会讨论，非经会员大会全体会员或者会员代表大会全体代表过半数通过，不得罢免。

第十八条　基层工会专职主席、副主席或者委员自任职之日起，其劳动合同期限自动延长,延长期限相当于其任职期间;非专职主席、副主席或者委员任职之日起,其尚未履行的劳动合同期限短于任期的,劳动合同期限自动延长至任期期满。但是,任职期间个人严重过失或者达到法定退休年龄除外。

第三章 工会的权利和义务

第十九条 企业、事业单位违反职工代表大会制度和其他民主管理制度,工会有权要求纠正,保障职工依法行使民主管理的权利。

法律、法规规定应当提交职工大会或者职工代表大会审议、通过、决定的事项,企业、事业单位应当依法办理。

第二十条 工会帮助、指导职工与企业以及实行企业化管理的事业单位签订劳动合同。

工会代表职工与企业以及实行企业化管理的事业单位进行平等协商,签订集体合同。集体合同草案应当提交职工代表大会或者全体职工讨论通过。

工会签订集体合同,上级工会应当给予支持和帮助。

企业违反集体合同,侵犯职工劳动权益的,工会可以依法要求企业承担责任;因履行集体合同发生争议,经协商解决不成的,工会可以向劳动争议仲裁机构提请仲裁,仲裁机构不予受理或者对仲裁裁决不服的,可以向人民法院提起诉讼。

第二十一条 企业、事业单位处分职工,工会认为不适当的,有权提出意见。

企业单方面解除职工劳动合同时,应当事先将理由通知工会,工会认为企业违反法律、法规和有关合同,要求重新研究处理时,企业应当研究工会的意见,并将处理结果书面通知工会。

职工认为侵犯其劳动权益而申请劳动争议仲裁或者向人民法院提起诉讼的,工会应当给予支持和帮助。

第二十二条 企业、事业单位违反劳动法律、法规规定,有下列侵犯职工劳动权益情形,工会应当代表职工与企业、事业单位交涉,要求企业、事业单位采取措施予以改正;企业、事业单位应当予以研究处理,并向工会做出答复;企业、事业单位拒不改正的,工会可以请示当地人民政府依法做出处理:(一)克扣职工工资的;(二)不提供劳动安全卫生条件的;(三)随意延长劳动时间的;(四)侵犯女职工和未成年工特殊权益的;(五)其他严重侵犯职工劳动权益的。

第二十三条 工会依照国家规定对新建、扩建企业和技术改造工程中的劳动条件和安全卫生设施与主体工程同时设计、同时施工、同时投产使用进行监督。对工会提出的意见,企业或者主管部门应当认真处理,并将处理结果书面通知工会。

第二十四条 工会发现企业违章指挥、强令工人冒险作业,或者生产过程中发现明显重大事故隐患和职业危害,有权提出解决的建议,企业应当及时研究答复;发现危及职工生命安全的情况时,工会有权向企业建议组织职工撤离危险现场,企业必须及时做出处理决定。

第二十五条 工会有权对企业、事业单位侵犯职工合法权益的问题进行调查,有关单位应当予以协助。

第二十六条 职工因工伤亡事故和其他严重危害职工健康问题的调查处理,必须有工会参加。工会应当向有关部门提出处理意见,并有权要求追究直接负责的主管人员和有关责任人的责任。对工会提出的意见,应当及时研究,给予答复。

第二十七条 企业、事业单位发生停工、怠工事件,工会应当代表职工同企业、事业单位或者有关方面协商,反映职工的意见和要求并提出解决意见。对于职工的合理要求,企业、事业单位应当予以解决。工会协助企业、事业单位做好工作,尽快恢复生产、工作秩序。

第二十八条 工会参加企业的劳动争议调解工作。

地方劳动争议仲裁组织应当有同级工会代表参加。

第二十九条 县级以上各级总工会可以为所属工会和职工提供法律服务。

第三十条 工会协助企业、事业单位、机关办好职工集体福利事业,做好工资、劳动安全卫生和社会保险工作。

第三十一条 工会会同企业、事业单位教育职工以国家主人翁态度对待劳动,爱护国家和企业的财产,组织职工开展群众性的合理化建议、技术革新活动,进行业余文化技术学习和职工培训,组织职工开展文娱、体育活动。

第三十二条 根据政府委托,工会与有关部门共同做好劳动模范和先进生产(工作)者的评选、表彰、培养和管理工作。

第三十三条 国家机关在组织起草或者修改直接涉及职工切身利益的法

律、法规、规章时，应当听取工会意见。

县级以上各级人民政府制定国民经济和社会发展计划，对涉及职工利益的重大问题应当听取同级工会的意见。

县级以上各级人民政府及其有关部门研究制定劳动就业、工资、劳动安全卫生、社会保险等涉及职工切身利益的政策、措施时，应当吸收同级工会参加研究，听取工会意见。

第三十四条　县级以上地方各级人民政府可以召开会议或者采取适当方式，向同级工会通报政府的重要工作部署和与工会工作有关的行政措施，研究解决工会反映的职工群众的意见和要求。

各级人民政府劳动行政部门应当会同同级工会和企业方面代表，建立劳动关系三方协商机制，共同研究解决劳动关系方面的重大问题。

第四章　基层工会组织

第三十五条　国有企业职工代表大会是企业实行民主管理的基本形式，是职工行使民主管理权力的机构，依照法律规定行使职权。

国有企业的工会委员会是职工代表大会的工作机构，负责职工代表大会的日常工作，检查、督促职工代表大会决议的执行。

第三十六条　集体企业的工会委员会，应当支持和组织职工参加民主管理和民主监督维护职工选举和罢免管理人员、决定经营的重大问题的权力。

第三十七条　本法第三十五条、第三十六条规定以外的其他企业、事业单位的工会委员会，依照法律规定组织职工采取与企业、事业单位相适应的形式，参与企业、事业单位民主管理。

第三十八条　企业、事业单位研究经营管理和发展的重大问题应当听取工会的意见；召开讨论有关工资、福利、劳动安全卫生、社会保险等涉及职工切身利益的会议，必须有工会代表参加。

企业、事业单位应当支持工会依法开展工作，工会应当支持企业事业单位依法行使经营管理权。

第三十九条　公司的董事会、监事会中职工代表的产生，依照公司法有关规定执行。

第四十条　基层工会委员会召开会议或者组织职工活动，应当在生产或者工作时间以外进行，需要占用生产或者工作时间的，应当事先征得企业、事业单位的同意。

基层工会的非专职委员占用生产或者工作时间参加会议或者从事工会工作，每月不超过三个工作日，其工资照发，其他待遇不受影响。

第四十一条　企业事业单位、机关工会委员会的专职工作人员的工资、奖励、补贴，由所在单位支付。社会保险和其他福利待遇等，享受本单位职工同等待遇。

第五章　工会的经费和财产

第四十二条　工会经费的来源：

（一）工会会员缴纳的会费；

（二）建立工会组织的企业、事业单位、机关按每月全部职工工资总额的百分之二向工会拨交的经费；

（三）工会所属的企业、事业单位上缴的收入；

（四）人民政府的补助；

（五）其他收入。

前款第二项规定的企业、事业单位拨缴的经费在税前列支。

工会经费主要用于为职工服务和工会活动。经费使用的具体办法由中华全国总工会制定。

第四十三条　企业事业单位无正当理由拖延或者拒不拨缴工会经费，基层工会或者上级工会可以向当地人民法院申请支付令，拒不执行支付令的，工会可以依法申请人民法院强制执行。

第四十四条　工会应当根据经费独立原则，建立预算、决算和经费审查监督制度。

各级工会建立经费审查委员会。

各级工会经费收支情况应当由同级工会经费审查委员会审查，并且定期向会员大会或者会员代表大会报告，接受监督。工会会员大会或者会员代表大会有权对经费使用情况提出意见。

工会经费的使用应当依法接受国家的监督。

第四十五条　各级人民政府的企业、事业单位、机关应当为工会办公和开展活动，提供必要的设施和活动场所等物质条件。

第四十六条　工会的财产、经费和国家拨给工会使用的不动产，任何组织和个人不得侵占、挪用和任意调拨。

第四十七条 工会所属的为职工服务的企业、事业单位，其隶属关系不得随意改变。

第四十八条 县级以上各级工会的离休、退休人员的待遇，与国家机关工作人员同等对待。

第六章 法律责任

第四十九条 工会对违反本法规定侵犯其合法权益的，有权提请人民政府或者有关部门予以处理，或者向人民法院提起诉讼。

第五十条 违反本法第三条、第十一条规定，阻挠职工依法参加和组织工会或者阻挠上级工会帮助、指导职工筹建工会的，由劳动行政部门责令其改正；拒不改正的，由劳动行政部门提请县级以上人民政府处理；以暴力、威胁等手段阻挠造成严重后果，构成犯罪的，依法追究刑事责任。

第五十一条 违反本法规定，对依法履行职责的工会工作人员无正当理由调动工作岗位，进行打击报复的，由劳动行政部门责令改正，恢复原工作；造成损失的，给予赔偿。

对依法履行职责的工会工作人员进行侮辱、诽谤或者进行人身伤害，构成犯罪的，依法追究刑事责任；尚未构成犯罪的，由公安机关依照治安管理处罚条例的规定处罚。

第五十二条 违反本法规定，有下列情形之一的由劳动行政部门责令恢复其工作，并补发被解除劳动合同期间应得的报酬，或者责令给予本人年收入二倍的赔偿：

（一）职工因参加工会活动而被除劳动合同的；

（二）工会工作人员因履行本法规定的职责而被解除合同的。

第五十三条 违反本法规定，有下列情形之一的，由县级以上人民政府责令改正，依法处理：

（一）妨碍工会组织职工通过职工代表大会和其他形式依法行使民主权利的；

（二）非法撤销、合并工会组织的；

（三）妨害工会参加职工因工伤亡事故以及其他侵犯职工合法权益问题的调查处理的；

（四）无正当理由拒绝进行平等协商的。

第五十四条　违反本法第四十六条规定，侵占工会经费和财产拒不返还的，工会可以向人民法院提起诉讼，要求返还，并赔偿损失。

第五十五条　工会工作人员违反本法规定，损害职工或者工会权益的，由同级工会或者上级工会责令改正，或者予以处分；情节严重的，依照《中国工会章程》予以罢免；造成损失的，应当承担赔偿责任；构成犯罪的，依法追究刑事责任。

第七章　附则

第五十六条　中华全国总工会会同有关国家机关制定机关工会实施本法的具体办法。

第五十七条　本法自公布之日起施行。1950年6月29日中央人民政府颁布的《中华人民共和国工会法》同时废止。

附录2 中国工会章程

(2018年10月26日中国工会第十七次全国代表大会通过)

总 则

中国工会是中国共产党领导的职工自愿结合的工人阶级群众组织,是党联系职工群众的桥梁和纽带,是国家政权的重要社会支柱,是会员和职工利益的代表。

中国工会以宪法为根本活动准则,按照《中华人民共和国工会法》和本章程独立自主地开展工作,依法行使权利和履行义务。

工人阶级是我国的领导阶级,是先进生产力和生产关系的代表,是中国共产党最坚实最可靠的阶级基础,是改革开放和社会主义现代化建设的主力军,是维护社会安定的强大而集中的社会力量。中国工会高举中国特色社会主义伟大旗帜,以马克思列宁主义、毛泽东思想、邓小平理论、"三个代表"重要思想、科学发展观、习近平新时代中国特色社会主义思想为指导,贯彻执行党的以经济建设为中心,坚持四项基本原则,坚持改革开放的基本路线,保持和增强政治性、先进性、群众性,坚定不移地走中国特色社会主义工会发展道路,推动党的全心全意依靠工人阶级的根本指导方针的贯彻落实,全面履行工会的社会职能,在维护全国人民总体利益的同时,更好地表达和维护职工的具体利益,团结和动员全国职工自力更生、艰苦创业,坚持和发展中国特色社会主义,为全面建成小康社会、把我国建设成为富强民主文明和谐美丽的社会主义现代化强国、实现中华民族伟大复兴的中国梦而奋斗。

中国工会坚持自觉接受中国共产党的领导,承担团结引导职工群众听党话、跟党走的政治责任,巩固和扩大党执政的阶级基础和群众基础。

中国工会的基本职责是维护职工合法权益、竭诚服务职工群众。

中国工会按照中国特色社会主义事业"五位一体"总体布局和"四个全面"战略布局,贯彻创新、协调、绿色、开放、共享的发展理念,把握为实现中华民族伟大复兴的中国梦而奋斗的工人运动时代主题，弘扬劳模精神、劳动精神、工匠精神，动员和组织职工积极参加建设和改革，努力促进经济、政治、文化、社会和生态文明建设；代表和组织职工参与国家和社会事务管理，参与企业、事业单位和机关的民主管理；教育职工践行社会主义核心价值观，不断提高思想道德素质、科学文化素质和技术技能素质，推进产业工人队伍建设改革，建设有理想、有道德、有文化、有纪律的职工队伍，不断发展工人阶级先进性。

中国工会以忠诚党的事业、竭诚服务职工为己任，坚持组织起来、切实维权的工作方针，坚持以职工为本、主动依法科学维权的维权观，促进完善社会主义劳动法律，维护职工的经济、政治、文化和社会权利，参与协调劳动关系和社会利益关系，推动构建和谐劳动关系，促进经济高质量发展和社会的长期稳定，维护工人阶级和工会组织的团结统一，为构建社会主义和谐社会作贡献。

中国工会维护工人阶级领导的、以工农联盟为基础的人民民主专政的社会主义国家政权，协助人民政府开展工作，依法发挥民主参与和社会监督作用。

中国工会在企业、事业单位中，按照促进企事业发展、维护职工权益的原则，支持行政依法行使管理权力，组织职工参加民主管理和民主监督，与行政方面建立协商制度，保障职工的合法权益，调动职工的积极性，促进企业、事业的发展。

中国工会实行产业和地方相结合的组织领导原则，坚持民主集中制。

中国工会坚持以改革创新精神加强自身建设，构建联系广泛、服务职工的工作体系，增强团结教育、维护权益、服务职工的功能，坚持群众化、民主化，保持同会员群众的密切联系，依靠会员群众开展工会工作。各级工会领导机关坚持把工作重点放到基层，着力扩大覆盖面、增强代表性，着力强化服务意识、提高维权能力，着力加强队伍建设、提升保障水平，坚持服务职工群众的工作生命线，全心全意为基层、为职工服务，构建智慧工会，增强基层工会的吸引力凝聚力战斗力，把工会组织建设得更加充满活力、更加坚强有力，成为深受职工群众信赖的学习型、服务型、创新型"职工之家"。

工会兴办的企业、事业，坚持公益性、服务性，坚持为改革开放和发展社会生产力服务，为职工群众服务，为推进工运事业服务。

中国工会努力巩固和发展工农联盟，坚持最广泛的爱国统一战线，加强包括香港特别行政区同胞、澳门特别行政区同胞、台湾同胞和海外侨胞在内的全国各族人民的大团结，促进祖国的统一、繁荣和富强。

中国工会在国际事务中坚持独立自主、互相尊重、求同存异、加强合作、增进友谊的方针，在独立、平等、互相尊重、互不干涉内部事务的原则基础上，广泛建立和发展同国际和各国工会组织的友好关系，积极参与"一带一路"建设，增进我国工人阶级同各国工人阶级的友谊，同全世界工人和工会一起，在推动构建人类命运共同体中发挥作用，为世界的和平、发展、合作、工人权益和社会进步而共同努力。

中国工会落实新时代党的建设总要求，以党的政治建设为统领，全面加强党的建设，增强政治意识、大局意识、核心意识、看齐意识，坚定道路自信、理论自信、制度自信、文化自信，坚决维护习近平总书记党中央的核心、全党的核心地位，坚决维护党中央权威和集中统一领导，在思想上政治上行动上同以习近平同志为核心的党中央保持高度一致。

第一章　会员

第一条　凡在中国境内的企业、事业单位、机关和其他社会组织中，以工资收入为主要生活来源或者与用人单位建立劳动关系的体力劳动者和脑力劳动者，不分民族、种族、性别、职业、宗教信仰、教育程度，承认工会章程，都可以加入工会为会员。

第二条　职工加入工会，由本人自愿申请，经工会基层委员会批准并发给会员证。

第三条　会员享有以下权利：

（一）选举权、被选举权和表决权。

（二）对工会工作进行监督，提出意见和建议，要求撤换或者罢免不称职的工会工作人员。

（三）对国家和社会生活问题及本单位工作提出批评与建议，要求工会组织向有关方面如实反映。

（四）在合法权益受到侵犯时，要求工会给予保护。

（五）工会提供的文化、教育、体育、旅游、疗休养、互助保障、生活救助、法律服务、就业服务等优惠待遇；工会给予的各种奖励。

（六）在工会会议和工会媒体上，参加关于工会工作和职工关心问题的讨论。

第四条　会员履行下列义务：

（一）认真学习贯彻习近平新时代中国特色社会主义思想，学习政治、经济、文化、法律、科学、技术和工会基本知识等。

（二）积极参加民主管理，努力完成生产和工作任务，立足本职岗位建功立业。

（三）遵守宪法和法律，践行社会主义核心价值观，弘扬中华民族传统美德，恪守社会公德、职业道德、家庭美德、个人品德，遵守劳动纪律。

（四）正确处理国家、集体、个人三者利益关系，向危害国家、社会利益的行为作斗争。

（五）维护中国工人阶级和工会组织的团结统一，发扬阶级友爱，搞好互助互济。

（六）遵守工会章程，执行工会决议，参加工会活动，按月交纳会费。

第五条　会员组织关系随劳动（工作）关系变动，凭会员证明接转。

第六条　会员有退会自由。会员退会由本人向工会小组提出，由工会基层委员会宣布其退会并收回会员证。

会员没有正当理由连续六个月不交纳会费、不参加工会组织生活，经教育拒不改正，应当视为自动退会。

第七条　对不执行工会决议、违反工会章程的会员，给予批评教育。对严重违法犯罪并受到刑事处分的会员，开除会籍。开除会员会籍，须经工会小组讨论，提出意见，由工会基层委员会决定，报上一级工会备案。

第八条　会员离休、退休和失业，可保留会籍。保留会籍期间免交会费。

工会组织要关心离休、退休和失业会员的生活，积极向有关方面反映他们的愿望和要求。

第二章　组织制度

第九条　中国工会实行民主集中制，主要内容是：

（一）个人服从组织，少数服从多数，下级组织服从上级组织。

（二）工会的各级领导机关，除它们派出的代表机关外，都由民主选举产生。

（三）工会的最高领导机关，是工会的全国代表大会和它所产生的中华全国总工会执行委员会。工会的地方各级领导机关，是工会的地方各级代表大会和它所产生的总工会委员会。

（四）工会各级委员会，向同级会员大会或者会员代表大会负责并报告工作，接受会员监督。会员大会和会员代表大会有权撤换或者罢免其所选举的代表和工会委员会组成人员。

（五）工会各级委员会，实行集体领导和分工负责相结合的制度。凡属重大问题由委员会民主讨论，做出决定，委员会成员根据集体的决定和分工，履行自己的职责。

（六）工会各级领导机关，加强对下级组织的领导和服务，经常向下级组织通报情况，听取下级组织和会员的意见，研究和解决他们提出的问题。下级组织应及时向上级组织请示报告工作。

第十条　工会各级代表大会的代表和委员会的产生，要充分体现选举人的意志。候选人名单，要反复酝酿，充分讨论。选举采用无记名投票方式，可以直接采用候选人数多于应选人数的差额选举办法进行正式选举，也可以先采用差额选举办法进行预选，产生候选人名单，然后进行正式选举。任何组织和个人，不得以任何方式强迫选举人选举或不选举某个人。

第十一条　中国工会实行产业和地方相结合的组织领导原则。同一企业、事业单位、机关和其他社会组织中的会员，组织在一个工会基层组织中；同一行业或者性质相近的几个行业，根据需要建立全国的或者地方的产业工会组织。除少数行政管理体制实行垂直管理的产业，其产业工会实行产业工会和地方工会双重领导，以产业工会领导为主外，其他产业工会均实行以地方工会领导为主，同时接受上级产业工会领导的体制。各产业工会的领导体制，由中华全国总工会确定。

省、自治区、直辖市，设区的市和自治州，县（旗）、自治县、不设区的市建立地方总工会。地方总工会是当地地方工会组织和产业工会地方组织的领导机关。全国建立统一的中华全国总工会。中华全国总工会是各级地方总工会和各产业工会全国组织的领导机关。

中华全国总工会执行委员会委员和产业工会全国委员会委员实行替补制，各级地方总工会委员会委员和地方产业工会委员会委员，也可以实行替补制。

第十二条　县和县以上各级地方总工会委员会，根据工作需要可以派出代表机关。

县和县以上各级工会委员会，在两次代表大会之间，认为有必要时，可以召集代表会议，讨论和决定需要及时解决的重大问题。代表会议代表的名额和产生办法，由召集代表会议的总工会决定。

全国产业工会、各级地方产业工会、乡镇工会和城市街道工会的委员会，可以按照联合制、代表制原则，由下一级工会组织民主选举的主要负责人和适当比例的有关方面代表组成。

上级工会可以派员帮助和指导用人单位的职工组建工会。

第十三条　各级工会代表大会选举产生同级经费审查委员会。中华全国总工会经费审查委员会设常务委员会，省、自治区、直辖市总工会经费审查委员会和独立管理经费的全国产业工会经费审查委员会，应当设常务委员会。经费审查委员会负责审查同级工会组织及其直属企业、事业单位的经费收支和资产管理情况，监督财经法纪的贯彻执行和工会经费的使用，并接受上级工会经费审查委员会的指导和监督。工会经费审查委员会向同级会员大会或会员代表大会负责并报告工作；在大会闭会期间，向同级工会委员会负责并报告工作。

上级经费审查委员会应当对下一级工会及其直属企业、事业单位的经费收支和资产管理情况进行审查。

中华全国总工会经费审查委员会委员实行替补制，各级地方总工会经费审查委员会委员和独立管理经费的产业工会经费审查委员会委员，也可以实行替补制。

第十四条　各级工会建立女职工委员会，表达和维护女职工的合法权益。女职工委员会由同级工会委员会提名，在充分协商的基础上组成或者选举产生，女职工委员会与工会委员会同时建立，在同级工会委员会领导下开展工作。企业工会女职工委员会是县或者县以上妇联的团体会员，通过县以上地方工会接受妇联的业务指导。

第十五条　县和县以上各级工会组织应当建立法律服务机构，为保护职工和工会组织的合法权益提供服务。

各级工会组织应当组织和代表职工开展劳动法律监督。

第十六条　成立或者撤销工会组织，必须经会员大会或者会员代表大会通过，并报上一级工会批准。工会基层组织所在的企业终止，或者所在的事业单位、机关和其他社会组织被撤销，该工会组织相应撤销，并报上级工会备案。其他组织和个人不得随意撤销工会组织，也不得把工会组织的机构撤销、合并或者归属其他工作部门。

第三章 全国组织

第十七条 中国工会全国代表大会，每五年举行一次，由中华全国总工会执行委员会召集。在特殊情况下，由中华全国总工会执行委员会主席团提议，经执行委员会全体会议通过，可以提前或者延期举行。代表名额和代表选举办法由中华全国总工会决定。

第十八条 中国工会全国代表大会的职权是：

（一）审议和批准中华全国总工会执行委员会的工作报告。

（二）审议和批准中华全国总工会执行委员会的经费收支情况报告和经费审查委员会的工作报告。

（三）修改中国工会章程。

（四）选举中华全国总工会执行委员会和经费审查委员会。

第十九条 中华全国总工会执行委员会，在全国代表大会闭会期间，负责贯彻执行全国代表大会的决议，领导全国工会工作。

执行委员会全体会议选举主席一人、副主席若干人、主席团委员若干人，组成主席团。

执行委员会全体会议由主席团召集，每年至少举行一次。

第二十条 中华全国总工会执行委员会全体会议闭会期间，由主席团行使执行委员会的职权。主席团全体会议，由主席召集。

主席团闭会期间，由主席、副主席组成的主席会议行使主席团职权。主席会议由中华全国总工会主席召集并主持。

主席团下设书记处，由主席团在主席团成员中推选第一书记一人，书记若干人组成。书记处在主席团领导下，主持中华全国总工会的日常工作。

第二十一条 产业工会全国组织的设置，由中华全国总工会根据需要确定。

产业工会全国委员会的建立，经中华全国总工会批准，可以按照联合制、代表制原则组成，也可以由产业工会全国代表大会选举产生。全国委员会每届任期五年。任期届满，应当如期召开会议，进行换届选举。在特殊情况下，经中华全国总工会批准，可以提前或者延期举行。

产业工会全国代表大会和按照联合制、代表制原则组成的产业工会全国委员会全体会议的职权是：审议和批准产业工会全国委员会的工作报告；选举产业工会全国委员会或者产业工会全国委员会常务委员会。独立管理经费的产业工会，选举经费审查委员会，并向产业工会全国代表大会或者委员会全体会议报告工作。产业工会全国委员会常务委员会由主席一人、副主席若干人、常务委员若干人组成。

第四章 地方组织

第二十二条 省、自治区、直辖市，设区的市和自治州，县（旗）、自治县、不设区的市的工会代表大会，由同级总工会委员会召集，每五年举行一次。在特殊情况下，由同级总工会委员会提议，经上一级工会批准，可以提前或者延期举行。工会的地方各级代表大会的职权是：

（一）审议和批准同级总工会委员会的工作报告。

（二）审议和批准同级总工会委员会的经费收支情况报告和经费审查委员会的工作报告。

（三）选举同级总工会委员会和经费审查委员会。

各级地方总工会委员会，在代表大会闭会期间，执行上级工会的决定和同级工会代表大会的决议，领导本地区的工会工作，定期向上级总工会委员会报告工作。

根据工作需要，省、自治区总工会可在地区设派出代表机关。直辖市和设区的市总工会在区一级建立总工会。

县和城市的区可在乡镇和街道建立乡镇工会和街道工会组织，具备条件的，建立总工会。

第二十三条 各级地方总工会委员会选举主席一人、副主席若干人、常务委员若干人，组成常务委员会。工会委员会、常务委员会和主席、副主席以及经费审查委员会的选举结果，报上一级总工会批准。

各级地方总工会委员会全体会议，每年至少举行一次，由常务委员会召集。各级地方总工会常务委员会，在委员会全体会议闭会期间，行使委员会的职权。

第二十四条 各级地方产业工会组织的设置，由同级地方总工会根据本地区的实际情况确定。

第五章　基层组织

第二十五条　企业、事业单位、机关和其他社会组织等基层单位，应当依法建立工会组织。社区和行政村可以建立工会组织。从实际出发，建立区域性、行业性工会联合会，推进新经济组织、新社会组织工会组织建设。

有会员二十五人以上的，应当成立工会基层委员会；不足二十五人的，可以单独建立工会基层委员会，也可以由两个以上单位的会员联合建立工会基层委员会，也可以选举组织员或者工会主席一人，主持基层工会工作。工会基层委员会有女会员十人以上的建立女职工委员会，不足十人的设女职工委员。

职工二百人以上企业、事业单位的工会设专职工会主席。工会专职工作人员的人数由工会与企业、事业单位协商确定。

基层工会具备法人条件，依法取得社团法人资格，工会主席为法定代表人。

第二十六条　工会基层组织的会员大会或者会员代表大会，每年至少召开一次。经基层工会委员会或者三分之一以上的工会会员提议，可以临时召开会员大会或者会员代表大会。工会会员在一百人以下的基层工会应当召开会员大会。

工会会员大会或者会员代表大会的职权是：

（一）审议和批准工会基层委员会的工作报告。

（二）审议和批准工会基层委员会的经费收支情况报告和经费审查委员会的工作报告。

（三）选举工会基层委员会和经费审查委员会。

（四）撤换或者罢免其所选举的代表或者工会委员会组成人员。

（五）讨论决定工会工作的重大问题。

工会基层委员会和经费审查委员会每届任期三年至五年，具体任期由会员大会或者会员代表大会决定。任期届满，应当如期召开会议，进行换届选举。在特殊情况下，经上一级工会批准，可以提前或者延期举行。

会员代表大会的代表实行常任制，任期与本单位工会委员会相同。

第二十七条　工会基层委员会的委员，应当在会员或者会员代表充分酝酿协商的基础上选举产生；主席、副主席，可以由会员大会或者会员代表大会直接选举产生,也可以由工会基层委员会选举产生。大型企业、事业单位的工会委员会,根据工作需要,经上级工会委员会批准,可以设立常务委员会。工会基层委员会、常务委员会和主席、副主席以及经费审查委员会的选举结果,报上一级工会批准。

第二十八条 工会基层委员会的基本任务是:

(一)执行会员大会或者会员代表大会的决议和上级工会的决定,主持基层工会的日常工作。

(二)代表和组织职工依照法律规定,通过职工代表大会、厂务公开和其他形式,参加本单位民主管理和民主监督,在公司制企业落实职工董事、职工监事制度。企业、事业单位工会委员会是职工代表大会工作机构,负责职工代表大会的日常工作,检查、督促职工代表大会决议的执行。

(三)参与协调劳动关系和调解劳动争议,与企业、事业单位行政方面建立协商制度,协商解决涉及职工切身利益问题。帮助和指导职工与企业、事业单位行政方面签订和履行劳动合同,代表职工与企业、事业单位行政方面签订集体合同或者其他专项协议,并监督执行。

(四)组织职工开展劳动和技能竞赛、合理化建议、技能培训、技术革新和技术协作等活动,培育工匠人才,总结推广先进经验。做好劳动模范和先进生产(工作)者的评选、表彰、培养和管理服务工作。

(五)加强对职工的政治引领和思想教育,开展法治宣传教育,重视人文关怀和心理疏导,鼓励支持职工学习文化科学技术和管理知识,开展健康的文化体育活动。推进企业文化职工文化建设,办好工会文化、教育、体育事业。

(六)监督有关法律、法规的贯彻执行。协助和督促行政方面做好工资、安全生产、职业病防治和社会保险等方面的工作,推动落实职工福利待遇。办好职工集体福利事业,改善职工生活,对困难职工开展帮扶。依法参与生产安全事故和职业病危害事故的调查处理。

(七)维护女职工的特殊利益,同歧视、虐待、摧残、迫害女职工的现象作斗争。

(八)搞好工会组织建设,健全民主制度和民主生活。建立和发展工会积极分子队伍。做好会员的发展、接收、教育和会籍管理工作。加强职工之家建设。

（九）收好、管好、用好工会经费，管理好工会资产和工会的企业、事业。

第二十九条 教育、科研、文化、卫生、体育等事业单位和机关工会，从脑力劳动者比较集中的特点出发开展工作，积极了解和关心职工的思想、工作和生活，推动党的知识分子政策的贯彻落实。组织职工搞好本单位的民主管理和民主监督，为发挥职工的聪明才智，创造良好的条件。

第三十条 工会基层委员会根据工作需要，可以在分厂、车间（科室）建立分厂、车间（科室）工会委员会。分厂、车间（科室）工会委员会由分厂、车间（科室）会员大会或者会员代表大会选举产生，任期和工会基层委员会相同。

工会基层委员会和分厂、车间（科室）委员会，可以根据需要设若干专门委员会或者专门小组。

按照生产（行政）班组建立工会小组，民主选举工会小组长，积极开展工会小组活动。

第六章 工会干部

第三十一条 各级工会组织按照革命化、年轻化、知识化、专业化的要求，努力建设一支坚持党的基本路线，熟悉本职业务，热爱工会工作，受到职工信赖的干部队伍。

第三十二条 工会干部要努力做到：

（一）认真学习马克思列宁主义、毛泽东思想、邓小平理论、"三个代表"重要思想、科学发展观、习近平新时代中国特色社会主义思想，学习政治、经济、历史、文化、科技、法律和工会业务等知识，提高政治能力，增强群众工作本领。

（二）执行党的基本路线和各项方针政策，遵守国家法律、法规，在改革开放和社会主义现代化建设中勇于开拓创新。

（三）信念坚定，忠于职守，勤奋工作，敢于担当，廉洁奉公，顾全大局，维护团结。

（四）坚持实事求是，认真调查研究，如实反映职工的意见、愿望和要求。

（五）坚持原则，不谋私利，热心为职工说话办事，依法维护职工的合法权益。

（六）作风民主，联系群众，增强群众意识和群众感情，自觉接受职工群众的批评和监督。

第三十三条　各级工会组织根据有关规定管理工会干部，重视发现培养和选拔优秀年轻干部、女干部、少数民族干部，成为培养干部的重要基地。

基层工会主席、副主席任期未满不得随意调动其工作。因工作需要调动时，应事先征得本级工会委员会和上一级工会同意。

第三十四条　各级工会组织建立与健全干部培训制度。办好工会干部院校和各种培训班。

第三十五条　各级工会组织关心工会干部的思想、学习和生活，督促落实相应的待遇，支持他们的工作，坚决同打击报复工会干部的行为作斗争。

县和县以上工会设立工会干部权益保障金，保障工会干部依法履行职责。

县和县以上工会可以为基层工会选派、聘用工作人员。

第七章　工会经费和资产

第三十六条　工会经费的来源：

（一）会员交纳的会费。

（二）企业、事业单位、机关和其他社会组织按全部职工工资总额的百分之二向工会拨缴的经费或者建会筹备金。

（三）工会所属的企业、事业单位上缴的收入。

（四）人民政府和企业、事业单位、机关和其他社会组织的补助。

（五）其他收入。

第三十七条　工会经费主要用于为职工服务和开展工会活动。各级工会组织应坚持正确使用方向，加强预算管理，优化支出结构，开展监督检查。

第三十八条　县和县以上各级工会应当与税务、财政等有关部门合作，依照规定做好工会经费收缴和应当由财政负担的工会经费拨缴工作。

未成立工会的企业、事业单位、机关和其他社会组织，按工资总额的百分之二向上级工会拨缴工会建会筹备金。

具备社团法人资格的工会应当依法设立独立经费账户。

第三十九条　工会资产是社会团体资产，中华全国总工会对各级工会的资产拥有终极所有权。各级工会依法依规加强对工会资产的监督、管理，保护工会资产不受损害,促进工会资产保值增值。根据经费独立原则,建立预算、决算、资产监管和经费审查监督制度。实行"统一领导、分级管理"的财务体制、"统一所有、分级监管、单位使用"的资产监管体制和"统一领导、分级管理、分级负责、下审一级"的经费审查监督体制。工会经费、资产的管理和使用办法以及工会经费审查监督制度,由中华全国总工会制定。

第四十条 各级工会委员会按照规定编制和审批预算、决算,定期向会员大会或者会员代表大会和上一级工会委员会报告经费收支和资产管理情况,接受上级和同级工会经费审查委员会审查监督。

第四十一条 工会经费、资产和国家及企业、事业单位等拨给工会的不动产和拨付资金形成的资产受法律保护,任何单位和个人不得侵占、挪用和任意调拨;不经批准,不得改变工会所属企业、事业单位的隶属关系和产权关系。

工会组织合并,其经费资产归合并后的工会所有;工会组织撤销或者解散,其经费资产由上级工会处置。

第八章 会徽

第四十二条 中国工会会徽,选用汉字"中"、"工"两字,经艺术造型呈圆形重叠组成,并在两字外加一圆线,象征中国工会和中国工人阶级的团结统一。会徽的制作标准,由中华全国总工会规定。

第四十三条 中国工会会徽,可在工会办公地点、活动场所、会议会场悬挂,可作为纪念品、办公用品上的工会标志,也可以作为徽章佩戴。

第九章 附则

第四十四条 本章程解释权属于中华全国总工会。

附录3 工会会计制度

第一章 总则

第一条 为了规范工会会计行为,保证会计信息质量,根据《中华人民共和国会计法》、《中华人民共和国工会法》等有关规定,制定本制度。

第二条 本制度适用于各级工会组织。

第三条 工会会计是各级工会核算、反映、监督工会预算执行和经济活动的专业会计。工会依法建立独立的会计核算管理体系,与工会预算管理体制相适应。

第四条 县级以上(含县级,下同)工会应当设置会计机构,配备专职会计人员。县级以下工会应当根据会计业务的需要设置会计机构或者在有关机构中设置专职会计人员;不具备设置条件的基层工会,应当委托经批准设立从事会计代理记账业务的中介机构代理记账或者聘请兼职会计。

第五条 各级工会应当建立健全内部控制体系,完善岗位责任制度和内部稽核制度。县级以上工会应当组织指导和检查下级工会会计工作,负责制定有关实施细则或补充规定;组织工会会计人员培训,不断提高政策、业务水平。

第六条 工会应当对其自身发生的经济业务进行会计处理和报告。

第七条 工会会计应当以工会的持续运行为前提。

第八条 工会应当划分会计期间,分期结算账目和编制会计报表。会计期间分为年度和中期,中期是指短于一个完整的会计年度的报告期间(如半年度、季度和月度)。

第九条 工会会计应当以货币计量,以人民币作为记账本位币。

第十条 工会会计以收付实现制为基础,以权责发生制为补充。

第十一条 工会会计要素包括:资产、负债、净资产、收入和支出。其平衡公式为：资产 = 负债 + 净资产。

第十二条　会计应当采用借贷记账法记账。

第十三条　会计记录的文字应当使用中文。在民族自治地方，会计记录可以同时使用当地通用的一种民族文字。

第二章　一般原则

第十四条　工会提供的会计信息应当符合工会宏观管理的要求，满足会计信息使用者的需要，满足本级工会加强财务管理的需要。

第十五条　工会会计应当以实际发生的经济业务为依据，如实反映工会财务状况、各项收支情况及结果，保证会计信息真实可靠、内容完整。

第十六条　工会提供的会计信息应当清晰明了，便于理解和使用。

第十七条　工会会计应当按照规定的会计处理方法进行，前后各期一致，不得随意变更，以确保会计信息口径一致，相互可比。

第十八条　工会会计应当遵循重要性原则。对于重要的经济业务，应当单独反映。

第十九条　工会应当及时进行会计处理和报告，不得提前或延后。

第二十条　资产在取得时应当按照实际成本计量。除另有规定外，一律不得自行调整账面价值。

第二十一条　凡是指定用途的资金，应按规定的用途专款专用，并单独反映。

第三章　资产

第二十二条　资产是工会拥有或控制的能以货币计量的经济资源。包括流动资产、投资和固定资产等。

第二十三条　流动资产是指预计在一年内（含一年）变现或者耗用的资产。主要包括货币资金、借出款、应收款项、库存物品等。

（一）货币资金包括库存现金、银行存款等。

货币资金应当按照实际发生额入账。工会应当设置库存现金和银行存款日记账，按照业务发生顺序逐日逐笔登记。库存现金的核算应当做到日清月结，其账面余额必须与库存数相符；银行存款的账面余额应当与银行对账单定期核对，如有不符，应编制银行存款余额调节表调节相符。

工会发生外币业务时，应当将有关外币金额折算成人民币金额记账。

（二）借出款是工会因开展工作或发展工运事业的需要而出借给其他工会或工会所属单位的款项。

工会应当对借出款严格管理，借出每笔款项时均需与借款单位签订书面文件，注明用途和还款期限，还款期限通常不应超过三年；对于逾期未还款的借出款，需在年度会计报表附注中说明原因。逾期三年以上、因借款单位原因尚未收回的借出款，报经批准认定确实无法收回或者报经批准认定不再要求借款单位还款的，应及时予以核销。

（三）应收款项包括应收上级经费、应收下级经费、其他应收款等。

应收上级经费是工会应收未收的上级工会应拨付（或划转）工会经费和补助。应收下级经费是本级工会应收下级工会的上缴经费。其他应收款是工会除应收上下级经费以外的其他应收及暂付款项。

应收款项应当按照实际发生额入账。期末，工会应当分析各项应收款项的可收回性，对于确实不能收回的应收款项应报经批准认定后及时予以核销。

（四）库存物品指工会取得的将在日常活动中耗用的材料、物品及达不到固定资产标准的工具、器具等。

库存物品在取得时应当按照其实际成本入账。购入、有偿调入的库存物品以实际支付的价款记账。无偿调拨、接受捐赠的库存物品以其公允价值或者有关凭据注明的金额（加上相关费用）记账。

库存物品在发出（领用或出售等）时，应当根据实际情况在先进先出法、加权平均法、个别计价法中选择一种方法确定发出库存物品的实际成本，一经选定，不得随意变更。

工会应当定期对库存物品进行清查盘点，每年至少全面盘点一次。对于盘盈、盘亏或报废、毁损的库存物品，应当及时查明原因，报经批准认定后及时进行处理。盘盈的库存物品按照其公允价值入账，并计入当期收入；盘亏的库存物品，将其账面余额计入当期支出。报废、毁损的库存物品，先扣除残料价值、可以收回的保险赔偿和责任人赔偿等，将净损失计入当期支出。

第二十四条　投资是指工会按照国家有关法律、行政法规和工会的相关规定，以货币资金、实物资产等方式向其他单位的投资。投资按其流动性分为短期投资和长期投资；按其性质分为股权投资、债权投资等。

（一）投资在取得时应当按照其实际成本入账。以货币资金方式对外投资，以实际支付的款项记账。以实物资产方式对外投资，以评估确认或合同、协议确定的价值记账。

（二）投资期内取得的利息、利润、红利等各项投资收益，应当计入当期收入。

（三）处置（出售）投资时，实际取得价款与投资账面余额的差额，应当计入当期投资收益。

对于因被投资单位破产、被撤销、注销、吊销营业执照或者被政府责令关闭等情况造成难以收回的未处置不良投资，报经批准认定后应当及时核销。

第二十五条 固定资产是指工会使用年限在一年以上，单位价值在规定标准以上，并在使用过程中基本保持原来物质形态的资产。包括房屋及建筑物、专用设备、一般设备、文物和陈列品、图书、其他固定资产。

（一）一般设备单位价值在 500 元以上，专用设备单位价值在 800 元以上，为固定资产。单位价值虽未达到规定标准，但是使用时间在一年以上的大批同类物资，按固定资产管理。

（二）固定资产在取得时应当按照其实际成本入账。

购入、有偿调入的固定资产，以实际支付的买价、运输费、保险费、安装费、装卸费及相关税费等记账。

自行建造的固定资产，以建造过程中实际发生的全部必要支出记账。

无偿调入、接受捐赠的固定资产，以其公允价值或者有关凭据注明的金额（加上相关费用）记账。

对固定资产进行改建、扩建，其净增值部分，应当计入固定资产价值。固定资产修理费用直接计入当期支出。

（三）处置（出售）固定资产时，冲减其账面余额并相应减少固定基金，处置中取得的变价收入扣除处置费用后的净收入（或损失）计入当期收入（或支出）。

（四）工会应当定期对固定资产进行清查盘点，每年至少全面盘点一次。对于盘盈、盘亏或报废、毁损的固定资产，应当及时查明原因，报经批准认定后及时进行处理。盘盈的固定资产按照其公允价值入账，并相应增加固定基金；盘亏的固定资产，冲减其账面余额并相应减少固定基金。报废、毁损的固定资产，冲减其账面余额并相应减少固定基金，清理中取得的变价收入扣除清理费用后的净收入（或损失）计入当期收入（或支出）。

第四章 负债

第二十六条 负债是指工会承担的能以货币计量，需以资产偿付的债务。包括借入款、应付个人收入、应付款项等。

第二十七条 借入款指工会借入的款项。

第二十八条 应付个人收入包括应付工资（离退休费）、应付地方（部门）津贴补贴、应付其他个人收入。

（一）应付工资（离退休费）指应付未付给本单位职工的工资及离退休费。其中，工资指按国家统一规定发放给在职人员的职务工资、级别工资、年终一次性奖金以及经国务院或人事部、财政部批准设立的津贴补贴等。离退休费指按国家统一规定发放给离退休人员的离休、退休费及经国务院或人事部、财政部批准设立的津贴补贴。

（二）应付地方（部门）津贴补贴指应付未付给本单位职工的地方（部门）津贴补贴。其中，地方（部门）津贴补贴指各地区各部门各单位出台的津贴补贴。

（三）应付其他个人收入指应付未付给本单位职工的其他个人收入。其中，其他个人收入指按国家规定发给个人除上述以外的其他收入，包括误餐费、夜餐费、出差人员伙食补助费、市内交通费、出国人员伙食费、公杂费、个人国外零用费，发放给个人的一次性奖励等。

第二十九条 应付款项包括应付上级经费、应付下级经费、其他应付款。

（一）应付上级经费指本级工会按规定应上缴的工会经费及建会筹备金。

（二）应付下级经费指本级工会应付下级工会的各项补助以及应转拨下级工会的工会经费和建会筹备金。

（三）其他应付款指除应付上下级经费之外的其他应付及暂存款项。

第三十条 各项负债应当按照实际发生额入账。

第五章 净资产

第三十一条 净资产是指工会的资产减去负债后的余额。包括固定基金、在建工程占用资金、投资基金、专用基金、后备金、结余。

第三十二条 固定基金指工会固定资产占用的基金。固定基金应当按照实际发生额入账。

在建工程占用资金指工会在建工程完工前累计占用的资金。在建工程占用资金应当按照实际发生额记账，待工程完工后转入固定基金。

第三十三条　投资基金指工会对外投资占用的基金。投资基金应当按照实际发生数额入账。

第三十四条　专用基金指工会按规定依法提取和使用的有专门用途的基金。包括增收留成基金、财务专用基金、工会干部权益保障金。

提取专用基金时，按照实际提取金额计入当期支出；使用专用基金时，按照实际支出金额冲减专用基金余额；专用基金未使用的余额，可滚存下一年度使用。

第三十五条　后备金指县级以上工会按规定依法提取的特殊情况下使用的储备金。

提取后备金时，按照实际提取金额冲减结余；使用后备金时，按照实际支出金额冲减后备金余额；后备金未使用的余额，可滚存下一年度使用。

第三十六条　结余指工会各项收入与支出相抵后滚存的累计余额。

第六章　收入

第三十七条　收入是指工会根据《工会法》以及有关政策规定开展业务活动所取得的非偿还性资金。收入按照来源分为会费收入、拨缴经费收入、上级补助收入、政府补助收入、行政补助收入、事业收入、投资收益、其他收入。

（一）会费收入指工会会员依照规定向工会组织缴纳的会费。

（二）拨缴经费收入指基层单位行政拨缴、下级工会按规定上缴及上级工会按规定转拨的工会经费中归属于本级工会的经费及建会筹备金。

（三）上级补助收入指本级工会收到的上级工会补助的款项。包括回拨补助、专项补助、超收补助、帮扶补助、送温暖补助、救灾补助、其他补助。

（四）政府补助收入指各级人民政府按照《工会法》和国家的有关规定给予工会的补助款项。

（五）行政补助收入指工会取得的所在单位行政方面按照《工会法》和国家的有关规定给予工会的补助款项。

（六）事业收入指独立核算的工会附属事业单位上缴的收入和非独立核算的附属事业单位的各项事业收入。

（七）投资收益指工会对外投资发生的损益。

（八）其他收入指工会除会费收入、拨缴经费收入、上级补助收入、政府补助收入、行政补助收入、事业收入、投资收益之外的各项收入。

第三十八条 各项收入应当按照实际发生额入账。

第七章 支出

第三十九条 支出是指工会为开展各项工作和活动所发生的各项资金耗费及损失。支出按照功能分为职工活动支出、维权支出、业务支出、行政支出、资本性支出、补助下级支出、事业支出、其他支出。

（一）职工活动支出指工会为会员及其他职工开展教育、文体、宣传等活动发生的支出。

（二）维权支出指工会直接用于维护职工权益的支出。

（三）业务支出指工会培训工会干部、加强自身建设及开展业务工作发生的各项支出。

（四）行政支出指工会为行政管理、后勤保障等发生的各项日常支出。

（五）资本性支出指工会从事建设工程、设备工具购置、大型修缮和信息网络购建而发生的实际支出。

（六）补助下级支出指工会为解决下级工会经费不足或根据有关规定给予下级工会的各类补助款项。

（七）事业支出指工会对独立核算的附属事业单位的补助和非独立核算的附属事业单位的各项支出。

（八）其他支出指各级工会除职工活动支出、维权支出、业务支出、行政支出、资本性支出、补助下级支出、事业支出以外的各项支出。

第四十条 各项支出应当按照实际发生额入账。

第八章 会计报表

第四十一条 工会会计报表是反映各级工会财务状况、业务活动和预算执行结果的书面文件。工会会计报表是各级工会领导、上级工会及其他会计报表使用者了解情况，掌握政策，指导工作的重要资料。

第四十二条 工会会计报表主要包括资产负债表、收入支出表和附注。

（一）资产负债表，是反映工会某一会计期末全部资产、负债和净资产情况的报表。

（二）收入支出表，是反映工会某一会计期间全部收入、支出及结余情况的报表。

（三）附注。附注应分析说明工会预算执行情况以及工会在筹集、分配、使用、管理经费过程中的成绩和问题，分析影响预算执行的原因，经费收支变动趋势，提出改进措施、意见和建议。

第四十三条　工会会计报表分为年度会计报表和中期会计报表。以短于一个完整的会计年度的期间（如半年度、季度和月度）编制的会计报表称为中期会计报表。年度会计报表是以整个会计年度为基础编制的会计报表。

第四十四条　工会要负责对所属单位会计报表和下级工会报送的年报进行审核、核批和汇总工作，定期向本级工会领导和上级工会报告本级工会预算执行情况。

第四十五条　会计报表要根据登记完整、核对无误的账簿记录和其他有关资料编制，做到数字准确、内容完整、报送及时。会计报表必须经会计主管人员和单位负责人审阅签章并加盖审查公章后上报。

第九章　附则

第四十六条　工会填制会计凭证、登记会计账簿、管理会计档案等，应当按照《会计基础工作规范》《会计档案管理办法》等规定执行。

第四十七条　本制度从 2010 年 1 月 1 日起实施。

附录4　基层工会经费收支管理办法

第一章　总则

第一条　为加强基层工会收支管理，规范基层工会经费使用，根据《中华人民共和国工会法》和《中国工会章程》《工会会计制度》《工会预算管理办法》的有关规定，结合中华全国总工会（以下简称"全国总工会"）贯彻落实中央有关规定的相关要求，制定本办法。

第二条　本办法适用于企业、事业单位、机关和其他经济社会组织单独或联合建立的基层工会委员会。

第三条　基层工会经费收支管理应遵循以下原则：

（一）遵纪守法原则。基层工会应依据《中华人民共和国工会法》的有关规定，依法组织各项收入，严格遵守国家法律法规，严格执行全国总工会有关制度规定，严肃财经纪律，严格工会经费使用，加强工会经费收支管理。

（二）经费独立原则。基层工会应依据全国总工会关于工会法人登记管理的有关规定取得工会法人资格，依法享有民事权利、承担民事义务，并根据财政部、中国人民银行的有关规定，设立工会经费银行账户，实行工会经费独立核算。

（三）预算管理原则。基层工会应按照《工会预算管理办法》的要求，将单位各项收支全部纳入预算管理。基层工会经费年度收支预算（含调整预算）需经同级工会委员会和工会经费审查委员会审查同意，并报上级主管工会批准。

（四）服务职工原则。基层工会应坚持工会经费正确的使用方向，优化工会经费支出结构，严格控制一般性支出，将更多的工会经费用于为职工服务和开展工会活动，维护职工的合法权益，增强工会组织服务职工的能力。

（五）勤俭节约原则。基层工会应按照党中央、国务院关于厉行勤俭节约反对奢侈浪费的有关规定,严格控制工会经费开支范围和开支标准,经费使用要精打细算,少花钱多办事,节约开支,提高工会经费使用效益。

(六)民主管理原则。基层工会应依靠会员管好用好工会经费。年度工会经费收支情况应定期向会员大会或会员代表大会报告,建立经费收支信息公开制度,主动接受会员监督。同时,接受上级工会监督,依法接受国家审计监督。

第二章 工会经费收入

第四条 基层工会经费收入范围包括:

(一)会费收入。会费收入是指工会会员依照全国总工会规定按本人工资收入的5‰向所在基层工会缴纳的会费。

(二)拨缴经费收入。拨缴经费收入是指建立工会组织的单位按全部职工工资总额2%依法向工会拨缴的经费中的留成部分。

(三)上级工会补助收入。上级工会补助收入是指基层工会收到的上级工会拨付的各类补助款项。

(四)行政补助收入。行政补助收入是指基层工会所在单位依法对工会组织给予的各项经费补助。

(五)事业收入。事业收入是指基层工会独立核算的所属事业单位上缴的收入和非独立核算的附属事业单位的各项事业收入。

(六)投资收益。投资收益是指基层工会依据相关规定对外投资取得的收益。

(七)其他收入。其他收入是指基层工会取得的资产盘盈、固定资产处置净收入、接受捐赠收入和利息收入等。

第五条 基层工会应加强对各项经费收入的管理。要按照会员工资收入和规定的比例,按时收取全部会员应交的会费。要严格按照国家统计局公布的职工工资总额口径和所在省级工会规定的分成比例,及时足额拨缴工会经费;实行财政划拨或委托税务代收部分工会经费的基层工会,应加强与本单位党政部门的沟通,依法足额落实基层工会按照省级工会确定的留成比例应当留成的经费。要统筹安排行政补助收入,按照预算确定的用途开支,不得将与工会无关的经费以行政补助名义纳入账户管理。

第三章 工会经费支出

第六条 基层工会经费主要用于为职工服务和开展工会活动。

第七条 基层工会经费支出范围包括：职工活动支出、维权支出、业务支出、资本性支出、事业支出和其他支出。

第八条 职工活动支出是指基层工会组织开展职工教育、文体、宣传等活动所发生的支出和工会组织的职工集体福利支出。包括：

（一）职工教育支出。用于基层工会举办政治、法律、科技、业务等专题培训和职工技能培训所需的教材资料、教学用品、场地租金等方面的支出，用于支付职工教育活动聘请授课人员的酬金，用于基层工会组织的职工素质提升补助和职工教育培训优秀学员的奖励。对优秀学员的奖励应以精神鼓励为主、物质激励为辅。授课人员酬金标准参照国家有关规定执行。

（二）文体活动支出。用于基层工会开展或参加上级工会组织的职工业余文体活动所需器材、服装、用品等购置、租赁与维修方面的支出以及活动场地、交通工具的租金支出等，用于文体活动优胜者的奖励支出，用于文体活动中必要的伙食补助费。文体活动奖励应以精神鼓励为主、物质激励为辅。奖励范围不得超过参与人数的三分之二；不设置奖项的，可为参加人员发放少量纪念品。文体活动中开支的伙食补助费，不得超过当地差旅费中的伙食补助标准。

基层工会可以用会员会费组织会员观看电影、文艺演出和体育比赛等，开展春游秋游，为会员购买当地公园年票。会费不足部分可以用工会经费弥补，弥补部分不超过基层工会当年会费收入的三倍。基层工会组织会员春游秋游应当日往返，不得到有关部门明令禁止的风景名胜区开展春游秋游活动。

（三）宣传活动支出。用于基层工会开展重点工作、重大主题和重大节日宣传活动所需的材料消耗、场地租金、购买服务等方面的支出，用于培育和践行社会主义核心价值观，弘扬劳模精神和工匠精神等经常性宣传活动方面的支出，用于基层工会开展或参加上级工会举办的知识竞赛、宣讲、演讲比赛、展览等宣传活动支出。

（四）职工集体福利支出。用于基层工会逢年过节和会员生日、婚丧嫁娶、退休离岗的慰问支出等。基层工会逢年过节可以向全体会员发放节日慰问品。逢年过节的年节是指国家规定的法定节日（即：新年、春节、清明节、劳动节、端午节、中秋节和国庆节）和经自治区以上人民政府批准设立的少数民族节日。节日慰问品原则上为符合中国传统节日习惯的用品和职工群众必需的生活用品等，基层工会可结合实际采取便捷灵活的发放方式。工会会员生日慰问可以发放生日蛋糕等实物慰问品，也可以发放指定蛋糕店的蛋糕券。工会会员结婚生育时，可以给予一定金额的慰问品。工会会员生病住院、工会会员或其直系亲属去世时，可以给予一定金额的慰问金。工会会员退休离岗，可以发放一定金额的纪念品。

（五）其他活动支出。用于工会组织开展的劳动模范和先进职工疗休养补贴等其他活动支出。

第九条　维权支出是指基层工会用于维护职工权益的支出。包括：劳动关系协调费、劳动保护费、法律援助费、困难职工帮扶费、送温暖费和其他维权支出。

（一）劳动关系协调费。用于推进创建劳动关系和谐企业活动、加强劳动争议调解和队伍建设、开展劳动合同咨询活动、集体合同示范文本印制与推广等方面的支出。

（二）劳动保护费。用于基层工会开展群众性安全生产和职业病防治活动、加强群监员队伍建设、开展职工心理健康维护等促进安全健康生产、保护职工生命安全为宗旨开展职工劳动保护发生的支出等。

（三）法律援助费。用于基层工会向职工群众开展法治宣传、提供法律咨询、法律服务等发生的支出。

（四）困难职工帮扶费。用于基层工会对困难职工提供资金和物质帮助等发生的支出。工会会员本人及家庭因大病、意外事故、子女就学等原因致困时，基层工会可给予一定金额的慰问。

（五）送温暖费。用于基层工会开展春送岗位、夏送清凉、金秋助学和冬送温暖等活动发生的支出。

（六）其他维权支出。用于基层工会补助职工和会员参加互助互济保障活动等其他方面的维权支出。

第十条　业务支出是指基层工会培训工会干部、加强自身建设以及开展业务工作发生的各项支出。包括：

（一）培训费。用于基层工会开展工会干部和积极分子培训发生的支出。开支范围和标准以有关部门制定的培训费管理办法为准。

（二）会议费。用于基层工会会员大会或会员代表大会、委员会、常委会、经费审查委员会以及其他专业工作会议的各项支出。开支范围和标准以有关部门制定的会议费管理办法为准。

（三）专项业务费。用于基层工会开展基层工会组织建设、建家活动、劳模和工匠人才创新工作室、职工创新工作室等创建活动发生的支出，用于基层工会开办的图书馆、阅览室和职工书屋等职工文体活动阵地所发生的支出，用于基层工会开展专题调研所发生的支出，用于基层工会开展女职工工作性支出，用于基层工会开展外事活动方面的支出，用于基层工会组织开展合理化建议、技术革新、发明创造、岗位练兵、技术比武、技术培训等劳动和技能竞赛活动支出及其奖励支出。

（四）其他业务支出。用于基层工会发放兼职工会干部和专职社会化工会工作者补贴，用于经上级批准评选表彰的优秀工会干部和积极分子的奖励支出，用于基层工会必要的办公费、差旅费，用于基层工会支付代理记账、中介机构审计等购买服务方面的支出。基层工会兼职工会干部和专职社会化工会工作者发放补贴的管理办法由省级工会制定。

第十一条　资本性支出是指基层工会从事工会建设工程、设备工具购置、大型修缮和信息网络购建而发生的支出。

第十二条　事业支出是指基层工会对独立核算的附属事业单位的补助和非独立核算的附属事业单位的各项支出。

第十三条　其他支出是指基层工会除上述支出以外的其他各项支出。包括：资产盘亏、固定资产处置净损失、捐赠、赞助等。

第十四条　根据《中华人民共和国工会法》的有关规定，基层工会专职工作人员的工资、奖励、补贴由所在单位承担，基层工会办公和开展活动必要的设施和活动场所等物质条件由所在单位提供。所在单位保障不足且基层工会经费预算足以保证的前提下，可以用工会经费适当弥补。

第四章　财务管理

第十五条　基层工会主席对基层工会会计工作和会计资料的真实性、完整性负责。

第十六条　基层工会应根据国家和全国总工会的有关政策规定以及上级工会的要求，制定年度工会工作计划，依法、真实、完整、合理地编制工会经费年度预算，依法履行必要程序后报上级工会批准。严禁无预算、超预算使用工会经费。年度预算原则上一年调整一次，调整预算的编制审批程序与预算编制审批程序一致。

第十七条　基层工会应根据批准的年度预算，积极组织各项收入，合理安排各项支出，并严格按照《工会会计制度》的要求，科学设立和登记会计账簿，准确办理经费收支核算，定期向工会委员会和经费审查委员会报告预算执行情况。基层工会经费年度财务决算需报上级工会审批。

第十八条　基层工会应加强财务管理制度建设，健全完善财务报销、资产管理、资金使用等内部管理制度。基层工会应依法组织工会经费收入，严格控制工会经费支出，各项收支实行工会委员会集体领导下的主席负责制，重大收支须集体研究决定。

第十九条　基层工会应根据自身实际科学设置会计机构、合理配备会计人员，真实、完整、准确、及时反映工会经费收支情况和财务管理状况。具备条件的基层工会，应当设置会计机构或在有关机构中设置专职会计人员；不具备条件的，由设立工会财务结算中心的乡镇（街道）、开发区（工业园区）工会实行集中核算，分户管理，或者委托本单位财务部门或经批准设立从事会计代理记账业务的中介机构或聘请兼职会计人员代理记账。

第五章　监督检查

第二十条　全国总工会负责对全国工会系统工会经费的收入、支出和使用管理情况进行监督检查。按照"统一领导、分级管理"的管理体制，省以下各级工会应加强对本级和下一级工会经费收支与使用管理情况的监督检查，下一级工会应定期向本级工会委员会和上一级工会报告财务监督检查情况。

第二十一条　基层工会应加强对本单位工会经费使用情况的内部会计监督和工会预算执行情况的审查审计监督，依法接受并主动配合国家审计监督。内部会计监督主要对原始凭证的真实性合法性、会计账簿与财务报告的准确性及时性、财产物资的安全性完整性进行监督，以维护财经纪律的严肃性。审查审计监督主要对单位财务收支情况和预算执行情况进行审查监督。

第二十二条　基层工会应严格执行以下规定：

（一）不准使用工会经费请客送礼。

（二）不准违反工会经费使用规定，滥发奖金、津贴、补贴。

（三）不准使用工会经费从事高消费性娱乐和健身活动。

（四）不准单位行政利用工会账户，违规设立"小金库"。

（五）不准将工会账户并入单位行政账户，使工会经费开支失去控制。

（六）不准截留、挪用工会经费。

（七）不准用工会经费参与非法集资活动，或为非法集资活动提供经济担保。

（八）不准用工会经费报销与工会活动无关的费用。

第二十三条　各级工会对监督检查中发现违反基层工会经费收支管理办法的问题，要及时纠正。违规问题情节较轻的，要限期整改；涉及违纪的，由纪检监察部门依照有关规定，追究直接责任人和相关领导责任；构成犯罪的，依法移交司法机关处理。

第六章　附则

第二十四条　各省级工会应根据本办法的规定，结合本地区、本产业和本系统工作实际，制定具体实施细则，细化支出范围，明确开支标准，确定审批权限，规范活动开展。各省级工会制定的实施细则须报全国总工会备案。基层工会制定的相关办法须报上级工会备案。

第二十五条　本办法自印发之日起执行。《中华全国总工会办公厅关于加强基层工会经费收支管理的通知》（总工办发〔2014〕23号）和《全总财务部关于〈关于加强基层工会经费收支管理的通知〉的补充通知》（工财发〔2014〕69号）同时废止。

第二十六条　基层工会预算编制审批管理办法由全国总工会另行制定。

第二十七条　本办法由全国总工会负责解释。

附录5 工会预算管理办法

第一章 总则

第一条 为了加强预算管理和宏观调控,强化分配和监督职能,保障工会社会职能的履行和工运事业的发展,根据《中华人民共和国工会法》、《中华人民共和国预算法》等法律、法规,结合工会实际,制定本办法。

第二条 工会预算是经一定程序核定的工会经费年度收支计划,是收好、管好、用好工会经费的重要手段,是工会财务管理的重要内容。各级工会必须按照本办法办理工会预、决算。

第三条 根据"统一领导,分级管理"的工会财务管理体制,工会预算一般分为五级管理,即:全国总工会、省级工会、市级工会、县级工会、基层工会。

预算管理实行下管一级的原则。

建立乡镇(街道)工会的地方,省级以下预算管理级次由省级总工会根据本地实际情况确定后,报全国总工会备案。

经全国总工会批准独立管理经费的中华全国铁路总工会、中国民航工会全国委员会、中国金融工会全国委员会,其预算管理级次由各自产业工会确定后,报全国总工会批准。

第四条 县级以上(含县级,下同)工会对独立核算事业单位的补助及企事业单位按规定上缴的收益列入本级预算;未独立核算的事业单位,其收支要全额列入本级预算。

第五条 各级工会要认真执行上级工会批准的预算。未经规定程序批准不得变更。

第六条 预算年度自公历1月1日起至12月31日止。

第七条 预算收支以人民币元为计算单位。

第二章　预算管理职权

第八条　工会预算包括本级预算和单位预算。本级预算是指各级工会本级次范围内工会经费收支（含所属建立预算管理关系的机关和单位）的总预算。单位预算是指与本级预算有相关经费收支管理关系的工会机关、企事业单位的预算。

第九条　实行本级预算管理的工会，其职权是：

1. 编制本级预算、决算草案和预算调整方案。

2. 审批下一级工会和依靠本级供给经费的工会机关及所属独立核算企事业单位的预算、决算，汇总本级及所属各级工会的决算。

3. 组织本级预算的执行，按规定程序办理预算调整。

4. 监督、检查下级工会和依靠本级供给经费的工会机关及所属独立核算企事业单位的预算执行情况。

5. 协调处理工会与同级政府财政、税务等部门及其他有关部门在工会预算管理方面的政策和经济关系。

各级工会财务部门是本级预算管理的职能部门，具体负责本级预算管理工作。

第十条　实行单位预算管理的工会机关、企事业单位，其职权是：

1. 编制本单位预算、决算草案和预算调整方案。

2. 按照批准的预算，积极组织各项收入，合理安排各项支出，办理各项核算业务，保证预算任务的完成。

3. 指导、监督所属单位或部门核算单位的各项财务收支工作。

4. 按规定程序办理预算调整。

5. 定期向主管工会财务部门报告预算执行情况。

第三章　预算收支范围

第十一条　工会预算由预算收入和预算支出组成。

预算收入包括：

1. 会费收入；2. 拨缴经费收入；3. 上级补助收入；4. 政府补助收入；5. 行政补助收入；6. 事业收入；7. 投资收益；8. 其他收入。

预算支出包括：

1. 职工活动支出；2. 维权支出；3. 业务支出；4. 行政支出；5. 资本性支出；6. 补助下级支出；7. 事业支出；8. 其他支出。

第四章 预算编制与审批

第十二条 工会预算编制的原则是：统筹兼顾，保证重点；量入为出，收支平衡；真实合法，精细高效。

第十三条 工会的年度预算应根据有关政策法规、上级工会要求、预算编制原则和本年度工会工作计划编制。本年度无重大支出项目，不得编制赤字预算。期末滚存经费结余不得出现赤字。

第十四条 预算收入的编制，要按照收入来源，充分考虑本年度各项变动因素，依法、真实、完整、合理地编制。

第十五条 预算支出的编制，要坚持勤俭节约，体现工会工作特点，要优化经费支出结构，把资金使用的重点安排在维护职工权益、为职工服务和工会活动方面。

第十六条 县级以上工会行政性支出预算，应参照同级政府的有关规定、制度、费用标准以及核定的人员编制编列。

第十七条 县级以上工会接受的财政补助资金要纳入预算管理，依据财政确定的开支范围专款专用。不得截留、挪用和改变资金用途。

第十八条 各级工会的办公、职工活动场所等基本建设，根据《工会法》及国家有关规定，应由同级政府或行政解决。

县级以上工会的办公和职工群众的文化、教育、体育活动设施，在政府给予大部分补助的前提下，经上级工会批准，可以动用少量经费弥补不足，上级工会也可根据情况给予适当补助。

第十九条 房屋建筑物购建、专项设备购置、大型修缮等预算，需附经有关专业部门论证的可行性工程项目论证报告、立项批复、开工许可等相关文件，按照工程进度及资金状况编制当年预算。列入地方基本建设或更新改造计划的工程项目，应附地方政府或相关部门文件。

第二十条 各级工会用部分结余经费投资时，必须进行可行性经济分析论证，提出书面报告，报职能部门审核，工会委员会（或常委会）讨论通过后，方可列入预算。

第二十一条 县级以上工会预算，可在本级预算支出总额的百分之五以内编列预备费,用于当年难以预见的特殊开支。

第二十二条 县级以上工会根据需要,可以从本级经费结余中安排一定数额的后备金作为储备,用于特殊情况下的资金需要。需要动用时,必须经过本级工会经费审查委员会审议,工会常委会批准,并报上级工会备案。

第二十三条 县级以上工会应根据全国总工会规定提取增收留成基金、财务专用基金和工会干部权益保障金。

第二十四条 全国总工会每年10月提出下年度省级工会编制预算的要求。省、市、县级工会应根据上级工会编制预算的要求,结合实际情况进行部署,并按照上级工会规定的时间上报下年度预算。

第二十五条 各级工会的本级预算草案,由各级工会财务部门编制,经工会委员会(或常委会)讨论通过,并经本级经费审查委员会审查通过后,报上一级工会审批或备案。上一级工会有权提出修订预算的意见和要求,下级工会根据提出的意见和要求调整预算。

依靠本级工会供给经费的工会机关及所属独立核算事业单位的预算草案由本级工会审批。

全国总工会预算草案,经全国总工会经费审查委员会审查通过后,由全国总工会书记处批准后执行。

第二十六条 各省级工会的本级预算(附工会机关预算),应在3月15日前报送全国总工会审批,全国总工会应于30个工作日内及时批复。

市级以下(含市级)工会本级预算的报批时间,由省级工会确定。

第五章 预算的执行与调整

第二十七条 各级工会预算由本级工会委员会(或常委会)组织执行,具体工作由本级工会财务部门负责。

第二十八条 各级工会应按照预算确定的任务积极组织收入。

第二十九条 各级工会要按照全国总工会、省级总工会的规定及时、足额拨缴工会经费,不得截留、挪用。

第三十条 各级工会预算在批准之前只能开支必要的基本费用及帮扶、送温暖等支出。建设工程、设备工具购置、大型修缮和信息网络购建等费用一般不得开支,因特殊原因必须提前开支的,经工会委员会(常委会)或主席办公会议同意,可控制在年度预算的25%以内。预算批准后,按照批准的预算执行。

第三十一条 各级工会应根据年度支出预算和用款计划拨款。不得办理超预算、超计划的拨款，不得越级办理预算拨款。

第三十二条 各级工会要加强预算支出的管理，严格执行预算和财务制度，不得擅自扩大支出范围，提高开支标准，不得以领代报，不得擅自改变预算资金用途。建设工程、设备工具购置、大型修缮和信息网络购建等支出，应经有关专业部门审核后执行。

第三十三条 各级工会要严格控制行政支出，专项资金必须专款专用。应纳入集中采购范围内的支出，按有关规定办理。

第三十四条 各级工会预算在执行过程中，发生项目改变或追加项目，经有关部门审核，报工会委员会（常委会）或主席办公会议同意后，在预算内调整或动用预算预备费。

第三十五条 各级工会预算在执行过程中，遇有特殊情况，预算收支总额需要增减变动时，应当编制预算调整方案，每年以一次为限，其编制、审批与预算编制审批程序相同。

第六章 决算

第三十六条 工会决算是工会收支预算的执行结果。各级工会应按上级工会的要求编制年度决算。决算未经批准前，称为决算草案。

第三十七条 编制决算草案，必须符合法律法规，做到收支数额准确，内容完整，报送及时（附报工会机关决算草案）。

第三十八条 跨年度的基本建设工程，决算前按年度拨出数编报，最后年度工程竣工后，经具有相应资质的社会中介机构审核确认，按审核确认数扣除以前年度决算数后的余额，编制年度决算。

第三十九条 决算草案的审批程序与预算草案审批程序相同。

第四十条 省级工会的本级决算，应在3月15日前报送全国总工会审批，全国总工会应于30个工作日内及时批复。

市级以下（含市级）工会决算的报批时间，由省级工会确定。

第四十一条 各级工会的决算，应按上级工会的要求逐级汇总上报。

第七章 监督

第四十二条 各级工会财务部门负责监督检查下级工会和本级工会所属

单位预算的执行。

第四十三条　各级工会的预算、决算要接受同级工会经费审查委员会的审查审计监督。预算执行情况要接受上一级工会经费审查委员会的审计监督。

第四十四条　各级工会对年度预算安排的项目要逐步实行绩效考评制度。

第四十五条　有违反本办法规定，擅自改变预算资金的性质和使用范围，截留挪用项目资金；隐瞒收入，虚列支出，造成会计信息严重失真；擅自决定重大开支项目等行为的，上级工会应责令其做出检查，并要求纠正。情节严重，造成经济损失的，对负有直接责任的负责人和相关人员，按照国家法律法规和工会的有关规定追究其责任。

第八章　附则

第四十六条　本办法自 2010 年 1 月 1 日施行。1998 年 9 月 9 日颁发的《工会预算管理办法》同时废止。

第四十七条　本办法由全国总工会财务部负责解释。

第四十八条　省级工会可根据本办法，结合本地区、本系统的实际，制定具体的实施细则。

附录6 行政事业单位内部控制规范（试行）

第一章 总则

第一条 为了进一步提高行政事业单位内部管理水平，规范内部控制，加强廉政风险防控机制建设，根据《中华人民共和国会计法》、《中华人民共和国预算法》等法律法规和相关规定，制定本规范。

第二条 本规范适用于各级党的机关、人大机关、行政机关、政协机关、审判机关、检察机关、各民主党派机关、人民团体和事业单位（以下统称单位）经济活动的内部控制。

第三条 本规范所称内部控制，是指单位为实现控制目标，通过制定制度、实施措施和执行程序，对经济活动的风险进行防范和管控。

第四条 单位内部控制的目标主要包括：合理保证单位经济活动合法合规、资产安全和使用有效、财务信息真实完整，有效防范舞弊和预防腐败，提高公共服务的效率和效果。

第五条 单位建立与实施内部控制，应当遵循下列原则：

（一）全面性原则。内部控制应当贯穿单位经济活动的决策、执行和监督全过程，实现对经济活动的全面控制。

（二）重要性原则。在全面控制的基础上，内部控制应当关注单位重要经济活动和经济活动的重大风险。

（三）制衡性原则。内部控制应当在单位内部的部门管理、职责分工、业务流程等方面形成相互制约和相互监督。

（四）适应性原则。内部控制应当符合国家有关规定和单位的实际情况，并随着外部环境的变化、单位经济活动的调整和管理要求的提高，不断修订和完善。

第六条　单位负责人对本单位内部控制的建立健全和有效实施负责。

第七条　单位应当根据本规范建立适合本单位实际情况的内部控制体系，并组织实施。具体工作包括梳理单位各类经济活动的业务流程，明确业务环节，系统分析经济活动风险，确定风险点，选择风险应对策略，在此基础上根据国家有关规定建立健全单位各项内部管理制度并督促相关工作人员认真执行。

第二章　风险评估和控制方法

第八条　单位应当建立经济活动风险定期评估机制，对经济活动存在的风险进行全面、系统和客观评估。

经济活动风险评估至少每年进行一次；外部环境、经济活动或管理要求等发生重大变化的，应及时对经济活动风险进行重估。

第九条　单位开展经济活动风险评估应当成立风险评估工作小组，单位领导担任组长。经济活动风险评估结果应当形成书面报告并及时提交单位领导班子，作为完善内部控制的依据。

第十条　单位进行单位层面的风险评估时，应当重点关注以下方面：

（一）内部控制工作的组织情况。包括是否确定内部控制职能部门或牵头部门；是否建立单位各部门在内部控制中的沟通协调和联动机制。

（二）内部控制机制的建设情况。包括经济活动的决策、执行、监督是否实现有效分离；权责是否对等；是否建立健全议事决策机制、岗位责任制、内部监督等机制。

（三）内部管理制度的完善情况。包括内部管理制度是否健全；执行是否有效。

（四）内部控制关键岗位工作人员的管理情况。包括是否建立工作人员的培训、评价、轮岗等机制；工作人员是否具备相应的资格和能力。

（五）财务信息的编报情况。包括是否按照国家统一的会计制度对经济业务事项进行账务处理；是否按照国家统一的会计制度编制财务会计报告。

（六）其他情况。

第十一条　单位进行经济活动业务层面的风险评估时，应当重点关注以下方面：

（一）预算管理情况。包括在预算编制过程中单位内部各部门间沟通协调是否充分，预算编制与资产配置是否相结合、与具体工作是否相对应；是否按照批复的额度和开支范围执行预算，进度是否合理，是否存在无预算、超预算支出等问题；决算编报是否真实、完整、准确、及时。

（二）收支管理情况。包括收入是否实现归口管理，是否按照规定及时向财会部门提供收入的有关凭据，是否按照规定保管和使用印章和票据等；发生支出事项时是否按照规定审核各类凭据的真实性、合法性，是否存在使用虚假票据套取资金的情形。

（三）政府采购管理情况。包括是否按照预算和计划组织政府采购业务；是否按照规定组织政府采购活动和执行验收程序；是否按照规定保存政府采购业务相关档案。

（四）资产管理情况。包括是否实现资产归口管理并明确使用责任；是否定期对资产进行清查盘点，对账实不符的情况及时进行处理；是否按照规定处置资产。

（五）建设项目管理情况。包括是否按照概算投资；是否严格履行审核审批程序；是否建立有效的招投标控制机制；是否存在截留、挤占、挪用、套取建设项目资金的情形；是否按照规定保存建设项目相关档案并及时办理移交手续。

（六）合同管理情况。包括是否实现合同归口管理；是否明确应签订合同的经济活动范围和条件；是否有效监控合同履行情况，是否建立合同纠纷协调机制。

（七）其他情况。

第十二条 单位内部控制的控制方法一般包括：

（一）不相容岗位相互分离。合理设置内部控制关键岗位，明确划分职责权限，实施相应的分离措施，形成相互制约、相互监督的工作机制。

（二）内部授权审批控制。明确各岗位办理业务和事项的权限范围、审批程序和相关责任，建立重大事项集体决策和会签制度。相关工作人员应当在授权范围内行使职权、办理业务。

（三）归口管理。根据本单位实际情况，按照权责对等的原则，采取成立联合工作小组并确定牵头部门或牵头人员等方式，对有关经济活动实行统一管理。

（四）预算控制。强化对经济活动的预算约束，使预算管理贯穿于单位经济活动的全过程。

（五）财产保护控制。建立资产日常管理制度和定期清查机制，采取资产记录、实物保管、定期盘点、账实核对等措施，确保资产安全完整。

（六）会计控制。建立健全本单位财会管理制度，加强会计机构建设，提高会计人员业务水平，强化会计人员岗位责任制，规范会计基础工作，加强会计档案管理，明确会计凭证、会计账簿和财务会计报告处理程序。

（七）单据控制。要求单位根据国家有关规定和单位的经济活动业务流程，在内部管理制度中明确界定各项经济活动所涉及的表单和票据，要求相关工作人员按照规定填制、审核、归档、保管单据。

（八）信息内部公开。建立健全经济活动相关信息内部公开制度，根据国家有关规定和单位的实际情况，确定信息内部公开的内容、范围、方式和程序。

第三章　单位层面内部控制

第十三条　单位应当单独设置内部控制职能部门或者确定内部控制牵头部门，负责组织协调内部控制工作。同时，应当充分发挥财会、内部审计、纪检监察、政府采购、基建、资产管理等部门或岗位在内部控制中的作用。

第十四条　单位经济活动的决策、执行和监督应当相互分离。单位应当建立健全集体研究、专家论证和技术咨询相结合的议事决策机制。重大经济事项的内部决策，应当由单位领导班子集体研究决定。重大经济事项的认定标准应当根据有关规定和本单位实际情况确定，一经确定，不得随意变更。

第十五条　单位应当建立健全内部控制关键岗位责任制，明确岗位职责及分工，确保不相容岗位相互分离、相互制约和相互监督。单位应当实行内部控制关键岗位工作人员的轮岗制度，明确轮岗周期。不具备轮岗条件的单位应当采取专项审计等控制措施。内部控制关键岗位主要包括预算业务管理、收支业务管理、政府采购业务管理、资产管理、建设项目管理、合同管理以及内部监督等经济活动的关键岗位。

第十六条　内部控制关键岗位工作人员应当具备与其工作岗位相适应的资格和能力。单位应当加强内部控制关键岗位工作人员业务培训和职业道德教育，不断提升其业务水平和综合素质。

第十七条　单位应当根据《中华人民共和国会计法》的规定建立会计机

构，配备具有相应资格和能力的会计人员。单位应当根据实际发生的经济业务事项按照国家统一的会计制度及时进行账务处理、编制财务会计报告，确保财务信息真实、完整。

第十八条　单位应当充分运用现代科学技术手段加强内部控制。对信息系统建设实施归口管理，将经济活动及其内部控制流程嵌入单位信息系统中，减少或消除人为操纵因素，保护信息安全。

第四章　业务层面内部控制

第一节　预算业务控制

第十九条　单位应当建立健全预算编制、审批、执行、决算与评价等预算内部管理制度。

单位应当合理设置岗位，明确相关岗位的职责权限，确保预算编制、审批、执行、评价等不相容岗位相互分离。

第二十条　单位的预算编制应当做到程序规范、方法科学、编制及时、内容完整、项目细化、数据准确。

（一）单位应当正确把握预算编制有关政策，确保预算编制相关人员及时全面掌握相关规定。

（二）单位应当建立内部预算编制、预算执行、资产管理、基建管理、人事管理等部门或岗位的沟通协调机制，按照规定进行项目评审，确保预算编制部门及时取得和有效运用与预算编制相关的信息，根据工作计划细化预算编制，提高预算编制的科学性。

第二十一条　单位应当根据内设部门的职责和分工，对按照法定程序批复的预算在单位内部进行指标分解、审批下达，规范内部预算追加调整程序，发挥预算对经济活动的管控作用。

第二十二条　单位应当根据批复的预算安排各项收支，确保预算严格有效执行。单位应当建立预算执行分析机制。定期通报各部门预算执行情况，召开预算执行分析会议，研究解决预算执行中存在的问题，提出改进措施，提高预算执行的有效性。

第二十三条　单位应当加强决算管理，确保决算真实、完整、准确、及时，加强决算分析工作，强化决算分析结果运用，建立健全单位预算与决算相互反映、相互促进的机制。

第二十四条　单位应当加强预算绩效管理，建立"预算编制有目标、预算执行有监控、预算完成有评价、评价结果有反馈、反馈结果有应用"的全过程预算绩效管理机制。

第二节　收支业务控制

第二十五条　单位应当建立健全收入内部管理制度。单位应当合理设置岗位，明确相关岗位的职责权限，确保收款、会计核算等不相容岗位相互分离。

第二十六条　单位的各项收入应当由财会部门归口管理并进行会计核算，严禁设立账外账。业务部门应当在涉及收入的合同协议签订后及时将合同等有关材料提交财会部门作为账务处理依据，确保各项收入应收尽收，及时入账。财会部门应当定期检查收入金额是否与合同约定相符；对应收未收项目应当查明情况，明确责任主体，落实催收责任。

第二十七条　有政府非税收入收缴职能的单位，应当按照规定项目和标准征收政府非税收入，按照规定开具财政票据，做到收缴分离、票款一致，并及时、足额上缴国库或财政专户，不得以任何形式截留、挪用或者私分。

第二十八条　单位应当建立健全票据管理制度。财政票据、发票等各类票据的申领、启用、核销、销毁均应履行规定手续。单位应当按照规定设置票据专管员，建立票据台账，做好票据的保管和序时登记工作。票据应当按照顺序号使用，不得拆本使用，做好废旧票据管理。负责保管票据的人员要配置单独的保险柜等保管设备，并做到人走柜锁。单位不得违反规定转让、出借、代开、买卖财政票据、发票等票据，不得擅自扩大票据适用范围。

第二十九条　单位应当建立健全支出内部管理制度，确定单位经济活动的各项支出标准，明确支出报销流程，按照规定办理支出事项。单位应当合理设置岗位，明确相关岗位的职责权限，确保支出申请和内部审批、付款审批和付款执行、业务经办和会计核算等不相容岗位相互分离。

第三十条　单位应当按照支出业务的类型，明确内部审批、审核、支付、核算和归档等支出各关键岗位的职责权限。实行国库集中支付的，应当严格按照财政国库管理制度有关规定执行。

（一）加强支出审批控制。明确支出的内部审批权限、程序、责任和相关控制措施。审批人应当在授权范围内审批，不得越权审批。

（二）加强支出审核控制。全面审核各类单据。重点审核单据来源是否合法，内容是否真实、完整，使用是否准确，是否符合预算，审批手续是否齐全。支出凭证应当附反映支出明细内容的原始单据，并由经办人员签字或盖章，超出规定标准的支出事项应由经办人员说明原因并附审批依据，确保与经济业务事项相符。

（三）加强支付控制。明确报销业务流程，按照规定办理资金支付手续。签发的支付凭证应当进行登记。使用公务卡结算的，应当按照公务卡使用和管理有关规定办理业务。

（四）加强支出的核算和归档控制。由财会部门根据支出凭证及时准确登记账簿；与支出业务相关的合同等材料应当提交财会部门作为账务处理的依据。

第三十一条 根据国家规定可以举借债务的单位应当建立健全债务内部管理制度，明确债务管理岗位的职责权限，不得由一人办理债务业务的全过程。大额债务的举借和偿还属于重大经济事项，应当进行充分论证，并由单位领导班子集体研究决定。单位应当做好债务的会计核算和档案保管工作。加强债务的对账和检查控制，定期与债权人核对债务余额，进行债务清理，防范和控制财务风险。

第三节 政府采购业务控制

第三十二条 单位应当建立健全政府采购预算与计划管理、政府采购活动管理、验收管理等政府采购内部管理制度。

第三十三条 单位应当明确相关岗位的职责权限，确保政府采购需求制定与内部审批、招标文件准备与复核、合同签订与验收、验收与保管等不相容岗位相互分离。

第三十四条 单位应当加强对政府采购业务预算与计划的管理。建立预算编制、政府采购和资产管理等部门或岗位之间的沟通协调机制。根据本单位实际需求和相关标准编制政府采购预算，按照已批复的预算安排政府采购计划。

第三十五条 单位应当加强对政府采购活动的管理。对政府采购活动实施归口管理，在政府采购活动中建立政府采购、资产管理、财会、内部审计、纪检监察等部门或岗位相互协调、相互制约的机制。单位应当加强对政府采购申请的内部审核，按照规定选择政府采购方式、发布政府采购信息。对政府采购进口产品、变更政府采购方式等事项应当加强内部审核，严格履行审批手续。

第三十六条　单位应当加强对政府采购项目验收的管理。根据规定的验收制度和政府采购文件，由指定部门或专人对所购物品的品种、规格、数量、质量和其他相关内容进行验收，并出具验收证明。

第三十七条　单位应当加强对政府采购业务质疑投诉答复的管理。指定牵头部门负责、相关部门参加，按照国家有关规定做好政府采购业务质疑投诉答复工作。

第三十八条　单位应当加强对政府采购业务的记录控制。妥善保管政府采购预算与计划、各类批复文件、招标文件、投标文件、评标文件、合同文本、验收证明等政府采购业务相关资料。定期对政府采购业务信息进行分类统计，并在内部进行通报。

第三十九条　单位应当加强对涉密政府采购项目安全保密的管理。对于涉密政府采购项目，单位应当与相关供应商或采购中介机构签订保密协议或者在合同中设定保密条款。

第四节　资产控制

第四十条　单位应当对资产实行分类管理，建立健全资产内部管理制度。单位应当合理设置岗位，明确相关岗位的职责权限，确保资产安全和有效使用。

第四十一条　单位应当建立健全货币资金管理岗位责任制，合理设置岗位，不得由一人办理货币资金业务的全过程，确保不相容岗位相互分离。

（一）出纳不得兼管稽核、会计档案保管和收入、支出、债权、债务账目的登记工作。

（二）严禁一人保管收付款项所需的全部印章。财务专用章应当由专人保管，个人名章应当由本人或其授权人员保管。负责保管印章的人员要配置单独的保管设备，并做到人走柜锁。

（三）按照规定应当由有关负责人签字或盖章的，应当严格履行签字或盖章手续。

第四十二条　单位应当加强对银行账户的管理，严格按照规定的审批权限和程序开立、变更和撤销银行账户。

第四十三条　单位应当加强货币资金的核查控制。指定不办理货币资金业务的会计人员定期和不定期抽查盘点库存现金，核对银行存款余额，抽查银行对账单、银行日记账及银行存款余额调节表,核对是否账实相符、账账相符。对调节不符、可能存在重大问题的未达账项应当及时查明原因,并按照相关规定处理。

第四十四条　单位应当加强对实物资产和无形资产的管理,明确相关部门和岗位的职责权限,强化对配置、使用和处置等关键环节的管控。

（一）对资产实施归口管理。明确资产使用和保管责任人,落实资产使用人在资产管理中的责任。贵重资产、危险资产、有保密等特殊要求的资产,应当指定专人保管、专人使用,并规定严格的接触限制条件和审批程序。

（二）按照国有资产管理相关规定,明确资产的调剂、租借、对外投资、处置的程序、审批权限和责任。

（三）建立资产台账,加强资产的实物管理。单位应当定期清查盘点资产,确保账实相符。财会、资产管理、资产使用等部门或岗位应当定期对账,发现不符的,应当及时查明原因,并按照相关规定处理。

（四）建立资产信息管理系统,做好资产的统计、报告、分析工作,实现对资产的动态管理。

第四十五条　单位应当根据国家有关规定加强对对外投资的管理。

（一）合理设置岗位,明确相关岗位的职责权限,确保对外投资的可行性研究与评估、对外投资决策与执行、对外投资处置的审批与执行等不相容岗位相互分离。

（二）单位对外投资,应当由单位领导班子集体研究决定。

（三）加强对投资项目的追踪管理,及时、全面、准确地记录对外投资的价值变动和投资收益情况。

（四）建立责任追究制度。对在对外投资中出现重大决策失误、未履行集体决策程序和不按规定执行对外投资业务的部门及人员,应当追究相应的责任。

第五节　建设项目控制

第四十六条　单位应当建立健全建设项目内部管理制度。单位应当合理设置岗位,明确内部相关部门和岗位的职责权限,确保项目建议和可行性研究与项目决策、概预算编制与审核、项目实施与价款支付、竣工决算与竣工审计等不相容岗位相互分离。

第四十七条　单位应当建立与建设项目相关的议事决策机制,严禁任何个人单独决策或者擅自改变集体决策意见。决策过程及各方面意见应当形成书面文件，与相关资料一同妥善归档保管。

第四十八条　单位应当建立与建设项目相关的审核机制。项目建议书、可行性研究报告、概预算、竣工决算报告等应当由单位内部的规划、技术、财会、法律等相关工作人员或者根据国家有关规定委托具有相应资质的中介机构进行审核，出具评审意见。

第四十九条　单位应当依据国家有关规定组织建设项目招标工作，并接受有关部门的监督。单位应当采取签订保密协议、限制接触等必要措施，确保标底编制、评标等工作在严格保密的情况下进行。

第五十条　单位应当按照审批单位下达的投资计划和预算对建设项目资金实行专款专用，严禁截留、挪用和超批复内容使用资金。财会部门应当加强与建设项目承建单位的沟通，准确掌握建设进度，加强价款支付审核，按照规定办理价款结算。实行国库集中支付的建设项目，单位应当按照财政国库管理制度相关规定支付资金。

第五十一条　单位应当加强对建设项目档案的管理。做好相关文件、材料的收集、整理、归档和保管工作。

第五十二条　经批准的投资概算是工程投资的最高限额，如有调整，应当按照国家有关规定报经批准。

单位建设项目工程洽商和设计变更应当按照有关规定履行相应的审批程序。

第五十三条　建设项目竣工后，单位应当按照规定的时限及时办理竣工决算，组织竣工决算审计，并根据批复的竣工决算和有关规定办理建设项目档案和资产移交等工作。建设项目已实际投入使用但超时限未办理竣工决算的，单位应当根据对建设项目的实际投资暂估入账，转作相关资产管理。

第六节　合同控制

第五十四条　单位应当建立健全合同内部管理制度。单位应当合理设置岗位，明确合同的授权审批和签署权限，妥善保管和使用合同专用章，严禁未经授权擅自以单位名义对外签订合同，严禁违规签订担保、投资和借贷合同。单位应当对合同实施归口管理，建立财会部门与合同归口管理部门的沟通协调机制，实现合同管理与预算管理、收支管理相结合。

第五十五条　单位应当加强对合同订立的管理，明确合同订立的范围和条件。对于影响重大、涉及较高专业技术或法律关系复杂的合同，应当组织法律、技术、财会等工作人员参与谈判，必要时可聘请外部专家参与相关工作。谈判过程中的重要事项和参与谈判人员的主要意见，应当予以记录并妥善保管。

第五十六条　单位应当对合同履行情况实施有效监控。合同履行过程中，因对方或单位自身原因导致可能无法按时履行的，应当及时采取应对措施。单位应当建立合同履行监督审查制度。对合同履行中签订补充合同，或变更、解除合同等应当按照国家有关规定进行审查。

第五十七条　财会部门应当根据合同履行情况办理价款结算和进行账务处理。未按照合同条款履约的，财会部门应当在付款之前向单位有关负责人报告。

第五十八条　合同归口管理部门应当加强对合同登记的管理，定期对合同进行统计、分类和归档，详细登记合同的订立、履行和变更情况，实行对合同的全过程管理。与单位经济活动相关的合同应当同时提交财会部门作为账务处理的依据。单位应当加强合同信息安全保密工作，未经批准，不得以任何形式泄露合同订立与履行过程中涉及的国家秘密、工作秘密或商业秘密。

第五十九条　单位应当加强对合同纠纷的管理。合同发生纠纷的，单位应当在规定时效内与对方协商谈判。合同纠纷协商一致的，双方应当签订书面协议；合同纠纷经协商无法解决的，经办人员应向单位有关负责人报告，并根据合同约定选择仲裁或诉讼方式解决。

第五章　评价与监督

第六十条　单位应当建立健全内部监督制度，明确各相关部门或岗位在内部监督中的职责权限，规定内部监督的程序和要求，对内部控制建立与实施情况进行内部监督检查和自我评价。内部监督应当与内部控制的建立和实施保持相对独立。

第六十一条　内部审计部门或岗位应当定期或不定期检查单位内部管理制度和机制的建立与执行情况，以及内部控制关键岗位及人员的设置情况等，及时发现内部控制存在的问题并提出改进建议。

第六十二条　单位应当根据本单位实际情况确定内部监督检查的方法、范围和频率。

第六十三条　单位负责人应当指定专门部门或专人负责对单位内部控制的有效性进行评价并出具单位内部控制自我评价报告。

第六十四条　国务院财政部门及其派出机构和县级以上地方各级人民政府财政部门应当对单位内部控制的建立和实施情况进行监督检查,有针对性地提出检查意见和建议,并督促单位进行整改。国务院审计机关及其派出机构和县级以上地方各级人民政府审计机关对单位进行审计时,应当调查了解单位内部控制建立和实施的有效性,揭示相关内部控制的缺陷,有针对性地提出审计处理意见和建议,并督促单位进行整改。

第六章　附则

第六十五条　本规范自 2014 年 1 月 1 日起施行。